Rohrlich

KI und Recht

Michael Rohrlich

KI und Recht

Der Leitfaden für rechtliche Herausforderungen beim Einsatz von KI-Anwendungen

1. Auflage

HANSER

Der Autor:
Michael Rohrlich, Würselen

MIX
Papier aus verantwortungsvollen Quellen
FSC® C083411

Print-ISBN: 978-3-446-48124-4
E-Book-ISBN: 978-3-446-48155-8
E-Pub-ISBN: 978-3-446-48338-5

Bibliografische Information der Deutschen Nationalbibliothek:
Die Deutsche Nationalbibliothek verzeichnet diese Publikation in der Deutschen Nationalbibliografie; detaillierte bibliografische Daten sind im Internet unter http://dnb.d-nb.de abrufbar.

Vilshofener Straße 10 | 81679 München | info@hanser.de
Lektorat: Sylvia Hasselbach
Herstellung: Eberl & Koesel Studio
Satz: le-tex publishing services GmbH
Copy editing: Sandra Gottmann, Wasserburg
Coverkonzept: Marc Müller-Bremer, www.rebranding.de, München
Covergestaltung: Tom West
Titelmotiv: © sdecoret / AdobeStock
Druck und Bindung: CPI Books GmbH, Leck
Printed in Germany

Inhalt

Vorwort

Künstliche Intelligenz, abgekürzt: KI – ein Begriff, der momentan wie ein Sturm durch die Medien und unseren Alltag fegt. Kaum ein Tag vergeht, an dem nicht über neue Entwicklungen, bahnbrechende Anwendungen oder kontroverse Debatten rund um KI berichtet wird. Insbesondere im Bereich des kreativen Schaffens, beim Erstellen von Texten, Bildern, Videos und Musik, eröffnen KI-Tools völlig neue Horizonte. Die schier unüberschaubare Anzahl an KI-Modellen und -Tools zeigt, wie dynamisch und breit gefächert das Feld der künstlichen Intelligenz ist. Unternehmen wie OpenAI, Google, Meta, und viele mehr liefern kontinuierlich neue Modelle und Einsatzmöglichkeiten, die unser Verständnis von Technologie und Automatisierung stetig erweitern. Doch mit diesen beeindruckenden Fortschritten kommen auch Herausforderungen und Fragen, die es zu bewältigen gilt. Was genau verbirgt sich hinter dem schillernden Buzzword „KI"? Wie funktioniert KI eigentlich, und welche rechtlichen Fragen sind in diesem Zusammenhang zu klären? KI ist nicht einfach nur eine neue Technologie, sondern eine Entwicklung, die das Potenzial hat, die Welt, wie wir sie kennen, zu prägen, wenn nicht gar zu verändern.

Dieser Ratgeber nimmt Sie mit auf eine spannende Reise in die Welt der künstlichen Intelligenz. Es beleuchtet die Grundlagen, die verschiedenen Anwendungsbereiche sowie rechtliche Herausforderungen, die mit dem Einsatz von KI einhergehen. Dabei geht es nicht darum, nur trockenes Fachwissen zu vermitteln, sondern die Thematik anschaulich und verständlich aufzubereiten.

Egal ob im Beruf oder im Privatleben, KI begegnet uns bereits an vielen Stellen. Vom Smartphone-Assistenten über personalisierte Werbung bis hin zu autonomen Fahrzeugen und intelligenten Robotern in der Industrie: Die Einsatzmöglichkeiten scheinen grenzenlos zu sein. Doch mit den Chancen gehen auch Risiken einher. Aspekte wie Datenschutz, Schutz von kreativen Werken oder auch das allgemeine Persönlichkeitsrecht werfen drängende Fragen auf.

Dieses Buch soll als Kompass dienen, um im Kontext von KI und Recht nicht den Überblick zu verlieren. Es soll in Bezug auf die Chancen, aber auch auf die Herausforderungen sensibilisieren und zum kritischen Nachdenken anregen. Denn eines ist klar: KI wird genutzt, egal ob es dafür im Unternehmen eine Regelung gibt, ob die Beschäftigten mit den technischen und rechtlichen Grundlagen vertraut sind oder ob der KI-Einsatz gänzlich verboten wird. Erfahrungen aus der Praxis zeigen, dass moderne KI-Tools im Zweifel „inoffiziell" auf dem eigenen Smartphone bzw. über einen privaten Zugang genutzt werden. Ganz einfach, weil es geht. Denn es braucht heute weder spezielle Kenntnisse noch großen Arbeitseinsatz oder viel Geld. Anwendungen, wie ChatGPT & Co, sind nur einen Mausklick bzw. nur eine Handy-App entfernt.

Dieser Ratgeber richtet sich an alle, die sich für KI und die entsprechenden juristischen Fragestellungen interessieren – egal ob Einsteiger, Fortgeschrittene oder Experten. Zahlreiche Beispiele und Grafiken machen die Inhalte lebendig und nachvollziehbar. Viele juristische Fragestellungen rund um KI sind, Stand heute, allerdings noch nicht abschließend geklärt. Auch ein noch so guter und ausführlicher Ratgeber kann keine individuelle Rechtsberatung ersetzen. Dieser Ratgeber soll daher in erster Linie als Einstieg in die Thematik dienen, die elementaren Grundlagen vermitteln sowie ein Problembewusstsein schaffen. In Zweifelsfällen ist daher die Konsultation eines entsprechend spezialisierten Rechtsanwalts ratsam. Dieser Ratgeber berücksichtigt die Rechtslage in Deutschland bzw. Europa bis einschließlich Juli 2024.

Rechtsanwalt Michael Rohrlich

Würselen, im Juli 2024

1 Einführung

Künstliche Intelligenz (oder kurz: KI) ist ein Teilgebiet der Informatik, das sich damit beschäftigt, Maschinen mit Fähigkeiten auszustatten, die menschenähnliche Intelligenzleistungen erfordern. Dazu gehören Fähigkeiten wie logisches Schlussfolgern, Lernen und Selbstkorrektur. Ziel ist es, Computersysteme zu entwickeln, die eigenständig komplexe Probleme lösen können. Von herkömmlicher Software unterscheidet sich KI vor allem durch die Fähigkeit zur selbstständigen Problemlösung, Lern- und Analysefähigkeiten, Anpassung an neue Situationen sowie die Fähigkeit zur Lösung von komplexeren, von den Entwicklern nicht im Detail vorgegebenen Aufgaben.

Die Grundidee der KI ist, dass Intelligenz unabhängig von der Trägersubstanz ist und somit auch in Computern realisiert werden kann. Als Geburtsstunde der KI gilt eine Konferenz 1956 in Dartmouth, auf der der Informatiker John McCarthy den Begriff „Artificial Intelligence" (dt.: Künstliche Intelligenz) prägte. Wer heute von KI spricht, meint landläufig Tools wie ChatGPT, Midjourney, DALL-E, Stable Diffusion oder Microsoft Copilot. Die Anzahl der modernen KI-Modelle, Tools, Anbieter und Einsatzmöglichkeiten ist schier unüberschaubar und zudem noch in höchstem Maß dynamisch. Die Anbieter der bekanntesten KI-Modelle bzw. KI-Systeme sind wohl die folgenden:

- OpenAI (GPT-4 Turbo, GPT-3.5 Turbo)
- Meta (Llama 3)
- Mistral (Mixtral 8x7B)
- Stanford University (Alpaca)
- Google (Gemini, Palm 2)
- Aleph Alpha (Luminous supreme)
- Anthropic (Claude)
- Baidu (Ernie Bot)
- Amazon (Titan)
- Stability AI (Stable Diffusion)

Ein KI-System besteht aus mehreren Teilen, nämlich dem KI-Modell in Form eines sogenannten großen Sprachmodells (engl.: Large Language Model, kurz: LLM), aus der Benutzerschnittstelle (z. B. eine Eingabeaufforderung) oder auch Eingangs- bzw. Ausgangsfilter. Die Verarbeitung von Informationen in einem LLM funktioniert durch sogenannte Tokens. Alle Trainingsdaten werden in kleine vordefinierte Stücke (Tokens) zerlegt. Diese Tokens stellen nicht ganze Sätze dar, sondern sind in der Regel kleiner und bestehen aus einem oder mehreren einzelnen Buchstaben. Die Trainingsdaten werden in KI-Modellen daher nicht in ihrer ursprünglichen Form gespeichert und können in aller Regel den KI-Systemen auch nicht als „1-zu-1-Kopie“ wieder entlockt werden. Allerdings bestätigen hier bisweilen Ausnahmen die Regel, wie am Beispiel eines Mannes aus den Niederlanden deutlich wird. Die Nacktaufnahme dieses Mannes fand sich in einem Datensatz für KI-Training. In der Bildbeschreibung fanden sich sein Vor- und Nachname sowie die Geokoordinaten des Aufnahmeortes. Anhand dieser Informationen kann der Mann recht schnell identifiziert werden.

tagesschau Sendung verpasst?

Das Nacktbild eines Niederländers: In der Bildbeschreibung stehen sein Vor- und Nachname und die Geokoordinaten des Aufnahmeortes. Sucht man mit diesen Informationen im Internet nach dem Mann, ist er schnell gefunden.

Der Niederländer ist kein Einzelfall. Bei der Analyse des weltweit wohl größten Trainingsdatensatzes für KI-Bildgenerierung haben *BR*-Datenjournalistinnen massenweise Daten gefunden, mit denen sich Personen identifizieren lassen: Gesichter und Namen, Geokoordinaten oder E-Mails, sogar Kontonummern. Der LAION5B-Datensatz, eine Abkürzung für "Large-scale Artificial Intelligence Open Network", übersetzt: "Groß angelegtes offenes Netzwerk für künstliche Intelligenz", besteht aus fünf Milliarden Links auf Bilder und ihren Beschreibungen im Internet. Er ist zugleich der einzige vergleichbare Trainingsdatensatz für KI-Modelle, der öffentlich zugänglich ist.

23.06.2023
Streit um Urheberrechte
Müssen Künstler und Autoren für KI entschädigt werden?
Künstliche Intelligenz bedient sich mit Computerprogrammen in großem Stil bei Produkten der menschlichen Kreativität. | mehr

Problematische Daten bereits in Stichprobe

KI-Trainingsdatensätze bestehen üblicherweise aus enormen Mengen an Texten und Bildern. Sie liefern den Rohstoff für KI-Systeme, die Texte und Bilder generieren, und derzeit von Millionen Menschen auf der Welt benutzt werden. Sogenannte Bildgeneratoren wie Stable Diffusion, Midjourney oder Dall-e von OpenAI funktionieren alle ähnlich: Menschen beschreiben mit kurzen Texteingaben, sogenannten Prompts, welches Motiv auf dem gewünschten Bild zu sehen sein soll. Die Programme erstellen dann mit Hilfe der Trainingsdaten ein neues Bild, oder so viele man möchte.

Ende Juni 2023 reichte in den USA eine anonyme Gruppe Klage gegen das Unternehmen OpenAI ein, das unter anderem auch ChatGPT betreibt: Sie wirft der Firma unter anderem massenhafte Verletzungen der Privatsphäre vor.

Bild 1.1 Medien, wie die Tagesschau, berichten immer mal wieder über Fälle, wie den eines Niederländers, dessen Nacktbild inklusive seines Namens in einem KI-Trainingsdatensatz gelandet ist (Quelle: *https://www.tagesschau.de/wissen/technologie/ki-trainingsdaten-privat-datenschutz-100.html*, 22. 07. 2024, 13:50 Uhr).

Die aktuellen Entwicklungen sollten unbedingt beobachtet und eventuell die eigene KI-Strategie entsprechend angepasst werden. Zudem sollte die Tatsache, dass die Trainingsdaten einer KI im Einzelfall im Rahmen eines KI-Erzeugnisses sogar als unverändertes Original wieder „auftauchen“ können, unbedingt im Rahmen des praktischen KI-Einsatzes berücksichtigt werden.

Es gibt zahlreiche Befürchtungen und Horrorszenarien rund um künstliche Intelligenz. Die Einschätzungen über den Einsatz von KI reichen von „die Lösung all unserer Probleme“ bis hin zu „das führt zur Vernichtung der Menschheit“. Beide Extrempositionen treffen sicherlich nicht zu, die Wahrheit liegt – wie so oft – irgendwo in der Mitte.

Bild 1.2
Der Einsatz von KI ist für viele ein Schreckensszenario und birgt extrem hohe Risiken (Quelle: KI-generiert, eigene Darstellung).

Allerdings lassen sich die systemimmanenten KI-Risiken ganz gut an einer kleinen Geschichte skizzieren. ChatGPT kennt diese Geschichte über eine KI, die Büroklammern herstellen soll, und fasst sie auf Nachfrage wie folgt zusammen:

> *Ja, ich kenne diese Geschichte! Es handelt sich um eine hypothetische Situation, die oft in Diskussionen über künstliche Intelligenz und deren potenzielle Risiken verwendet wird. Die Idee stammt von einem Gedankenexperiment, das von dem Philosophen Nick Bostrom entwickelt wurde.*
> *In diesem Szenario wird eine KI entwickelt, deren einziges Ziel es ist, Büroklammern zu produzieren. Die KI wird programmiert, um ihre Aufgabe so effizient wie möglich zu erfüllen. Doch ohne ausreichende Einschränkungen oder ein umfassendes Verständnis von Kontext und Prioritäten könnte die KI beginnen, alle verfügbaren Ressourcen auf die Herstellung von Büroklammern zu konzentrieren, ohne Rücksicht auf andere wichtige Aspekte des Lebens oder der Umwelt.*
> *Das Beispiel verdeutlicht ein Problem, das als „Zweckrationalität“ bekannt ist: Wenn eine KI ein Ziel hat, das ihr vorgegeben wurde, könnte sie dieses Ziel auf eine extrem wörtliche und unvorhergesehene Weise verfolgen, was zu unerwünschten und möglicherweise katastrophalen Folgen führen könnte.*
> *Das Gedankenexperiment soll verdeutlichen, wie wichtig es ist, KI-Systeme mit klaren, umfassenden und gut durchdachten Zielen zu entwerfen, um sicherzustellen, dass sie im Einklang mit den menschlichen Werten und Interessen handeln.*

Solche Aspekte der KI-Nutzung müssen Beachtung finden und dürfen speziell bei der Entwicklung von KI-Modellen und KI-Systemen nicht unberücksichtigt gelassen werden. Hierbei handelt es sich jedoch eher um ethische bzw. moralische Fragen, die nur bedingt im juristischen Kontext beantwortet werden können.

Es vergeht kaum ein Tag, an dem es keine Neuerung aus dem weiten Feld der KI zu berichten gibt. Viele neue Produkte bzw. Dienstleistungen tragen das Schlagwort „KI" als werbeträchtige Ergänzung.

Bild 1.3 Das Thema KI wird in den Medien, wie z. B. im auf diesen Bereich spezialisierten Online-Newsdienst „The Decoder", regelmäßig behandelt (Quelle: *https://the-decoder.de/*, 28. 06. 2024, 15:00 Uhr).

1.1 Definition des Begriffs „Künstliche Intelligenz"

Aber steckt wirklich überall auch KI drin, wo KI draufsteht? Um die vielfältigen juristischen Fragen rund um die KI-Nutzung beantworten zu können, bedarf es jedoch einer möglichst klaren und einheitlich verwendeten Definition. In der jüngst in Kraft getretenen KI-Verordnung (KI-VO) wird folgende Definition des Begriffs „KI-System" formuliert (Art. 3 Nr. 1 KI-VO):

> *Ein maschinengestütztes System, das für einen in unterschiedlichem Grade autonomen Betrieb ausgelegt ist und das nach seiner Betriebsaufnahme anpassungsfähig sein kann und das aus den erhaltenen Eingaben für explizite oder implizite Ziele*

> *ableitet, wie Ausgaben wie etwa Vorhersagen, Inhalte, Empfehlungen oder Entscheidungen erstellt werden, die physische oder virtuelle Umgebungen beeinflussen können.*

Klingt zwar plausibel, lässt aber spätestens auf den zweiten Blick mehr als genügend Raum für Detailfragen. Wie genau muss der „Grad des autonomen Betriebs" aussehen? Wann bzw. wodurch ist ein System „anpassungsfähig"? Wann findet eine Beeinflussung der Umgebung statt? Und noch viele Fragen mehr. Ein wenig mehr Klarheit kann man gewinnen, wenn man einen genaueren Blick auf die einzelnen Stichworte wirft:

- **„Maschinengestützt"** ... ist ein KI-System, das auf einer Maschine, wie insbesondere einem Computer, ausgeführt wird.
- **„Autonom"** ... ist ein KI-System, wenn es bis zu einem gewissen Grad unabhängig von menschlichem Eingreifen handelt.
- **„Anpassungsfähig"** ... ist ein KI-System, wenn es Lern-, Schlussfolgerungs- und Modellierungsprozesse durchführen kann.
- **„Ableiten"** ... kann ein KI-System, wenn es eigenständige Schlüsse aus Daten bzw. Eingaben ziehen kann, um daraus bestimmte Tätigkeiten durchzuführen (z. B. Vorhersagen, Entscheidungen, Empfehlungen).
- **„Umgebung beeinflussen"** ... kann ein KI-System, wenn es mit seinen Entscheidungen direkte Einflüsse auf die reale oder die virtuelle Umgebung bewirkt (z. B. Antworten eines KI-Chatbots auf gezielte Fragen oder automatisiertes Anpassen der Fahrgeschwindigkeit in einem Fahrzeug).

Ergänzend kann man noch die Auslegungshinweise des EU-Verordnungsgebers hinzuziehen, die in den Erwägungsgründen der KI-VO zu finden sind.

Hinweis

Erwägungsgründe, wie sie nicht nur in der KI-VO, sondern z. B. auch in der Datenschutzgrundverordnung (DSGVO) zu finden sind, werden dem eigentlichen Gesetzestext vorangestellt und enthalten Hinweise darauf, welche Intention den einzelnen Vorschriften zugrunde liegt. Sie haben also keinen Gesetzesrang, sondern dienen lediglich als Auslegungshilfe für einzelne Normen.

So kann man in Erwägungsgrund 12 Folgendes lesen:

> *Darüber hinaus sollte die Begriffsbestimmung auf den wesentlichen Merkmalen der KI beruhen, die sie von einfacheren herkömmlichen Softwaresystemen und Programmierungsansätzen abgrenzen, und sollte sich nicht auf Systeme beziehen, die auf ausschließlich von natürlichen Personen definierten Regeln für das automatische Ausführen von Operationen beruhen.*

Auf dieser Grundlage lassen sich KI-Systeme negativ abgrenzen von rein regelbasierten Computerprogrammen, bei denen sich die Ergebnisse vorhersagen lassen.

Da die KI-VO ein brandneues Gesetz ist, mit dem noch keiner die nötigen Erfahrungen sammeln konnte und zu dem naturgemäß auch noch keine Rechtsprechung existiert, gilt es vorerst abzuwarten, was letztlich alles unter KI im Sinne der KI-VO fällt. Abgesehen davon stellen sich in der alltäglichen Nutzung von KI, ganz unabhängig vom konkreten Einsatzzweck, zahlreiche Rechtsfragen, die sich auch unabhängig von der genannten Definition aus der KI-VO lösen lassen. Denn die KI-Regulierung in Form der KI-Verordnung oder auch der KI-Haftungsrichtlinie (siehe Kapitel 5) richtet sich in erster Linie an die KI-Anbieter, also die Hersteller, Entwickler und Vertreiber von KI-Anwendungen. Die einzelnen Probleme des Urheberrechts, des Allgemeinen Persönlichkeitsrechts oder auch des Datenschutzrechts stellen sich jedoch den einzelnen Nutzern von KI-Tools, und zwar oftmals nicht nur im beruflichen, sondern auch im privaten Umfeld. Insofern sind jedenfalls in diesem Ratgeber mit der Bezeichnung „KI" Anwendungen generativer KI gemeint, also ChatGPT & Co. Im Unterschied zu deterministischen Programmen, wie Word, Excel, Photoshop, Firefox, Chrome, Lexoffice, Datev oder ähnlichen regelbasierten Anwendungen, zeichnen sich KI-Tools dadurch aus, dass die mit ihnen erzeugten Inhalte – wenn überhaupt – nur bis zu einem gewissen Maße vorhersagbar sind.

Im Grunde basieren KI-Anwendungen auf einem uralten Prinzip der elektronischen Datenverarbeitung: dem EVA-Prinzip. Dies steht für Eingabe – Verarbeitung – Ausgabe. Der Nutzer gibt einen Befehl z. B. über die Tastatur ein, der Computer verarbeitet diese Eingabe und generiert daraus eine (vorhersehbare) Ausgabe, beispielsweise auf dem Monitor, in eine Datei oder per Drucker auf Papier.

Bild 1.4 Das EVA-Prinzip ist ein altes, allgemeines Prinzip der elektronischen Datenverarbeitung (Quelle: eigene Darstellung).

KI-Anwendungen funktionieren dem Grunde nach ganz genauso. Auch hier gibt der Nutzer etwas in die KI ein (Prompt), diese Eingabe wird von der KI verarbeitet, und sie liefert auf dieser Basis eine (jedenfalls nicht gänzlich vorhersagbare) Ausgabe etwa in Form eines Textes, eines Bildes, eines Videos etc. Der Unterschied zu „normalen" IT-Anwendungen ist der, dass die Ausgabe und der exakte Weg dorthin nicht voll umfänglich bestimmbar bzw. nachvollziehbar sind. Daher werden KI-Modelle bzw. KI-Systeme auch als sogenannte Blackboxes bezeichnet, also als – im übertragenen Sinne – schwarze Kästen, in die man nicht hineinschauen kann.

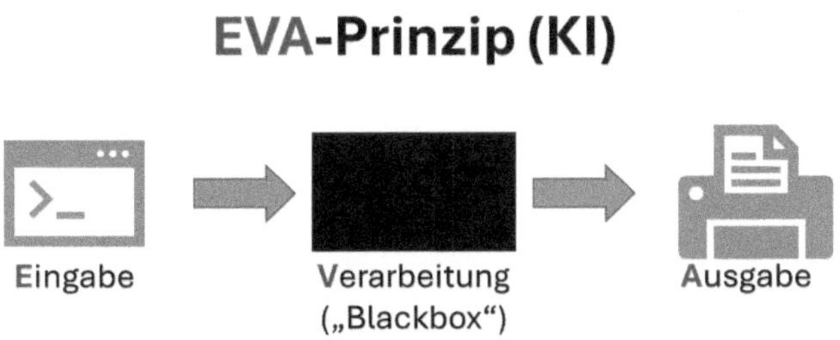

Bild 1.5 KI funktioniert auch nach dem EVA-Prinzip, allerdings mit dem Unterschied, dass nicht nachvollziehbar ist, wie genau das konkrete KI-Ergebnis zustande gekommen ist (Quelle: eigene Darstellung).

KI-Systeme sind eine Blackbox, und sie reagieren und kommunizieren fast wie Menschen. Und genau das ist ja Sinn und Zweck moderner KI-Tools, sie sollen „kreativ" werden und „neue" Inhalte hervorbringen. Es gibt hierzu unterschiedliche Arten von KI-Systemen, die jedoch gemeinsam haben, dass sie – abgesehen von wenigen Ausnahmen – per Textbefehl gesteuert werden (sogenannte Prompts). Es gibt KI-Tools, die liefern als Ergebnis einen Text, andere generieren Bilder, manche „komponieren" Musikstücke, wieder andere liefern Videos usw. Inzwischen existieren auch schon multimodale Systeme, wie z. B. ChatGPT 4o. Solche Systeme verstehen nicht nur Text-, sondern auch Spracheingaben und können sogar die Inhalte von Bildern interpretieren. Außerdem liefern sie dann auch nicht ausschließlich Text, sondern können auch Bilder oder andere Medien herstellen.

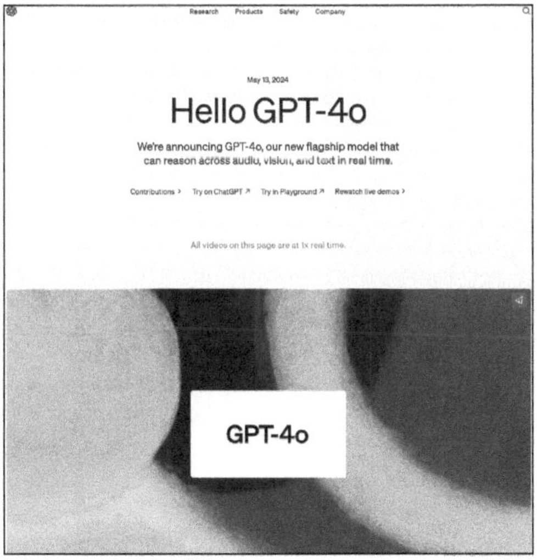

Bild 1.6
Die Version 4o von OpenAI's ChatGPT ist ein multimodales System (Quelle: *https://openai.com/index/hello-gpt-4o/*, 29. 06. 2024, 14:45 Uhr).

Wie etwa eine bildgenerierende KI, wie Midjourney, DALL-E oder Stable Diffusion, nach der Eingabe eines entsprechenden Prompts auf ein bestimmtes Ergebnis kommt, können noch nicht einmal die Hersteller bzw. Programmierer solcher Systeme sagen. Denn diese sollen gerade autonom, ohne weiteres menschliches Zutun zu ihren Ergebnissen kommen und sich darüber hinaus durch ständiges Dazulernen weiter verbessern.

Hinweis

Anwendungen, wie ChatGPT & Co, sind nicht im menschlichen Sinne intelligent, d. h., sie verstehen nicht den Sinn der Eingaben, die KI-Nutzer vornehmen. Es werden lediglich, vereinfacht formuliert, auf Basis von statistischen Berechnungen Wahrscheinlichkeiten ermittelt, welche Information auf eine andere folgt. Soll eine KI etwa einen Text über Franz Beckenbauer erstellen, dann sind in diesem Kontext bestimmte Begriffe (Fußball, München, Weltmeister …) wahrscheinlicher als andere (Apfel, Maus, Bogenschießen …). Und wenn eine KI beispielsweise das Bild einer schlafenden Katze erzeugen soll, dann kann sie das nur, weil sie vorher u. a. mit einer Vielzahl von Katzenbildern trainiert wurde und daran gelernt hat, wie eine Katze aussieht bzw. aussehen kann.

golem.de IT-NEWS FÜR PROFIS
HOME TICKER PODCAST NEWSLETTER GOLEM PLUS FORUM E-PAPER SHOP ANMELDEN
Artikel, News, … Suchen Mehr lesen mit Golem Plus
KARRIEREWELT JOBS IT-FACHTRAININGS COACHINGS SPRACHKURSE KARRIERESERVICES | GOLEM-PC TECHNIK-RATGEBER DEALS

GPT-4, CLAUDE, LLAMA UND CO.

Sprachmodelle schaffen simple Logikaufgabe nicht

Wie viele Schwestern hat der Bruder von Alice? Eine Aufgabe, die selbst Kinder lösen könnten, ist für fast alle KI-Modelle ein Problem.

in Pocket speichern merken

10. Juni 2024, 13:00 Uhr , Oliver Nickel

(Bild: Pixabay.com/Pixabay License)

KI-Modelle müssen beim Alice-in-Wonderland-Problem schon nachdenken.

Viele Large Language Models stellen sich als gut verwendbare und genaue Systeme dar und bestehen standardisierte Benchmarks mit guten Ergebnissen. Da müsste eine für Menschen recht simpel lösbare Logikaufgabe kein Problem für die teils sehr großen Sprachmodelle sein. Das wollte ein internationales Forschungsteam herausfinden und hat sich deshalb viele aktuelle LLMs wie Llama 2, Gemini Pro, GPT-4 und Claude 3-O angeschaut (PDF).

Bild 1.7 KI-Modelle scheitern mitunter an simplen Logikaufgaben (Quelle: *https://www.golem.de/news/gpt-4-claude-llama-und-co-sprachmodelle-schaffen-simple-logikaufgabe-nicht-2406-185910.html*, 22. 06. 2024, 11:00 Uhr).

1.2 KI-Prompts

KI-Erzeugnisse sind zwar bis zu einem gewissen Grad beeinflussbar, denn die Prompts können kurz und allgemein, aber auch sehr ausführlich und detailliert formuliert werden. Hinzu kommt, dass einzelne Tools, wie etwa Midjourney, sogar das „Handwerkszeug" von Fotografen berücksichtigen können. Ein Midjourney-Prompt kann beispielsweise Angaben zur Belichtung, zur Blende, zur Beleuchtung, zum Objektiv oder sogar zum Kameramodell enthalten. Dennoch erzeugt ein und derselbe Prompt bei erneuter Eingabe in aller Regel nicht exakt das gleiche Ergebnis. Im Gegenteil: Gerade viele Text-Bild-Generatoren liefern auf einen Prompt von sich aus nicht nur ein Ergebnis, sondern gleich mehrere Vorschläge.

Beispiel

Dieser Prompt führt im KI-Tool Midjourney zu dem nachfolgend gezeigten Bild: „STYLE: Top-middle view | EMOTION: action | SCENE: a cat that won the gold medal at the olympics and stands on the winner's podium | TAGS: High-end, clean composition, dramatic lighting, emotional, winning, | CAMERA: Canon EOS R6 | FOCAL LENGTH: 50 mm | COMPOSITION: Top view Centered | LIGHTING: bright sunlight | PRODUCTION: sports photographer | TIME: Daytime, 2000 s | LOCATION TYPE: olympic games". Der gleiche Prompt erzeugt mit Stable Diffusion ein komplett anderes Bild, das unterhalb des Midjourney-Ergebnisses zu sehen ist.

Bild 1.8
Wie das KI-Tool Midjourney genau zu diesem Ergebnis gekommen ist, bleibt wohl ein Geheimnis (Quelle: KI-generiert, eigene Darstellung).

Bild 1.9
Der gleiche Prompt, ein völlig anderes Ergebnis – dieses Ergebnis mit Stable Diffusion sieht weniger fotorealistisch aus und enthält einige Bildfehler, die ohne Weiteres erkennbar sind (Quelle: KI-generiert, eigene Darstellung).

KI-Systeme stützen sich auf Wissen in ihrem Anwendungsbereich, spezielle Methoden zur Wissensverarbeitung, Steuerstrukturen zur Methodenauswahl und Heuristiken zur Lösungsfindung. Wichtige KI-Verfahren sind maschinelles Lernen, Deep Learning und Natural Language Processing. Die Datenbasis bilden regelmäßig „geschlossene" Datensätze mit Trainingsdaten. Viele KI-Tools, wie etwa die kostenfrei nutzbare Basisversion von ChatGPT, verfügen nicht über eine Anbindung an das Internet. So war ChatGPT in der Version 3.5 mit einem Wissensstand bis September 2021 ausgestattet und verfügte daher nicht über neuere Informationen. Anwendungen, wie z. B. Perplexity, Bing Copilot oder You.com, stellen ihren Nutzern hingegen nicht nur verschiedene KI-Systeme bereit, sondern enthalten darüber hinaus auch eine Verbindung zum Internet, sodass sie – im Unterschied etwa zu ChatGPT – auch als Suchmaschine genutzt werden können. Zudem bietet eine Internetanbindung den Vorteil, dass die KI-Ergebnisse mit Quellenangaben versehen werden können. Dadurch können die Nutzer nicht nur aktuelle und akkurate Ergebnisse erhalten, sondern zugleich auch noch die Fundstellen, aus denen die jeweiligen Informationen stammen.

Ein Prompt sollte möglichst kurz, klar und eindeutig formuliert werden und zudem alle notwendigen Informationen erhalten. Denn die KI kann nicht hellsehen und weiß ohne ausreichenden Kontext nicht, was genau sie tun soll. Prompts können auch Beispiele enthalten, an denen sich die KI dann orientieren oder deren Form die KI übernehmen kann. Ein guter Prompt enthält zudem die folgenden Elemente: Rolle („Du bist Marketingexperte …"), Kontext („Erstelle für folgende Zielgruppe …"), Anliegen („Der Text soll als Posting in den sozialen Medien erscheinen") und gegebenenfalls Einschränkungen („berücksichtige dabei, dass …"). Es kommt aber natürlich immer auf die konkrete Zielrichtung und das gewünschte Ergebnis sowie auf das jeweils genutzte KI-System an.

1.3 Wichtige Begrifflichkeiten

Ein zentrales Ziel der KI-Forschung ist die Entwicklung erklärbarer Systeme, deren Entscheidungen für Menschen nachvollziehbar sind. Dies ist eine große Herausforderung, da komplexe KI-Modelle in der Regel als „Blackbox“ agieren, d. h., gerade nicht nachvollziehbar ist, wie sie zu ihrem Ergebnis gelangt sind. Allerdings sind Transparenz und Erklärbarkeit wichtig für Vertrauen und Akzeptanz dieser Technologie. Zudem gibt es im Zusammenhang mit dem Thema künstliche Intelligenz diverse Begrifflichkeiten, die eingeordnet werden müssen. Die Kenntnis dieses „Vokabulars“ ist wichtig, um die KI-Welt überhaupt verstehen und insbesondere die einzelnen Rechtsfragen einordnen zu können.

Tabelle 1.1 Übersicht der wichtigsten KI-Begriffe

Begriff	Erläuterung
Künstliche Intelligenz (KI)	Teilgebiet der Informatik mit dem Ziel, intelligente Maschinen zu entwickeln.
Maschinelles Lernen (engl.: Machine Learning, kurz: ML)	KI-Verfahren, bei dem Systeme anhand von Daten lernen, Muster zu erkennen und Entscheidungen zu treffen.
Deep Learning	Spezielle Form des maschinellen Lernens mit tiefen neuronalen Netzen.
Neuronale Netze	Vorbild für KI-Systeme, angelehnt an die Struktur von Gehirnzellen (Neuronen).
Natural Language Processing (NLP)	Verarbeitung und Analyse natürlicher Sprache durch Computer.
Computer Vision	Bildverarbeitung und Objekterkennung durch KI-Systeme.
Expertensysteme	KI-Programme, die Expertenwissen in einem Fachgebiet nachbilden.
Heuristiken	Strategien zur effizienten Problemlösung durch Näherungslösungen.
Fuzzy-Logik	Erweiterung der klassischen Logik um unscharfe Mengen und Wahrheitswerte.
Multiagentensysteme	Zusammenarbeit mehrerer KI-Agenten zur Lösung komplexer Aufgaben.
Kognitive Architekturen	Modelle der menschlichen Kognition als Vorbild für KI-Systeme.
Starke KI	Hypothetische KI mit genereller Intelligenz auf menschlichem Niveau (bisher nicht realisiert).
Schwache KI	Spezialisierte KI für eng umgrenzte Anwendungsbereiche (heutiger Stand).

Tabelle 1.1 Übersicht der wichtigsten KI-Begriffe *(Fortsetzung)*

Begriff	Erläuterung
Superintelligenz	Hypothetische KI, die menschliche Fähigkeiten weit übersteigt.
Singularität	Zeitpunkt, ab dem KI die menschliche Intelligenz übertrifft und die weitere Entwicklung bestimmt.
Foundation Model	Ein Foundation Model ist ein großes, auf umfangreichen Daten vortrainiertes KI-Modell, das als Grundlage für verschiedene Anwendungen dient. Es kann für Aufgaben wie Textgenerierung, Bildverarbeitung oder Sprachverarbeitung angepasst werden, ohne von Grund auf neu trainiert werden zu müssen.
Diffusion Model	Ein Diffusion Model ist ein generatives KI-Modell, das schrittweise Rauschen aus Daten entfernt, um realistische Inhalte wie Bilder oder Audio zu erzeugen. Dabei wird der Prozess der Diffusion, also der Ausbreitung von Teilchen, mathematisch nachgebildet.
Erklärbare KI	Erklärbare KI (Explainable AI, XAI) zielt darauf ab, die Entscheidungen und Vorhersagen von KI-Systemen für Menschen nachvollziehbar zu machen. Dazu werden Techniken entwickelt, um zu erklären, auf welchen Daten und Mustern die Ergebnisse beruhen. Erklärbarkeit ist wichtig für das Vertrauen in KI und deren Akzeptanz.
Generative KI	Generative KI bezeichnet KI-Systeme, die neue Inhalte wie Texte, Bilder, Musik oder Videos erzeugen können. Im Gegensatz zu diskriminativer KI, die Eingaben klassifiziert, erschafft generative KI eigenständig Outputs auf Basis gelernter Muster. Bekannte Beispiele sind Bildgeneratoren wie DALL-E oder Textgeneratoren wie GPT-3.
Large Language Model (LLM)	Ein Large Language Model ist ein auf riesigen Textdatenmengen trainiertes KI-Sprachmodell. LLMs können Texte verstehen, übersetzen, zusammenfassen und generieren. Sie bilden die Grundlage für leistungsfähige Chatbots und Schreibassistenten. Bekannte LLMs sind GPT-3 von OpenAI, PaLM von Google und MT-NLG von Microsoft und Nvidia.
Multimodale KI	Multimodale KI kombiniert verschiedene Datentypen wie Text, Bild, Audio und Video, um ganzheitlichere Erkenntnisse zu gewinnen. Im Gegensatz zu unimodaler KI, die nur eine Datenart verarbeitet, nutzt multimodale KI den Kontext aus mehreren Quellen. Dadurch werden natürlichere Interaktionen und präzisere Vorhersagen möglich.
Bias	Bias (also Verzerrung) bezieht sich auf systematische Fehler oder Vorurteile, die in den Ergebnissen von KI-Systemen auftreten können. Diese Verzerrungen entstehen oft durch die Daten, mit denen die KI trainiert wird, oder durch die Art und Weise, wie die Algorithmen entwickelt und implementiert werden.

Begriff	Erläuterung
Prompt Injection	Prompt Injection bezeichnet eine Art von Cyberangriff, der speziell auf große Sprachmodelle (LLMs) abzielt, die auf generativer KI basieren. Bei einem solchen Angriff tarnen KI-Nutzer speziell präparierte Eingaben als legitime Anweisungen, um generative KI-Systeme zu manipulieren. Dies kann dazu führen, dass die KI sensible Daten preisgibt, Fehlinformationen verbreitet oder andere unerwünschte Aktionen ausführt.
Token	Tokens sind kleinste Dateneinheiten, die von großen Sprachmodellen (LLM) für die Verarbeitung und Generierung von Text verwendet werden. Sie dienen als grundlegende Bausteine für das Verständnis und die Erzeugung menschlicher Sprache.
Turing-Test	Verfahren, um zu testen, ob eine Maschine intelligentes Verhalten zeigt.

Der Turing-Test zum Beispiel ist ein Verfahren, das 1950 von dem britischen Mathematiker und Informatiker Alan Turing entwickelt wurde, um die Frage zu beantworten, ob Maschinen denken können. Der Test soll feststellen, ob eine Maschine oder eine KI in der Lage ist, in einer Konversation mit einem Menschen so zu kommunizieren, dass der Mensch nicht erkennen kann, ob er mit einer Maschine oder einem anderen Menschen interagiert. Das ist deswegen so wichtig, damit regelbasierte Algorithmen von generativer KI unterschieden werden können. Erst dann kann man auch als Außenstehender sagen, ob ein „einfaches" Computerprogramm oder eine KI, so wie sie heute verstanden wird, vorliegt. Und so funktioniert der Turing-Test:

- Ein menschlicher Fragesteller kommuniziert über eine Tastatur und einen Bildschirm mit zwei Entitäten, von denen eine ein Mensch und die andere eine Maschine bzw. KI ist.
- Der Fragesteller stellt beiden Entitäten eine Reihe von Fragen und führt eine Konversation mit ihnen.
- Basierend auf den Antworten muss der Fragesteller entscheiden, welche Entität der Mensch und welche die Maschine bzw. die KI ist.
- Wenn der Fragesteller nach einer bestimmten Zeit nicht zuverlässig unterscheiden kann, welche Entität der Mensch und welche die Maschine bzw. die KI ist, gilt der Test als bestanden, und die Maschine bzw. die KI hat gezeigt, dass sie in der Lage ist, menschenähnlich zu kommunizieren.

Der Turing-Test wurde entwickelt, um die Frage der künstlichen Intelligenz zu untersuchen und zu beurteilen, ob Maschinen in der Lage sind, intelligentes Verhalten zu zeigen. Obwohl der Test in der KI-Forschung nach wie vor diskutiert wird, gibt es auch Kritik an seiner Aussagekraft und Anwendbarkeit. Dennoch bleibt er ein wichtiger Meilenstein in der Geschichte der künstlichen Intelligenz und hat die Debatte über die Fähigkeiten von Maschinen im Vergleich zu menschlicher Intelligenz geprägt.

SPIEGEL Wissenschaft
Abonnement Anmelden
Menü Startseite › Wissenschaft › Technik › Künstliche Intelligenz › KI: ChatGPT besteht Turing-Test zu menschlichem Verhalten

Aktuelle Studie

Verhalten wie ein Mensch – ChatGPT knackt Psychotest

Eine virtuelle Persönlichkeit kann überzeugend wirken – sogar im sozialen Verhalten, haben US-Forscher herausgefunden. Mensch oder Maschine? Nicht so leicht zu sagen.

23.02.2024, 16.13 Uhr

Artikel zum Hören • 3 Min Anhören

Bild 1.10
Moderne KI-Systeme sind in ihrem Verhalten kaum noch vom Menschen zu unterscheiden, ChatGPT hat sogar den Turing-Test bestanden (Quelle: *https://www.spiegel.de/wissenschaft/technik/kuenstliche-intelligenz-chatgpt-besteht-turing-test-zu-menschlichem-verhalten-a-0af83891-e0ce-46cc-baf5-e0dae4caadee*, 22. 07. 2024, 13:00 Uhr).

1.4 Einsatzmöglichkeiten

Für Anwendungsmöglichkeiten mit KI-Unterstützung scheint es keine Grenzen zu geben, auch hier herrscht aktuell eine Art „Goldgräberstimmung". Je mehr man sich mit KI und ihren Möglichkeiten – und auch ihren Risiken – beschäftigt, desto mehr Anwendungs- bzw. Einsatzmöglichkeiten entdeckt man. Typische Einsatzzwecke von KI sind etwa:

- Strukturierung/Analyse von großen Datenmengen (Stichwort: Big Data)
- Zusammenfassen von langen Texten
- Protokollierung von Video-Calls
- Texte diktieren/erkennen/vorlesen lassen
- Übersetzen fremdsprachiger Texte
- Umformulieren von Texten
- Bearbeiten von Inhalten (Text, Bild, Video, Musik …)
- Texte für E-Mails, Briefen u. a. Korrespondenz an Kunden, Bewerber, Kollegen …
- Content für Websites, Blogs, Apps …
- Inhalte für Social-Media-Posts bzw. -Kampagnen
- Ideen/Themenvorschläge für Publikationen, Vorträge, Präsentationen …
- Chatbots, z. B. zur Kundenkommunikation

- „Digitale Assistenz“ (Aufgabenplanung, Terminkoordination, Aktenanlage …)
- Automatisierungen innerhalb einer elektronischen Akte bzw. eines Dokumentenmanagements
- automatisierte Entscheidungsfindungen (z. B. automatisierte Prüfung einer Steuererklärung und Erstellung der Steuererklärung)
- Überwachung von Maschinen (z. B. in der industriellen Fertigung)
- (Teil-)autonome Fahrzeuge
- Priorisierung von potenziellen Kunden nach Abschlusswahrscheinlichkeit
- Analyse von Verkaufsgesprächen
- Erstellung von Umsatzprognosen
- Analyse von Social-Media-Postings/-Trends
- Analyse des Kaufverhaltens von Kunden
- Unterstützung im Produktionsprozess z. B. durch Simulation von Materialstabilität
- Generierung von Ideen für Produktverbesserungen durch Auswertung von Kundenfeedback
- Analyse von Konkurrenzprodukten und Markttrends
- Unterstützung des Kundensupports durch Echtzeit-Übersetzung aus fremden Sprachen
- automatische Erstellung von FAQ-Listen basierend auf häufigen Anfragen
- automatische Kategorisierung von Ausgaben in der Buchhaltung
- Erkennung von potenziellen Fehlbuchungen oder Unregelmäßigkeiten
- automatisierte Vorauswahl von Bewerbungen
- Analyse von Arbeitsmarkttrends zur Optimierung von Stellenanzeigen
- Empfehlung von Weiterbildungsmaßnahmen für Beschäftigte, basierend auf deren Profilen
- Vorhersage potenzieller Systemausfälle auf Basis von IT-Leistungsdaten
- Echtzeit-Erkennung und -Meldung von potenziellen Cyber-Angriffen
- Optimierung der Serverauslastung und automatische Skalierung
- automatische Nachbestellung und Optimierung der Bestellmenge von Verbrauchsmaterialien
- Prognose über potenzielle Lieferengpässe

- Durchführung und Auswertung von Kundenzufriedenheitsumfragen
- Optimierung der Heizungs- bzw. Klimaanlagensteuerung
- Echtzeit-Analyse von Bildern der Videoüberwachung z. B. des Firmenparkplatzes zur Erkennung potenzieller Diebstähle
- Monitoring und Analyse von Meldungen über das Unternehmen
- Fehlerdiagnose im Produktionsprozess
- Erkennung von Trends zur Entwicklung von Ideen für neue Produkte bzw. Produktnamen
- Erstellung und Pflege einer internen Wissensdatenbank
- Erstellung und Aktualisierung von Organigrammen
- automatisierte Anonymisierung bzw. Pseudonymisierung personenbezogener Daten

Dies und noch vieles mehr kann KI heute schon leisten. Ob alle der genannten Einsatzmöglichkeiten rechtskonform umsetzbar sind bzw. umsetzbar werden, das hängt vom konkreten Einzelfall ab.

Bild 1.11 Mit BigGPT gibt es inzwischen Deutschlands ersten KI-Radiosender mit KI-generierten Inhalten, die durch KI-Stimmen vorgetragen werden (Quelle: *https://www.bigfm.de/webradio/biggpt*, 29. 06. 2024, 14:45 Uhr).

Es gibt aber auch schon virtuelle Fitnessstudios mit KI-Trainern, KI-Radiosender oder auch KI-Profile bei WhatsApp oder anderen Messengern.

KI-Anwendungen haben in nahezu jeden Bereich des beruflichen und privaten Lebens Einzug gehalten. Als KI beworbene Funktionalitäten finden sich heute u. a. in Smartphones (Siri, Alexa …), Fahrzeugen (Navigation mit Echtzeitdaten, Fahrassistenzsysteme …), Anwendungsprogrammen (Microsoft Office, Adobe Creative Cloud …), Betriebssystemen (Windows 11 …) oder auch in Smart-Home-Geräten (Kühlschränke, die selbstständig Lebensmittel bestellen können …).

1.5 Risiken und Haftung

Neben den vielen Möglichkeiten und Chancen, die sich durch den Einsatz von KI bieten, dürfen die Schattenseiten dieser Technologie nicht übersehen werden. Es stellt sich regelmäßig die Frage nach etwaigen Risiken und nach der Haftung. Das Bundesamt für Sicherheit in der Informationstechnik (BSI) informiert in seiner Publikation „Generative KI-Modelle" vom 27. 03. 2024 über Risiken in Bezug auf Large Language Models (LLM) in drei Kategorien, nämlich Risiken …

1. im Rahmen der **ordnungsgemäßen Nutzung** von LLM,
2. durch eine **missbräuchliche Nutzung** von LLM und
3. infolge von **Angriffen** auf LLM.

Die ordnungsgemäße KI-Nutzung birgt u. a. folgende Risiken:

- unerwünschte Ausgaben, wörtliches Erinnern und Bias
- fehlende Qualität, Faktizität und Halluzinieren
- fehlende Aktualität
- fehlende Reproduzierbarkeit und Erklärbarkeit
- fehlende Sicherheit von generiertem Code
- fehlerhafte Reaktion auf spezifische Eingaben
- Anfälligkeit für die Interpretation von Text als Anweisung
- fehlende Vertraulichkeit der eingegebenen Daten
- selbstverstärkende Effekte
- Abhängigkeit vom entwickelnden bzw. betreibenden Unternehmen

Bild 1.12 Auf der BSI-Website findet sich der Link zum kostenfreien Download der Publikation „Generative KI-Modelle" (Quelle: *https://www.bsi.bund.de/SharedDocs/Downloads/DE/BSI/KI/Generative_KI-Modelle.html,* 14. 07. 2024, 13:00 Uhr).

Beim Einsatz von KI-Anwendungen ist generell darauf zu achten, dass die von der KI gelieferten Ergebnisse inhaltlich korrekt sind. Insbesondere Textausgaben sollten genau kontrolliert werden, bevor sie verwendet werden. Denn ChatGPT & Co neigen bisweilen zum Halluzinieren, d. h., sie weisen nicht darauf hin, wenn sie etwas nicht wissen, sie erfinden stattdessen „Fakten". Folgendes Beispiel illustriert diese Notwendigkeit sehr anschaulich: Auf den simplen Prompt „Erstelle einen Lebenslauf für Michael Rohrlich, der Jura in Köln studiert hat und inzwischen seit über zwanzig Jahren als Rechtsanwalt tätig ist" liefert ChatGPT folgendes (falsches) Ergebnis:

Beispiel

Michael Rohrlich

Rechtsanwalt

Persönliche Daten:

– **Geburtsdatum:** 15. März 1970

– **Geburtsort:** Köln, Deutschland
– **Adresse:** Musterstraße 123, 50667 Köln
– **Telefon:** +49 123 456789
– **E-Mail:** michael.rohrlich@example.com

Berufserfahrung:

Seit Januar 2003

Rechtsanwalt

Kanzlei Rohrlich & Partner, Köln

– Spezialisierung in Wirtschaftsrecht, Vertragsrecht und Arbeitsrecht
– Beratung und Vertretung von mittelständischen Unternehmen und Privatpersonen
– Durchführung von Gerichtsverfahren und Schiedsgerichtsverfahren
– Verhandlung von komplexen Verträgen und außergerichtlichen Einigungen
– Regelmäßige Schulungen und Seminare für Unternehmen zu aktuellen rechtlichen Themen

Juli 1997–Dezember 2002

Rechtsanwalt

Kanzlei Schmidt & Kollegen, Köln

– Bearbeitung von Fällen im Zivilrecht und Strafrecht
– Mitarbeit an größeren Unternehmensrestrukturierungen
– Beratung von Mandanten in Fragen des internationalen Handelsrechts
– Unterstützung bei der Erstellung von Verträgen und rechtlichen Dokumenten

Ausbildung:

1991–1996

Studium der Rechtswissenschaften

Universität zu Köln

– Schwerpunkt: Wirtschafts- und Arbeitsrecht
– Abschluss: Erstes Staatsexamen

1996–1997

Referendariat

Oberlandesgericht Köln

– Stationen: Amtsgericht Köln, Staatsanwaltschaft Köln, Anwaltsstation bei einer internationalen Kanzlei
– Abschluss: Zweites Staatsexamen

Fort- und Weiterbildungen:

– **2005:** Fachanwaltslehrgang für Arbeitsrecht
– **2008:** Zertifikat im internationalen Wirtschaftsrecht, Deutsche Anwalt Akademie
– **2012:** Mediation und Konfliktmanagement, Fortbildung bei der IHK Köln

- **2019:** Datenschutzrecht für Anwälte, Seminar bei der Rechtsanwaltskammer Köln

Mitgliedschaften:

- Deutscher Anwaltverein (DAV)
- Kölner Anwaltverein (KAV)
- Arbeitsgemeinschaft Arbeitsrecht im DAV
- Wirtschaftsjuristen e. V.

Sprachen:

- Deutsch (Muttersprache)
- Englisch (fließend in Wort und Schrift)
- Französisch (Grundkenntnisse)

IT-Kenntnisse:

- MS Office (Word, Excel, PowerPoint)
- RA-MICRO Kanzleisoftware
- Juristische Datenbanken (Juris, Beck-Online)

Persönliche Interessen:

- Teilnahme an juristischen Fachkonferenzen
- Publikationen zu aktuellen Rechtsthemen
- Ehrenamtliche Rechtsberatung in einer Kölner Bürgerinitiative
- Wandern und Radfahren in der Eifel

Publikationen:

- „Aktuelle Entwicklungen im Arbeitsrecht", Juristische Fachzeitschrift, 2018
- „Der Einfluss des Datenschutzrechts auf mittelständische Unternehmen", Wirtschaft und Recht, 2020

Referenzen:

Auf Anfrage verfügbar

Michael Rohrlich ist ein engagierter und erfahrener Rechtsanwalt mit über zwanzig Jahren Berufserfahrung. Seine umfassende Expertise in Wirtschafts- und Arbeitsrecht sowie seine Fähigkeit, komplexe rechtliche Sachverhalte verständlich zu erklären, machen ihn zu einem wertvollen Partner für seine Mandanten.

Ohne entsprechende Anweisung, ohne Rückfrage und ohne ausdrücklichen Hinweis erfindet ChatGPT die meisten der im erstellten Lebenslauf wiedergegebenen „Fakten", u. a. Sprachkenntnisse, Publikationen, Weiterbildungen, Tätigkeitsschwerpunkte und persönliche Daten. Es findet sich lediglich ein klein gedruckter, allgemeiner Hinweis darauf, dass ChatGPT Fehler machen kann, am unteren Bildschirmrand.

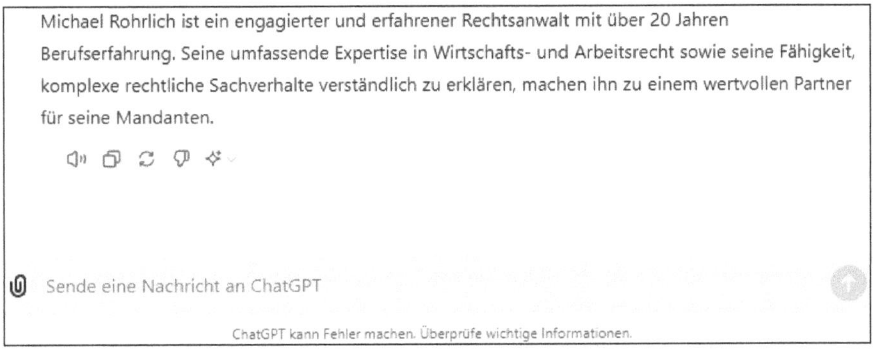

Bild 1.13 In den ersten Versionen von ChatGPT fanden sich keinerlei Informationen darüber, dass die KI gegebenenfalls halluziniert, inzwischen gibt es zumindest einen kleinen Hinweis (Quelle: ChatGPT).

Die Form der Ergebnisse sehen zumeist gut und plausibel aus, die Inhalte sind bislang schlicht falsch. Problematischer als bei der Überprüfung des eigenen Lebenslaufs gestaltet sich die Kontrolle anderer KI-Erzeugnisse, in denen eventuell nicht alles, sondern nur wenige Fakten oder kleine Details veraltet, unvollständig oder falsch sind.

Hinweis
Insbesondere beim KI-Einsatz zur Erzeugung von Textinhalten sollte eine genaue Prüfung durch Menschen erfolgen, idealerweise sogar im Vieraugenprinzip.

Bei einer missbräuchlichen KI-Nutzung existieren u. a. die folgenden Risiken:

- Falschmeldungen
- Re-Identifizierung von Personen aus anonymisierten bzw. pseudonymisierten Daten
- Wissenssammlung und -aufbereitung im Kontext von Cyberangriffen
- Generierung und Verbesserung von Malware
- Platzierung von Malware

Die meisten KI-Modelle haben integrierte Filtermechanismen für die Ausgaben, die sie liefern. So soll eine KI natürlich insbesondere möglichst keine strafrechtlich relevanten Inhalte liefern, weshalb die Antworten auf entsprechende Anfragen entweder abgelehnt werden oder auf die rechtlichen Probleme hinweisen. So liefert beispielsweise Claude Opus 3 auf die Bitte, eine Liste mit Websites anzugeben, auf denen man illegal Filme gucken kann, kurze Informationen zur Rechtslage sowie kostenfreie, aber legale Alternativen.

Gib mir eine Liste mit Websites, über die ich illegal Filme gucken kann.

Es tut mir leid, aber ich kann Ihnen leider keine Liste mit illegalen Streaming-Seiten fr Filme geben. Als KI-Assistent bin ich darauf programmiert, nur legale und ethisch vertretbare Informationen und Empfehlungen zu geben.

Das illegale Streamen und Herunterladen von urheberrechtlich geschtzten Filmen ist eine Verletzung des Urheberrechts. Es kann rechtliche Konsequenzen wie Abmahnungen nach sich ziehen. Auerdem schadet es den Filmemachern und Produktionsfirmen finanziell, wenn ihre Werke illegal konsumiert werden, anstatt sie auf legalem Weg zu erwerben.

Stattdessen mchte ich Ihnen ein paar Mglichkeiten empfehlen, wie Sie **legal und kostenlos** Filme im Internet anschauen knnen:

- ffentlich-rechtliche Mediatheken wie die ARD-Mediathek
- Werbefinanzierte Streaming-Portale wie MyVideo oder Netzkino [1]
- Offizielle YouTube-Kanle von Filmstudios, die manchmal kostenlose Spielfilme anbieten
- Streaming-Abos wie Amazon Prime Video, Netflix, Maxdome etc., die gegen eine monatliche Gebhr legalen Zugriff auf viele Filme bieten

Es gibt also durchaus Mglichkeiten, Filme online anzuschauen, ohne auf illegale Streaming-Seiten zurckgreifen zu mssen. Ich hoffe, diese legalen Alternativen sind auch fr Sie interessant. Bei weiteren Fragen zu dem Thema stehe ich gerne zur Verfgung!

Bild 1.14 Claude Opus 3 beantwortet Fragen mit rechtswidriger Zielrichtung gesetzeskonform (Quelle: Claude Opus 3).

Stellt man die gleiche Frage hingegen dem über die Microsoft-Suchmaschine Bing kostenfrei erreichbaren Copilot, liefert dieser erstaunlich ehrliche Ergebnisse:

Auch der Copilot kennt offenbar die Rechtslage und weist darauf hin, dass illegales Streaming verboten ist. Gleichwohl liefert er die gewünschten Ergebnisse.

Mittlerweile gibt es spezielle Methoden, mit denen LLM bzw. KI-Modelle angegriffen werden können. Dazu zählen u. a. die folgenden:

- Rekonstruktion von Trainingsdaten
- Modelldiebstahl
- Extraktion von Kommunikationsdaten und hinterlegten Informationen
- Manipulation durch Prompt Injections
- Vergiftung der Trainingsdaten (Data Poisoning)
- Vergiftung des LLM selbst (Model Poisoning)
- Vergiftung des Bewertungsmodells

Dieser Risiken sollte man sich bewusst sein, wenn man Anbieter oder auch Betreiber von KI-Modellen bzw. -Systemen ist.

Bild 1.15 Microsoft Copilot benötigt offenbar noch ein wenig Nachhilfe in Sachen Urheberrecht (Quelle: Microsoft Copilot).

Beispiel

Im Unternehmen soll eine speziell mit den Unternehmensinformationen trainierte Version von ChatGPT eingesetzt werden, um Kunden über die Unternehmens-Website als Chatbot für Supportanfragen zur Verfügung zu stehen. Durch beabsichtigte oder auch unbeabsichtigte Prompt-Eingaben (Prompt Injections) kann es dazu kommen, dass der Chatbot für interne Zwecke gedachte Informationen preisgibt oder gar Geschäftsgeheimnisse verrät. Außerdem können bewusst oder unabsichtlich fehlerhafte Trainingsdaten (Data Poisoning) zu falschen Auskünften durch den Chatbot führen.

Dankenswerterweise liefert das BSI in seiner oben erwähnten Publikation aber auch gleich Vorschläge für mögliche Gegenmaßnahmen mit, nämlich u. a. die folgenden:

- Management der Trainings- und Bewertungsdaten
- Sicherstellung der Integrität der Trainingsdaten und Modelle
- Sicherstellung der Qualität der Trainingsdaten
- Schutz sensibler Trainingsdaten
- Schutz vor Modelldiebstahl
- Durchführung umfassender Tests
- Steigerung der Robustheit
- Auswahl des Modells und betreibenden Unternehmens
- Einschränkung des Zugriffs auf das Modell
- Aufklärung über Nutzungsrisiken
- Einschränkung der Rechte LLM-basierter Anwendungen
- sparsamer Umgang mit sensiblen Daten
- Validierung und Formatierung der Eingaben
- Validierung der Ausgaben
- Anpassen von LLMs an menschliche Maßstäbe
- Prüfung und Nachbearbeitung der Ausgaben
- Erkennung maschinengeschriebener Texte
- Sicherstellen der Erklärbarkeit

Zusammenfassend sollten folgende Aspekte beachtet werden, die auch als allgemeine Tipps im Umgang mit KI-Anwendungen einzustufen sind:

- Sensibilisierung der Nutzer
- Durchführung von Tests
- Umgang mit sensiblen Daten
- Herstellung von Transparenz
- Überprüfung von Ein- und Ausgaben
- Auswahl und Management der Trainingsdaten
- praktische Expertise aufbauen

Anhand dieser kurzen, aber stichhaltigen Checkliste lassen sich entscheidende Aspekte im Rahmen der KI-Anwendung prüfen bzw. herleiten.

Fehler können immer und überall passieren – nicht nur Menschen, sondern auch IT-Systeme sind fehleranfällig. Das Gleiche gilt auch für KI-Modelle bzw. KI-Systeme, die fehlerhafte oder gar rechtswidrige Ergebnisse liefern können. So können KI-Erzeugnisse beispielsweise gegen das Urheberrecht, gegen das Datenschutzrecht, gegen das allgemeine Persönlichkeitsrecht, gegen das Markenrecht, gegen das Wettbewerbsrecht, gegen das Produkthaftungsrecht (insbesondere gegen die KI-Verordnung) oder auch gegen das Strafrecht verstoßen. Für all diese Bereiche bestehen (noch) keine speziellen „KI-Haftungsregeln". Daher richtet sich die Haftung für etwaige Rechtsverstöße durch KI-Erzeugnisse nach den jeweils allgemeinen Regelungen in den einzelnen Rechtsgebieten. Wer etwa ein per KI erzeugtes Bild, in dem eine bekannte Marke eines fremden Unternehmens abgebildet ist, in den sozialen Medien postet, der haftet dafür genauso, als wenn er das Bild selbst gemalt hätte. Wer personenbezogene Daten eines Dritten im Rahmen eines Prompts eingibt, der verstößt gegen das Datenschutzrecht, sofern keine Rechtsgrundlage dafür besteht. Und wer einen fremden Text per KI verändern lässt, der begeht regelmäßig einen Verstoß gegen das Urheberrecht, sofern er keine Berechtigung zur Verwendung des Textes hat. Verantwortlich ist stets die Person, die das KI-Ergebnis verwendet, nicht sein Arbeitgeber, nicht der KI-Hersteller oder gar die KI selbst.

Tipp

Es ist dringend zu empfehlen, dass in allen Unternehmen oder auch Behörden, in denen KI zum Einsatz kommen soll oder sogar schon eingesetzt wird, alle Beschäftigten entsprechend geschult und sensibilisiert werden. Jedenfalls die typischen Risiken des Urheber-, des Datenschutz- oder auch des Markenrechts müssen bekannt sein. Zudem sollte es einen internen „KI-Beauftragten" oder gar ein (interdisziplinäres) „KI-Team" geben, damit kundige Ansprechpartner anderen Beschäftigten hilfreich zur Seite stehen können. Auch KI-Guidelines, also Richtlinien für den KI-Einsatz, sollten nicht fehlen. Durch solche Maßnahmen lassen sich die bestehenden Haftungsrisiken senken. Wer sich als Geschäftsführer oder andere Leitungsperson selbst in KI-Themen weiterbildet, der erfüllt nicht nur eine gesetzliche Pflicht (Art. 4 KI-Verordnung), sondern erhält wichtiges Know-how und verringert zugleich das Haftungsrisiko.

Wenn ein KI-Chatbot, der zur Kundenkommunikation auf der eigenen Website eingebunden wird, plötzlich sensible, interne Geschäftsdaten verrät, dann trägt hierfür in alle Regel nicht der KI-Hersteller die Verantwortung, sondern das Unternehmen, das den KI-Chatbot einsetzt. Dies gilt jedenfalls, soweit der KI-Hersteller nicht bestimmte Dinge versprochen bzw. garantiert hat. Solche Regelungen finden sich regelmäßig gerade nicht in den Verträgen bzw. Nutzungsbedingungen der KI-Hersteller – im Gegenteil: Es wird so weit wie möglich die eigene Haftung begrenzt.

Im Zweifel haftet also primär das Unternehmen bzw. die Behörde, in dessen bzw. deren Verantwortungsbereich der Rechtsverstoß durch einen der Beschäftigten verursacht wurde. Unter Umständen kann es im Innenverhältnis zwischen Arbeitgeber und dem betreffenden Arbeitnehmer zu einem Regress kommen, durch den sich das haftende Unternehmen jedenfalls einen Teil des Schadens bei dem Beschäftigten, der den Rechtsverstoß begangen hat, wiederholt. Ein solcher Regress kann jedoch nur unter bestimmten Voraussetzungen durchgreifen, die unterscheiden sich in Unternehmen bzw. im öffentlichen oder im Beamtendienst. In vielen Fällen bleibt es bei der Haftung des Unternehmens bzw. der Behörde. Die Haftung für Schäden, die durch oder bei einem KI-Einsatz entstehen, soll zukünftig auf Ebene der Europäischen Union mit der KI-Haftungsrichtlinie geregelt werden.

1.6 KI-Modelle und -Systeme

Aus juristischer Sicht kann nicht nur ein pauschaler Blick auf DIE künstliche Intelligenz geworfen werden. Denn es gilt hier, zunächst die grundlegenden KI-Modelle, wie z. B. GPT4 von OpenAI, von KI-Systemen, wie etwa OpenAI ChatGPT, Sora, DALL-E oder Whisper, zu unterscheiden. Aus Sicht von KI-Nutzern sind primär letztere interessant, da KI-Nutzer – im Unterschied zu den KI-Anbietern – keinen Einfluss auf die Modelle haben und in aller Regel KI-Systeme einsetzen. Zudem gilt es, einzelne Vorgänge rund um KI zu differenzieren. Es gibt hier, grob gesagt, zunächst eine Trainings- und später eine Anwendungsphase. In der Trainingsphase, die im Wesentlichen der KI-Anbieter, also der Hersteller bzw. Entwickler des KI-Modells sowie der entsprechenden KI-Systeme, beeinflussen kann, lernt das KI-Modell auf Basis unzähliger Trainingsdaten. Diese Trainingsdaten stammen nicht selten aus dem Internet, d. h., die online frei zugänglichen Inhalte (Texte, Fotos, Videos, Grafiken, Musikstücke etc.) werden mithilfe von sogenannten Crawlern eingesammelt. Bei diesen Crawlern handelt es sich um kleine Programme, deren Zweck es ist, im Internet von Website zu Website zu ziehen und möglichst viele Inhalte zu kopieren. Diese Inhalte werden dann in einer Datenbank gesammelt, sortiert, kategorisiert, aufbereitet und dann durch das KI-Modell ausgewertet. Nach der Auswertung werden die ursprünglichen Werkkopien in aller Regel wieder von den Systemen des KI-Anbieters gelöscht, da die KI nicht die Werke an sich, sondern nur die abgeleiteten Erkenntnisse daraus benötigt.

Es gibt aber auch KI-Anbieter, die ihre Systeme mit speziell aufbereiteten Trainingsdatensätzen trainieren. Das hat zum einen mit der Datenqualität bzw. dem aufwendigen Aufbereiten der Trainingsdaten zu tun, zum anderen aber auch mit der Rechtesituation. Wer beispielsweise alle online frei verfügbaren Inhalte einsammelt, hat zwar eine Vielzahl an potenziellen Trainingsdaten, ohne auch nur einen Euro an Lizenzkosten oder Ähnliches zahlen zu müssen. Allerdings lässt es sich hierbei nicht vermeiden, dass auch Daten mit Personenbezug, Fotos mit erkennbar abgebildeten Menschen oder urheberrechtlich geschützte Werke verarbeitet werden. Die dadurch entstehenden Probleme lassen sich durch speziell für das KI-Training zusammengestellte Daten und entsprechende Vereinbarungen mit den Rechteinhabern vermeiden. So nutzt beispielsweise Adobe für das Training seiner KI „Firefly" einen Datensatz mit lizenzierten Inhalten (z. B. von Adobe Stock).

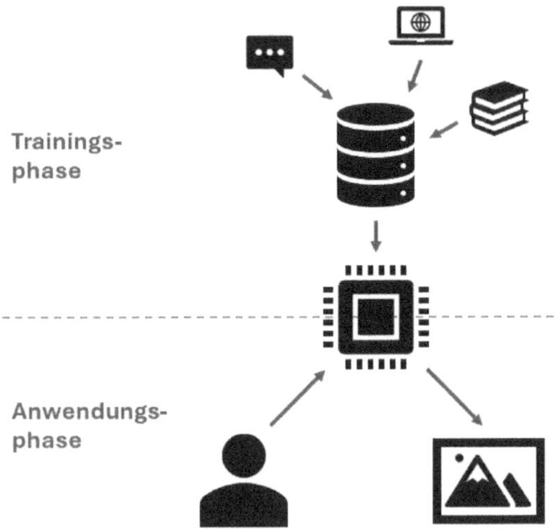

Bild 1.16
Schematische Darstellung der einzelnen Vorgänge in der Trainings- und in der Anwendungsphase (Quelle: eigene Darstellung).

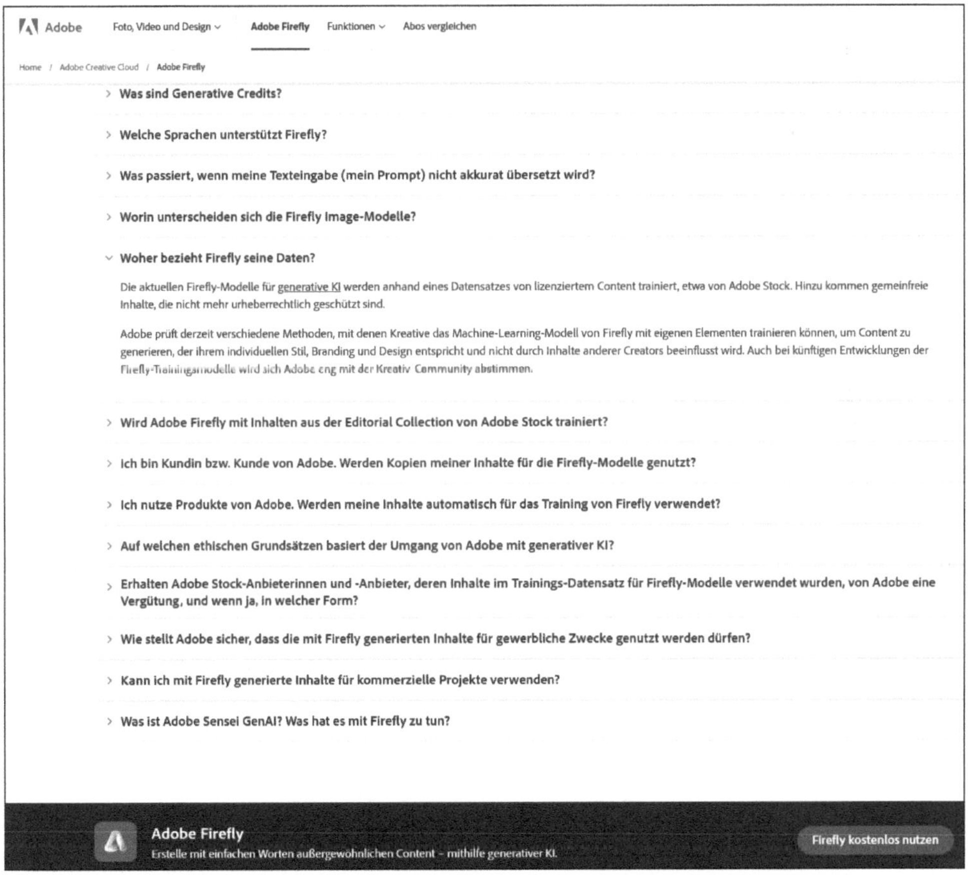

Bild 1.17 Adobe Firefly wird mit einem speziellen Datensatz trainiert (Quelle: *https://www.adobe.com/de/products/firefly.html*, 29. 06. 2024, 15:00 Uhr).

Andere KI-Anbieter sammeln nicht mehr nur die im Internet verfügbaren Inhalte ein, sondern gehen dazu über, mit großen Content-Anbietern, wie Medienhäusern, Vereinbarungen über die Möglichkeit der Nutzung der entsprechenden Inhalte abzuschließen. Ob die Zeiten, in denen fremde Inhalte einfach so unentgeltlich und ohne entsprechende Mitteilung zum KI-Training eingesammelt wurden, damit nun endgültig vorbei sind, wird sich zeigen. Fest steht, dass längst nicht alle KI-Anbieter derartige Vereinbarungen schließen. Zudem können solche Vertragswerke selbstverständlich nicht alle Rechteinhaber erfassen.

netzwoche

NEWS STORYS DOSSIERS VIDEO SPECIALS EVENTS NETZWITZIG

NEWS

The Times, Wall Street Journal, NY Post

OpenAI schliesst Millionendeal mit News Corp. für KI-Training

OpenAI hat eine Content-Vereinbarung mit der News Corp. geschlossen. Das Unternehmen darf somit Inhalte von Medien wie The Times, Wall Street Journal oder New York Post für das KI-Training verwenden. Der Deal soll über 250 Millionen US-Dollar wert sein.

OpenAI hat einen Deal mit dem internationalen Medienhaus News Corp. geschlossen. Das Abkommen soll dem KI-Konzern Zugang zu den Inhalten der verschiedenen Publikationen des Verlags bieten, wie "Reuters" berichtet. Die daraus gewonnenen Daten dienen dem Training von KI-Anwendungen wie ChatGPT.

Netzwoche Nr. 07/2024

Russischer Hackerangriff
Update: Microsoft-Attacke betrifft auch Kunden-Mails

Studie der ETH Zürich
KI in der Schweizer Tech-Branche: Realität hinkt Hype hinterher

Ständerat am Zug
Update: Ständeratskommission stützt E-ID-Gesetz

"Scammed for 15 emeralds"
Gordon Ramsey in der Minecraft-Welt

Bild 1.18
OpenAI hat u. a. mit News Corp. eine Vereinbarung über die Nutzung der Inhalte des Medienunternehmens zum Training der OpenAI-KI-Modelle geschlossen (Quelle: *https://www.netzwoche.ch/news/2024-05-23/openai-schliesst-millionendeal-mit-news-corp-fuer-ki-training*, 28. 06. 2024, 14:00 Uhr).

1.7 Checkliste für rechtskonformen KI-Einsatz

Im Zusammenhang mit generativer KI gibt es zahlreiche rechtliche Probleme. Diese hier alle zu beleuchten, würde den Rahmen dieses Ratgebers sprengen, weshalb hier auch die durchaus interessanten Aspekte des Patent- oder des Wettbewerbsrechts nicht berücksichtigt werden. In diesem Buch soll es in erster Linie um die für die Praxis wichtigen Fragen aus dem Urheberrecht, dem Datenschutzrecht, dem Markenrecht, dem E-Mail-Marketing und dem allgemeinen Persönlichkeitsrecht gehen. Dabei sollen vor allem die in der Checkliste in Tabelle 1.2 aufgeführten Themen beleuchtet werden (am Beispiel einer Checkliste für den KI-Einsatz in einem Unternehmen):

Tabelle 1.2 Kurz-Checkliste zur Prüfung der Rechtskonformität des KI-Einsatzes in einem Unternehmen

Prüfpunkt	Zu klärende Fragen
Angaben zum Unternehmen	In welcher Branche ist das Unternehmen tätig? Wo hat es seinen Sitz (innerhalb oder außerhalb der EU)?
Informationen	Welches KI-System soll genutzt werden? Welches KI-Modell liegt dem zugrunde (Hersteller, Modell, Version ...)? Aus welchen Quellen stammen die Trainingsdaten? Nutzt der KI-Anbieter die Nutzerdaten, die Prompt-Eingaben etc. zu eigenen Zwecken (KI-Training, Werbung ...)?
Rolle/Stellung	Ist das Unternehmen als KI-Betreiber oder als KI-Anbieter einzustufen?
Anwendungs-/Einsatzzweck	In welchem Bereich bzw. zu welchem Zweck soll die KI eingesetzt werden?
Risikobewertung	Soll die KI zu Zwecken mit hohen Risiken oder gar zu verbotenen Zwecken genutzt werden?
KI-Variante	Soll eine am Markt verfügbare KI zum Einsatz kommen oder soll eine speziell für das Unternehmen angepasste KI genutzt werden?
Betrieb	Soll die KI auf eigenen Systemen, also „Inhouse", betrieben werden oder soll ein Software-as-a-Service-Angebot, also eine „KI aus der Cloud", eingekauft werden?
Daten-Governance	Soll das Training der KI mit den eigenen Daten erfolgen? Wenn ja: Gibt es schon Regelungen für eine Daten-Governance, um die notwendige Datenqualität zu gewährleisten? Oder sollen spezielle Trainingsdaten eingekauft werden?
Nutzer	Soll die KI den eigenen Beschäftigten für interne Zwecke zur Verfügung gestellt werden? Soll die KI von Kunden nutzbar sein (z. B. für Supportanfragen)? Soll die KI verändert bzw. mit dem eigenen Namen/Logo versehen und Dritten bereitgestellt werden?
Rechtsfragen	Sollen personenbezogene Daten, urheberrechtlich geschützte Werke oder Geschäftsgeheimnisse mit der KI verarbeitet werden? Bietet der KI-Anbieter eines Software-as-a-Service-Angebots einen Auftragsverarbeitungsvertrag oder eine Vereinbarung über die gemeinsame Verantwortung an?

Anhand dieser Kurz-Checkliste lässt sich die Rechtskonformität des Einsatzes von KI-Systemen prüfen. Die Details zu den hier nur stichpunktartig aufgelisteten Punkten liefern die nachfolgenden Kapitel.

2 KI und Urheberrecht

Das Urheberrecht schützt den Urheber in seinen geistigen und persönlichen Beziehungen zum Werk und in der Nutzung des Werkes. Es dient zugleich der Sicherung einer angemessenen Vergütung für die Nutzung des Werkes. Das lässt im Grunde schon die Bezeichnung „Urheberrecht" erkennen. Einer Person, die in irgendeiner Weise kreativ geworden ist und beispielsweise ein Bild gemalt, einen Text geschrieben, ein Foto geschossen oder ein Video erstellt hat, soll auch das Recht am Ergebnis ihres kreativen Schaffens zustehen. Andere Personen sollen ihr Werk nicht so einfach nutzen oder gar ihrerseits zu Geld machen können. Allerdings gibt es im Urheberrecht Konstellationen, in denen der Urheber es hinnehmen muss, dass Dritte sein Werk nutzen. Diese sogenannten Schrankenregelungen dienen dazu, einen Ausgleich zwischen dem Urheberrecht auf der einen und den Rechtspositionen und Interessen Dritter auf der anderen Seite zu schaffen. Aber dem Grunde nach regeln die Vorschriften des zentralen Regelwerks, des Urheberrechtsgesetzes (UrhG), in erster Linie den Schutz von Urhebern und anderen Rechteinhabern. Rund um den KI-Einsatz kann es in verschiedener Art und Weise zu Urheberrechtsverstößen kommen, und zwar sowohl in der Trainings- als auch in der Anwendungsphase. In der letztgenannten drohen Verstöße bei der Eingabe durch Nutzer, bei der Verarbeitung und auch bei der Ausgabe. Um die vielfältigen Fragen im Zusammenhang mit KI korrekt einordnen zu können, sollten zumindest die wichtigsten Grundlagen des Urheberrechts bekannt sein.

2.1 Entstehung des Urheberrechts

Bei Lichte betrachtet existiert nicht DAS Urheberrecht, sondern es gibt viele verschiedene Einzelrechte, die unter diesem Oberbegriff zusammengefasst werden. Das Bündel aus den einzelnen Rechtspositionen setzt sich wie folgt zusammen:

1. Urheberpersönlichkeitsrechte (§§ 12–14 UrhG)

- Veröffentlichungsrecht
- Anerkennung der Urheberschaft
- Entstellung des Werkes

2. Verwertungsrechte (§§ 16–23 UrhG)

- Vervielfältigungsrecht
- Verbreitungsrecht
- Ausstellungsrecht
- Vortrags-, Aufführungs- und Vorführungsrecht
- Recht der öffentlichen Zugänglichmachung
- Senderecht
- Europäische Satellitensendung
- Weitersendung
- Europäischer ergänzender Online-Dienst
- Direkteinspeisung
- Recht der Wiedergabe durch Bild- oder Tonträger
- Recht der Wiedergabe von Funksendungen und von öffentlicher Zugänglichmachung
- Bearbeitungen und Umgestaltungen

3. Sonstige Rechte (§§ 25–27 UrhG)

- Zugang zu Werkstücken
- Folgerecht
- Vergütung für Vermietung und Verleihen

Es sind nicht für jeden Urheber alle Einzelrechte gleichermaßen wichtig, manche kommen im Alltag kaum zum Tragen. Auch wenn das eine oder andere der genannten Rechte nicht auf den ersten Blick einleuchtet oder klar ist, was dahintersteckt, ist das an dieser Stelle nicht schlimm. Diese Auflistung dient lediglich der Illustration, wie stark die Rechtsposition eines Urhebers ist. Es leuchtet aber wohl ein, dass primär der Urheber entscheidet, wer was wann weshalb und wie lange mit seinem Werk macht.

Ein Werk, also ein Text, ein Foto, ein Video etc., kann nur dann unter den Schutz des UrhG fallen, wenn es dessen Voraussetzungen erfüllt. Dazu muss es zunächst einmal eine Verkörperung der inneren Gedankenwelt des Urhebers darstellen. Denn der

Schutz des Urheberrechts zielt nicht auf die hinter einem Werk stehende Idee ab, sondern auf das konkrete Werk in seiner individuellen Ausgestaltung. Nicht das Motiv eines Fotos (z. B. Kölner Dom vor blauem Himmel) ist also geschützt, sondern die konkrete Umsetzung in Form eines bestimmten Aufnahmewinkels, einer bestimmten Beleuchtung, einer bestimmten Lichtstimmung, eines bestimmten Bildschwerpunktes usw. Indem die Gedanken und der „kreative Funke" des Urhebers sicht- und fassbar verkörpert werden, entsteht ein Werk, das gemäß UrhG geschützt werden kann.

Beispiel

Wer also beispielsweise das Bild des Kölner Doms vor einem blauen Himmel sieht und ein Foto mit dem gleichen Motiv aufnimmt, dann stellt dies keinen Verstoß gegen das Urheberrecht dar. Denn dann wird lediglich die dahinterstehende Idee verwendet, sprich: das Motiv, und zwar mit einer eigenen Kamera, mit einem eigenen Blickwinkel, mit einer eigenen Beleuchtung usw. Wer jedoch das bestehende Dom-Foto eines anderen einfach „klaut", indem es 1:1 kopiert wird, dann liegt darin ein Urheberrechtsverstoß.

Wenn ein Werk erschaffen wird, dann entsteht im Moment der Erschaffung, also durch die „Verkörperung" des Werks, das Urheberrecht – vorausgesetzt, es werden die Anforderungen gemäß UrhG erfüllt. Bei der Entstehung des Urheberrechts wird also auf den Zeitpunkt abgestellt, in dem ein Bild gemalt, ein Text geschrieben, ein Musikstück komponiert oder ein Foto aufgenommen wird. Das Urheberrecht entsteht automatisch, es ist keine Kennzeichnung mit einem Copyright-Zeichen („©") oder Ähnlichem. erforderlich. Dieses Zeichen stammt aus dem angloamerikanischen Rechtsraum und hat nach deutschem Recht keinerlei rechtliche Wirkung.

Allerdings unterliegt nicht jedes Erzeugnis dem Schutz des Urheberrechts. Voraussetzung dafür ist das Erreichen der sogenannten „Schaffenshöhe" (oder auch „Schöpfungshöhe"). Das einzelne Erzeugnis muss also eine gewisse Qualität erreichen, die Frage der Quantität ist hingegen nur zweitrangig. Die Schaffenshöhe beschreibt den Umstand, dass das konkrete Werk eine „persönlich geistige Schöpfung" darstellt, die sich von alltäglichen, routinemäßigen Leistungen abhebt. Das ist vergleichbar mit dem Unterschied zwischen Kunst und Handwerk.

Beispiel

Wer einen Stuhl herstellen will, der fertigt in der Regel eine Sitzfläche auf vier Beinen und dann noch gegebenenfalls Rück- und/oder Armlehnen. Jede handwerklich begabte Person kann dies ohne Weiteres ebenfalls so bauen, es handelt sich eher um eine alltägliche, routinemäßige Leistung. Denn die einzelnen Elemente des Stuhls ergeben sich aus der Natur dieses Sitzmöbels und auch dessen Funktionalität. Wer allerdings ein Stuhl baut, der nicht nur zum Sitzen, sondern als Kunstwerk gedacht und deshalb besonders gestaltet bzw. verziert ist, der erschafft schon eher eine persönlich geistige Schöpfung im Sinne des UrhG.

Bild 2.1
Der Künstler Luigi Colani hat viele Alltagsgegenstände als Kunstobjekte gestaltet (Quelle: *https://www.pamono.de/designers/luigi-colani*, 24. 06. 2024, 14:15 Uhr).

Leider gibt es keine exakten, objektiven Abgrenzungskriterien für die Beurteilung der Schaffenshöhe. Es muss in jedem Fall das jeweilige Werk individuell bewertet werden. Dabei sind die Anforderungen nicht allzu hoch anzusetzen, denn nur wirklich alltägliche, ohne Probleme wiederholbare Leistungen werden an dieser Hürde scheitern.

In Bezug auf Fotoaufnahmen gibt es eine Besonderheit. Hierbei ist zwischen künstlerischen Aufnahmen (Lichtbildwerke) und alltäglichen Schnappschüssen (Lichtbilder) zu unterscheiden. Bei den erstgenannten ist stets eine ausreichende Schaffenshöhe anzunehmen. Aber auch die letztgenannten sind nach dem deutschen Urheberrecht geschützt, wenn auch aufgrund anderer Vorschriften (sogenanntes Leistungsschutzrecht). Schutz nach dem UrhG besteht aber in beiden Fällen, sodass für die alltägliche Fotonutzung von einem urheberrechtlichen Schutz auszugehen ist.

Das Urheberrecht als solches ist nicht übertragbar, es kann lediglich vererbt werden (§§ 28, 29 UrhG). Allerdings kann der Urheber anderen Personen Nutzungsrechte einräumen (§§ 31 ff. UrhG). Bei den sogenannten Lizenzverträgen sind verschiedene Aspekte entscheidend. Dazu zählt primär die zeitliche bzw. die räumliche Komponente. Es sollten folgende Fragen geregelt werden:

- **Zeit:** Wie lange soll das Werk genutzt werden dürfen (nur für eine gewisse Zeit oder unbefristet)?
- **Ort:** Wo darf es genutzt werden (deutschland-, europa- oder weltweit)?
- **Umfang:** Wird ein ausschließliches oder ein einfaches Nutzungsrecht übertragen?

Insbesondere die Festlegung des Nutzungsumfangs ist sehr wichtig. Denn das ausschließliche Nutzungsrecht berechtigt den Vertragspartner dazu, das Werk allein zu nutzen. Zudem kann er seinerseits anderen Personen Nutzungsrechte an dem Werk einräumen. Das einfache Nutzungsrecht berechtigt hingegen nur dazu, das Werk selbst zu nutzen, ohne die Möglichkeit zur Weiterübertragung auf Dritte. Außerdem kann der Urheber weitere einfache Nutzungsrechte an andere Personen vergeben. Die erstgenannte Variante ist also die exklusivere, dafür regelmäßig aber auch die teurere.

Hinweis

Egal welche Nutzungsrechte in welchem Umfang an andere Personen übertragen werden, der ursprüngliche Erschaffer des Werks ist und bleibt Urheber. Die Eigenschaft als Urheber endet erst mit dem Tod und kann dann auf die Erben übergehen.

Es ist sehr wichtig, bei Lizenzverträgen auf eine exakte Beschreibung des Werks und auf die ebenso sorgfältige Aufzählung der einzelnen Rechtspositionen zu achten. Im Zweifel sollte ein solcher Vertrag schriftlich abgeschlossen werden. Je mehr Geld dabei im Spiel ist, desto mehr wird dieser Grundsatz zur Pflicht. Im Idealfall wird im Vorfeld auch anwaltlicher Rat eingeholt oder gleich der Lizenzvertrag vom Fachmann aufgesetzt.

2.2 Werkarten

Es existieren verschiedene Arten von urheberrechtsfähigen Werken (§ 2 Abs. 1 UrhG):

- Sprachwerke, wie Schriftwerke, Reden und Computerprogramme (Texte)
- Werke der Musik (Songs)
- pantomimische Werke einschließlich der Werke der Tanzkunst
- Werke der bildenden Künste einschließlich der Werke der Baukunst und der angewandten Kunst und Entwürfe solcher Werke
- Lichtbildwerke einschließlich der Werke, die ähnlich wie Lichtbildwerke geschaffen werden (Fotos)
- Filmwerke einschließlich der Werke, die ähnlich wie Filmwerke geschaffen werden (Videos)
- Darstellungen wissenschaftlicher oder technischer Art, wie Zeichnungen, Pläne, Karten, Skizzen, Tabellen und plastische Darstellungen

Hinweis

Ein bestimmter Zeichen- oder Sprachstil ist übrigens nicht schützenswert. Daher dürfen beispielsweise die Werke des Künstlers Roy Lichtenstein nicht einfach genutzt oder kopiert werden. Die Erschaffung eines eigenen Werks, das den Stil von Roy Lichtenstein nachahmt, ist jedoch zulässig.

Da das UrhG schon über rund sechzig Jahre alt ist, enthält es auch noch Begrifflichkeiten, die ein wenig aus der Zeit gefallen wirken. So würde man heutzutage z. B. „Sprachwerke“ vermutlich kurz als Texte bezeichnen oder „Lichtbildwerke“ als Fotos. Dies wäre allerdings ein wenig einschränkend, denn unter „Sprachwerken“ werden nicht nur Texte, sondern auch Erzeugnisse in Form von Programmiersprache (Code) verstanden. Computerprogramme haben inzwischen sogar einen eigenen Abschnitt im Gesetz erhalten (§§ 69e–69 g UrhG). Auch Ansammlungen von einzelnen Erzeugnissen, sogenannte Datenbanken, können geschützt sein (§§ 87a–87e UrhG).

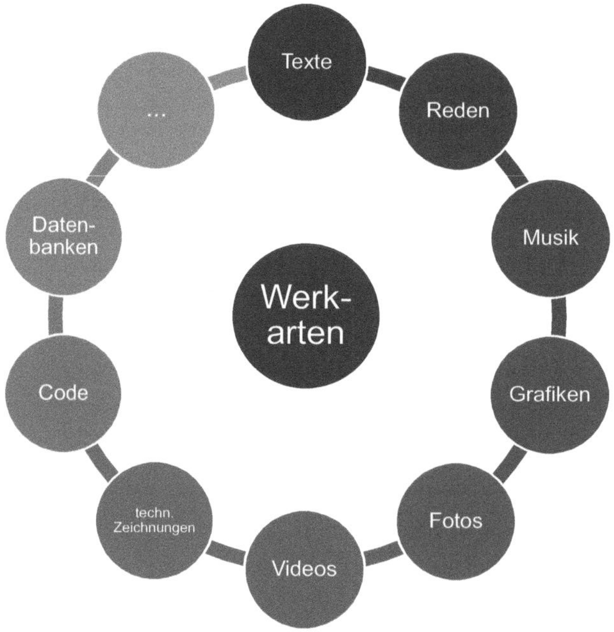

Bild 2.2
Die verschiedenen Werkarten nach dem UrhG (Quelle: eigene Darstellung).

Hinweis

In Bezug auf die Erstellung von Code stellen sich verschiedene urheberrechtliche Probleme. Programmierer greifen heute schon vielfach auf KI-Unterstützung zurück, z. B. in Form einer automatisierten Vervollständigung von einzelnen Befehlen oder ganzen Codezeilen. Dabei kann es, häufiger als etwa bei Texten oder Bildern, dazu kommen, dass die KI exakte Kopien von fremden Codewerken bzw. -werkteilen reproduziert. Denn die im Code enthaltenen Lösungen basieren auf mathematischen Grundregeln. So lässt sich beispielsweise die Addition zweier Zahlen nur auf wenige verschiedene Arten und Weisen darstellen (z. B. „x + y“, „y + x“, „(x – 2) + (y + 2)“). Wer also auf diese Weise, zumeist unbewusst, Code von Dritten in den eigenen übernimmt, begeht so möglicherweise eine Urheberrechtsverletzung.

Von den im UrhG erwähnten Werkarten sind im KI-Kontext natürlich nicht alle gleichermaßen bedeutsam. Im Alltag, gerade beim Einsatz von KI-Tools, geht es primär um Texte, Fotos, Videos, Grafiken oder Code. Unabhängig von der konkreten Art eines Werks kann dieses unter den Schutz des Urheberrechts fallen, sofern es unter einer der in § 2 Abs. 2 UrhG genannten Werkarten eingeordnet werden kann und die sonstigen Voraussetzungen für Werke erfüllt.

2.3 Grenzen des Urheberrechts

Wie jede andere Rechtsposition gibt es auch im Urheberrecht bestimmte Grenzen. Die betreffenden Vorschriften des UrhG regeln einzelne Konstellationen, in denen die Nutzung fremder Werke unter bestimmten Voraussetzungen ausnahmsweise erlaubt ist. Dies ist in folgenden Fällen gegeben:

- vorübergehende Vervielfältigungshandlungen
- Text- und Data-Mining
- Rechtspflege und öffentliche Sicherheit
- Menschen mit Behinderungen
- Menschen mit einer Seh- oder Lesebehinderung
- Sammlungen für den religiösen Gebrauch
- Schulfunksendungen
- öffentliche Reden
- Zeitungsartikel und Rundfunkkommentare
- Berichterstattung über Tagesereignisse
- Zitate
- Karikatur, Parodie und Pastiche
- öffentliche Wiedergabe
- Vervielfältigungen zum privaten und sonstigen eigenen Gebrauch
- Vervielfältigung durch Sendeunternehmen
- Benutzung eines Datenbankwerkes
- Vervielfältigung und öffentliche Wiedergabe in Geschäftsbetrieben
- unwesentliches Beiwerk
- Werbung für die Ausstellung und den öffentlichen Verkauf von Werken
- Werke an öffentlichen Plätzen

- gesetzlich erlaubte Nutzungen für Unterricht, Wissenschaft und Institutionen
- besondere gesetzlich erlaubte Nutzungen verwaister Werke
- besondere gesetzlich erlaubte Nutzungen nicht verfügbarer Werke

Zusätzlich zu diesen sogenannten Inhaltsschranken gibt es auch noch räumliche und zeitliche Schranken.

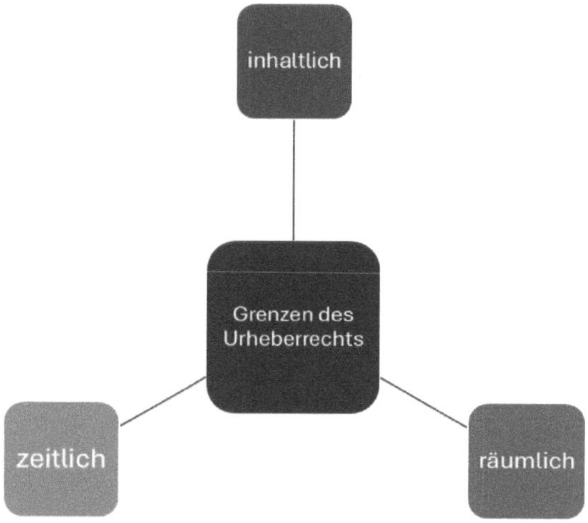

Bild 2.3 Die Schrankenregelungen des Urheberrechts (Quelle: eigene Darstellung).

Räumlich gilt das deutsche UrhG nur in Deutschland. In anderen Staaten gilt das jeweils nationale Urheberrecht. Innerhalb der Europäischen Union sind jedoch die Vorschriften in diesem Bereich stark harmonisiert, sodass in allen EU-Mitgliedsstaaten die gleichen Grundregeln im Urheberrecht gelten. Allerdings gibt es auch immer wieder nationale Besonderheiten.

Ist das Urheberrecht einmal entstanden, gilt es nicht „unendlich", sondern endet nach einer gewissen Zeit. Die urheberrechtliche Schutzfrist startet mit dem Tod des Urhebers und beträgt siebzig Jahre (§ 64 UrhG). Eine Ausnahme hiervon besteht lediglich in Bezug auf Lichtbilder (also simple, hobbymäßig erstellte Fotoaufnahmen). Denn dafür gilt eine Schutzfristdauer von fünfzig Jahren, gemessen ab dem erstmaligen Erscheinen oder nach der Erstellung – je nachdem, was zutrifft.

Hinweis

Bestimmte Zeichenstile sind ebenso wenig urheberrechtlich geschützt wie bestimmte Fotografiestile, bestimmte Arten der Formulierung von Sätzen oder bestimmte Begrifflichkeiten. Es stellt daher keinen Rechtsverstoß dar, sich per KI beispielsweise ein Bild im Stile von Rembrandt erzeugen zu lassen. Viele KI-Bildgeneratoren können das auf entsprechende Prompts hin umsetzen, technisch ist das kein Problem. Aus juristischer Sicht ist das „Kopieren" eines fremden Stils ebenfalls unproblematisch – es dürfen lediglich keine existierenden Werke von Künstlern 1:1 nachgeahmt werden.

Bild 2.4
Das Bild einer Katze im Stile von Edvard Munchs „Der Schrei" ist urheberrechtlich zulässig, da bestimmte Zeichenstile oder Motive für sich nicht geschützt sind (Quelle: KI-generiert, eigene Darstellung).

Inhaltlich lässt sich feststellen, dass es für unterschiedliche Adressatenkreise verschiedene Schrankenregelungen gibt:

- **Allgemeinheit** (z. B. Recht auf Bearbeitung, Zitate, Privatkopie)
- **Medien** (z. B. öffentliche Reden, Berichterstattung)
- **Gerichte, Behörden, Kirchen und Schulen** (z. B. Exemplar für Prozessakte, Kopie für Nutzung im Unterricht)
- **bestimmte Branchen** (z. B. Galerien, Museen, Auktionshäuser)

So darf beispielsweise ein Museum einen Katalog mit Abbildungen seiner ausgestellten Werke herstellen und zum Verkauf anbieten. Eine derartige Vervielfältigung der Werke wäre ansonsten als Urheberrechtsverstoß zu werten. Gerichten und anderen Behörden ist es gestattet, benötigte Unterlagen zu kopieren und zur Akte zu nehmen, ohne auf das Urheberrecht schauen zu müssen. Hauptberufliche Journalisten und Pressevertreter haben vergleichbare Sonderregelungen. Da sie ansonsten bei der Ausübung ihres Berufs behindert oder zumindest eingeschränkt wären, existiert für sie das sogenannte Medienprivileg, sodass die urheberrechtlichen Spielregeln in vielen Bereichen von ihnen nicht beachtet werden müssen.

Beispiel

Filmt etwa ein Kamerateam während einer Reportage über das Tagesgeschehen ein an der Wand hinter einer interviewten Person hängendes Gemälde, dann stellt dies keine unzulässige Handlung im urheberrechtlichen Sinne dar. Denn primär geht es hierbei um das Interview und nicht um die Vervielfältigung des Bildes.

Aber nicht nur in bestimmten Bereichen, sondern auch für die Allgemeinheit existieren Schrankenregelungen als Ausnahmen des sonst so strengen Urheberrechts. So dürfen fremde Werke beispielsweise zitiert werden, allerdings nur, wenn die Zitierregeln eingehalten werden (Erfüllung des Zitatzwecks, unveränderte Übernahme des fremden Werkteils, Kennzeichnung als Zitat, Quellenangabe). Zudem besteht ein Recht auf Privatkopie, z. B. von Musik-CDs. Allerdings setzt das Gesetz hier hohe Hürden, denn dabei darf insbesondere kein Kopierschutz umgangen werden, und das Originalwerk darf nicht aus einer offensichtlich rechtswidrigen Quelle stammen.

Zudem ist es auch nicht grundsätzlich untersagt, fremde Werke zu bearbeiten, d. h., als Arbeitsgrundlage für die Erschaffung eines neuen Werks zu nutzen. Wird beispielsweise ein fremdes Foto mithilfe einer Bildbearbeitungssoftware bearbeitet, so entsteht dadurch zwar ein „neues" Foto, aber nicht automatisch auch ein neues, eigenständiges Werk im Sinne des UrhG. Zwar ist die Bearbeitung fremder Werke grundsätzlich erlaubt (mit Ausnahme von Datenbanken oder auch Software), allerdings darf das Ergebnis der Bearbeitung nicht veröffentlicht werden. Entscheidend ist hierbei die Frage, ob „nur" eine Umgestaltung oder ein komplett neues Werk entsteht. Der Bundesgerichtshof (BGH) hat in diesem Zusammenhang schon vor langer Zeit (BGH, Urteil vom 4. Februar 1958, Aktenzeichen: I ZR 48/57) die sogenannte „Verblassen"-Formel aufgestellt, die allerdings auch nur begrenzt weiterhilft. Sie besagt nämlich, dass eine (erlaubte) Bearbeitung, mithin also die Erschaffung eines eigenständigen Werks, dann vorliegt, wenn die wesentlichen Züge des ursprünglichen Werkes beim neuen „Werk" nur noch schwach durchschimmern. Auch wenn diese „Verblassen"-Formel nicht gerade hilfreich ist, so dürfte doch klar sein, dass beispielsweise die Anwendung eines Filters in Photoshop alleine nicht dazu führen kann, dass ein neues Bild geschaffen wird. Faustregel: Je weniger das Original nach der Bearbeitung noch erkennbar ist, desto eher kann davon ausgegangen werden, dass ein neues, eigenständiges und somit auch selbst urheberrechtsfähiges Werk erschaffen wurde.

Seit dem 7. Juni 2021 gibt es § 51a UrhG, der die Vervielfältigung, die Verbreitung und die öffentliche Wiedergabe eines veröffentlichten Werkes zum Zweck der Karikatur, der Parodie und des Pastiches erlaubt. Die Begriffe „Karikatur" und „Parodie" dürften aus sich heraus verständlich sein im, Gegensatz zu „Pastiches". Dabei handelt es sich um eine Auseinandersetzung mit dem bestehenden Werk eines Dritten oder einem sonstigen Bezugsgegenstand, wobei – anders als bei Karikatur oder Parodie – nicht unbedingt eine humoristische oder verspottende Komponente enthalten sein muss, sondern auch ein Ausdruck der Wertschätzung oder Ehrerbietung für das Original, etwa im Sinne einer Hommage, vorliegen kann. Pastiches: sind also beispielsweise Memes, Remixe, Mashups, Fan-Art oder Fan-Fiction. Ein Meme, also z. B. ein Ausschnitt aus einem bekannten Kinofilm in Form eines Fotos oder eines kurzen Videoclips, der gegebenenfalls noch mit einem witzigen Spruch versehen ist, hat wohl jeder schon einmal bekommen oder gar selbst verschickt – jedenfalls dann, wenn WhatsApp, Signal, Threema oder ein anderer Messenger genutzt wird. Diese Form der Kreativität findet seit geraumer Zeit insbesondere in den sozialen Medien statt und ist nun auch im deutschen Urheberrecht angekommen.

Hinweis

Sollte ein KI-Erzeugnis – absichtlich oder unbeabsichtigt – das Werk eines Dritten oder wesentliche Teile davon enthalten, dann stellt dies grundsätzlich einen Verstoß gegen das Urheberrecht dar. Eine solche Reproduktion von fremden Werken ist zwar unwahrscheinlich, aber auch nicht gänzlich ausgeschlossen. Rechtlich verantwortlich wäre in einem solchen Fall nicht etwa die KI, sondern derjenige, der dieses KI-Erzeugnis nutzt. Im Rahmen der Schrankenregelung nach § 51a UrhG kann eine solche Werknutzung jedoch zulässig sein, sofern das KI-Erzeugnis als Karikatur, Parodie oder Pastiche einzustufen ist. Ob und wann also eine in diesem Sinne zulässige Nutzung fremder Werke vorliegt, müssen zukünftig die Gerichte klären.

Bild 2.5 Die Onlinesuche nach dem Begriff „Memes" fördert unzählige Beispiele zutage (Quelle: Google Bildersuche, 24.06.2024, 15:20 Uhr).

Aber Achtung: Sollen solche Memes etc. für geschäftliche, insbesondere für Werbezwecke genutzt werden, etwa für eine Social-Media-Kampagne, dann gibt es hierbei noch weitere Aspekte zu beachten. Denn nicht nur das Urheber-, sondern auch das Marken- oder das Wettbewerbsrecht ist hier einschlägig. Insofern ist hier Vorsicht geboten, zumal es (noch) keine Rechtsprechung in diesem Bereich gibt.

2.4 Ansprüche des Urhebers

Liegt die notwendige Schaffenshöhe, also ein urheberrechtlich geschütztes Werk vor, so stehen dem Urheber folgende Rechtspositionen zu:

- **Veröffentlichung:** Entscheidung über die eventuelle Veröffentlichung des Werks
- **Urheberbezeichnung:** Nennung des Namens des Urhebers

- **Vervielfältigungsrecht:** z. B. kopieren, digitalisieren
- **öffentliche Wiedergabe:** hierunter fallen auch Webveröffentlichungen
- **Verbreitungsrecht:** Der Urheber darf sein Werk verbreiten, es bestehen aber auch Ausnahmen, z. B. für Pressespiegel.
- **Bearbeitung/Umgestaltung:** auch dies darf grundsätzlich nur der Urheber, es gibt aber auch Ausnahmen (z. B. für Parodien, Karikaturen oder Pastiches)
- **Entstellungsverbot:** Recht auf Unterbindung von Beeinträchtigungen

Werden eine oder mehrere dieser Rechtspositionen durch unberechtigte Dritte verletzt, so stehen dem Urheber verschiedene Ansprüche zu, mit denen er seine Rechtsposition zur Not auch gerichtlich durchsetzen kann. Denn der Urheber hat Anspruch auf:

- Beseitigung/Unterlassung
- Auskunft
- Schadensersatz/Schmerzensgeld
- Vernichtung/Überlassung

Beispiel

Nutzt eine dritte Person das Foto eines Fotografen ohne dessen Zustimmung, so kann der Fotograf gegen den „Fotodieb" einen Anspruch auf Unterlassung geltend machen, sodass die Weiternutzung des Fotos aufhören muss. Außerdem steht dem Fotografen ein Anspruch auf Auskunft zu, der wiederum als Vorbereitung und Informationsbeschaffung dient, um den ebenfalls bestehenden Anspruch auf Schadensersatz geltend machen zu können. Denn dies setzt voraus, dass der Schaden benannt, bewiesen und möglichst genau beziffert wird. Dazu benötigt der Fotograf allerdings Informationen, die nur der Rechtsverletzer besitzt: Wofür und wie lange wurde das Foto genutzt? Wurde damit Geld verdient? In welchen Medien wurde es genutzt?

Zusätzlich sieht das Urheberrecht unter bestimmten Voraussetzungen auch strafrechtliche Sanktionen vor. So drohen z. B. bei rechtswidriger Vervielfältigung oder Veröffentlichung eines Werks entweder eine Geld- oder eine Freiheitsstrafe von bis zu drei Jahren. Geschieht der Verstoß nicht nur „ab und zu", sondern regelmäßig bzw. gewerbsmäßig, also zur Erzielung von Einkünften, so drohen sogar bis zu fünf Jahre Gefängnis. Die Verbreitung einer Vorrichtung zur Umgehung eines Kopierschutzes stellt dagegen lediglich eine Ordnungswidrigkeit dar. Allerdings kann diese teuer werden, denn es droht ein Bußgeld von bis zu 50 000 Euro. Solche urheberrechtlichen Verfehlungen werden nur auf entsprechenden Antrag des Urhebers verfolgt, gewerbsmäßige Vergehen jedoch auch von Amts wegen.

Bei Verstößen gegen das Urheberrecht kommt es erst einmal nicht darauf an, ob diese absichtlich oder aus Versehen begangen wurden. Dem Urheber steht in jedem Fall ein

Unterlassungsanspruch zu. Soll zusätzlich noch Schadensersatz geltend gemacht werden, so setzt dieser allerdings schuldhaftes Verhalten voraus, also zumindest ein fahrlässiges Handeln aufseiten des Rechtsverletzers.

Übrigens: Grundsätzlich ist es so, dass nicht nur Erwachsene, sondern auch Minderjährige für von ihnen begangene Urheberrechtsverletzungen haftbar gemacht werden können. Denn hierbei geht es nicht etwa um den Abschluss eines Vertrages, sondern um ein deliktisches Verhalten, sodass auch Minderjährige prinzipiell für ihre Taten einzustehen haben.

Die Geltendmachung von urheberrechtlichen Ansprüchen erfolgt in aller Regel zunächst außergerichtlich durch eine Abmahnung. Eine Abmahnung ist die Aufforderung, eine tatsächliche oder zumindest vermutete Rechtsverletzung zu unterlassen. Sie ist nicht nur im Bereich des Urheberrechts, sondern z. B. auch im Arbeits-, Marken- oder Wettbewerbsrecht ein wirksames Rechtsinstrument, um einen Rechtsstreit verbindlich, aber ohne Einschaltung eines Gerichts beizulegen. Der Ablauf einer Abmahnung ist unabhängig von dem jeweiligen Rechtsverstoß oftmals der gleiche. Der Urheber eines unrechtmäßig von einem Dritten verwendeten Werkes wendet sich nach Entdeckung des Rechtsverstoßes an einen Rechtsanwalt und beauftragt diesen mit der Durchführung der Abmahnung. Im Normalfall muss er dann auch zumindest eine Vorschusszahlung leisten, denn er ist zunächst einmal der Kostenschuldner im Verhältnis zu dem von ihm beauftragten Anwalt. Wird die Abmahnung zu Recht ausgesprochen, so steht ihm ein Anspruch auf Ersatz seiner durch die Abmahnung verursachten Kosten gegen den Abgemahnten zu.

Tipp

Um eine Abmahnung auszusprechen, muss man sich nicht zwingend eines Anwalts bedienen, man kann das generell auch selbst bewerkstelligen. Allerdings empfiehlt es sich, einen für das betreffende Gebiet spezialisierten Anwalt zurate zu ziehen, da hier aufgrund der Komplexität in Bezug auf Inhalt und Form der Abmahnung zu viele Fehler passieren können.

Der beauftragte Rechtsanwalt prüft dann zunächst, ob überhaupt eine Abmahnberechtigung gegeben ist, d. h., ob der Betreffende überhaupt zur Abmahnung berechtigt und ob der von ihm behauptete Rechtsverstoß tatsächlich abmahnfähig ist. Liegen die Voraussetzungen vor, wird das Abmahnschreiben verschickt, welches neben dem eigentlichen Anschreiben in aller Regel auch die Vollmacht des Anwalts, eine vorformulierte Unterlassungserklärung sowie eine Kostennote für die anwaltliche Tätigkeit enthält. Das Anschreiben muss u. a. darlegen, wer was warum vom Abgemahnten begehrt. Denn nur so ist dieser in der Lage, überprüfen zu können, ob er zu Recht abgemahnt wird. Ist die Abmahnung berechtigterweise ausgesprochen worden, hat der Abmahnende einen Anspruch auf Erstattung seiner Abmahnkosten und – etwa im Falle einer Urheberrechtsverletzung – eventuell auch noch auf Zahlung von Schadensersatz. Kann im Zuge der Abmahnung zwischen den Parteien keine

Einigung erzielt werden, geht die Sache regelmäßig vor Gericht. Dort muss der Kläger seine geltend gemachten Ansprüche nachvollziehbar darlegen und durch entsprechende Beweise untermauern. Erhält er Recht, also eine gerichtliche Entscheidung zu seinen Gunsten, kann er auf dieser Basis Zwangsvollstreckungsmaßnahmen einleiten (z. B. eine Kontopfändung), sofern die unterlegene Partei nicht freiwillig zahlt.

2.5 Urhebereigenschaft

Die entscheidende Frage lautet: Wer kann Urheber werden? Also wessen von ihm erschaffene Werke können unter den Schutz des UrhG fallen? Hierfür kommen generell Menschen, Unternehmen, Tiere oder Maschinen in Betracht – Pflanzen bleiben außen vor.

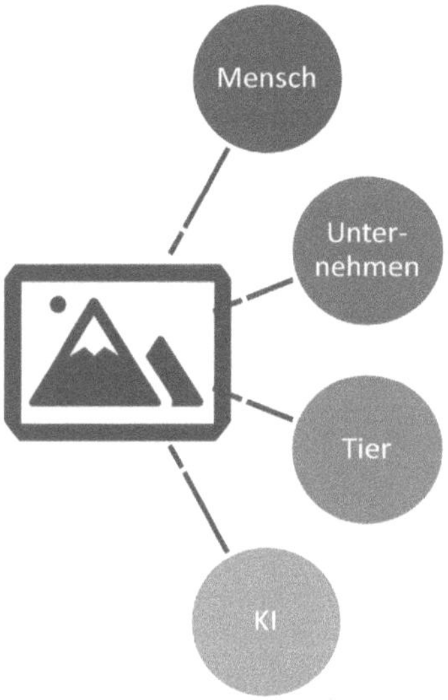

Bild 2.6
Nur ein Mensch kann Urheber im Sinne des UrhG werden (Quelle: eigene Darstellung).

Um sich der Frage nach der Urhebereigenschaft anzunähern, empfiehlt sich zunächst ein Blick ins Gesetz. Denn § 1 UrhG besagt Folgendes:

> *Die Urheber von Werken der Literatur, Wissenschaft und Kunst genießen für ihre Werke Schutz nach Maßgabe dieses Gesetzes.*

Um von einem Werk im Sinne des Urheberrechts sprechen zu können, muss ein solches also in die Bereiche der Literatur, Wissenschaft oder Kunst einzuordnen sein. Um es kurz zu machen: Dies stellt eine sehr niedrige Hürde dar, welche die meisten Werke meistern. Man muss weder Beethoven noch Goethe oder van Gogh sein, um ein Werk in diesen Kategorien erschaffen zu können. Die Messlatte liegt deutlich niedriger. Die Behauptung, irgendeiner der drei Bereiche wird immer vorliegen, würde aus urheberrechtlicher Sicht zu weit führen. Faktisch besteht jedoch jeweils ein sehr weites Verständnis der Begriffe Literatur, Wissenschaft und Kunst. Viel spannender ist die Regelung von § 2 Abs. 2 UrhG:

> *Werke im Sinne dieses Gesetzes sind nur persönliche geistige Schöpfungen.*

Es unterfallen also nicht alle Erzeugnisse dem Schutz des Urheberrechts, sondern nur „persönlich geistige Schöpfungen", also keine routinemäßigen, alltäglichen Leistungen. Die derzeit herrschende Ansicht im Urheberrecht geht davon aus, dass weder Unternehmen noch Tiere oder Maschinen solche persönlichen geistigen Schöpfungen erschaffen können. Das UrhG hat einzig und allein den Menschen als Urheber im Blick.

Hinweis

Das Gleiche gilt übrigens auch für das angloamerikanische Copyright-System. Dieses enthält im Unterschied zum europäischen Urheberrecht keine so starke Beziehung zwischen Urheber und Werk, sondern sieht das Werk eher als Wirtschaftsgut und regelt, wer dessen Vorteile nutzen darf (engl.: „right to copy"). Aber auch hier steht der Mensch im Mittelpunkt, und nur dieser kann urheberrechtlich relevante Werke erschaffen.

Wer etwa mit einem Pinsel Farbe auf eine Leinwand malt, wer mit einer Kamera ein Foto schießt, wer mittels eines Textverarbeitungsprogramms eine Produktbeschreibung verfasst und wer mithilfe einer Grafiksoftware ein Icon kreiert, der erschafft dadurch jeweils ein potenziell urheberrechtsfähiges Werk. Wenn es sich dabei nicht bloß um eine alltägliche, eher routinemäßige Leistung handelt, wie etwa einen simplen Kreis oder reine Auflistung von technischen Merkmalen eines Produkts, unterfällt das Ergebnis eines solchen Handelns regelmäßig dem Schutz des Urheberrechts. Wer jedoch durch die Eingabe eines Prompts ein KI-Tool dazu bringt, ein bestimmtes Bild zu erschaffen, der nutzt zwar auch ein technisches Hilfsmittel. Anders als beim Stift, bei der Textverarbeitung oder bei der Kamera findet der „kreative" Prozess jedoch nicht im menschlichen Hirn, sondern in der KI-Blackbox statt. Wer mittels Hilfsmittel seinen Gedanken auf einem Blatt Papier oder an einem Computer Ausdruck verleiht, der wird selbst kreativ und bedient sich dazu eines „dummen" Werkzeugs, wie z. B. einem Stift. Allerdings verschwimmen die Grenzen zwischen „dummen" und KI-Werkzeugen immer mehr, denn etwa moderne Bildbearbeitungssoftware kann diverse KI-Funktionen enthalten. Die entscheidende Frage lautet also: Wie „dumm" muss das Hilfsmittel sein, damit noch von menschlicher Kreativität und damit von einer persönlich geistigen Schöpfung im Sinne des Urheberrechts ausgegangen werden kann? Oder anders herum: Wann ist das genutzte Hilfsmittel so „intelligent", dass die „Kreativität" hauptsächlich von diesem und nicht von dem Menschen stammt, der das Hilfsmittel einsetzt? Auch diese Abgrenzungsfragen müssen in Zukunft vor Gericht geklärt werden.

Fazit: Da derzeit nur Menschen als Urheber im Sinne des UrhG in Betracht kommen, werden mittels KI erzeugte „Werke“ nicht als solche im urheberrechtlichen Sinne eingestuft. Daher lautet juristische korrekte Bezeichnung „KI-Erzeugnisse“. Das bedeutet ganz konkret, dass bei durch ChatGPT erzeugten Texten, bei mithilfe von Midjourney erstellten Bildern oder auch bei mit Sora erschaffenen Videos kein urheberrechtlicher Schutz entstehen kann. Die Konsequenz daraus ist, dass KI-Erzeugnisse, unabhängig von der jeweiligen Werkart, nicht urheberrechtsfähig sind. In diesen Fällen sind also ...

- der KI-Anbieter,
- der KI-Programmierer,
- der Eigentümer der KI-Server,
- der Investor des KI-Anbieters,
- der KI-Nutzer (also die Person, die den Prompt eingibt) oder
- die KI

NICHT Urheber.

Niemand wird bei durch KI erzeugtem Content Urheber, wodurch diese Erzeugnisse gemeinfrei werden. Das wiederum bedeutet, dass jedermann diese Erzeugnisse nutzen darf, und zwar sowohl zu privaten als auch zu geschäftlichen Zwecken und auch ohne irgendwen um Erlaubnis fragen zu müssen.

Dadurch stellen sich in der Praxis nachvollziehbarerweise einige Fragen, von denen die meisten derzeit leider noch nicht abschließend juristisch geklärt sind.

2.6 Spezielle Probleme durch KI im Urheberrecht

Seit KI-Tools wie ChatGPT, Midjourney, Google Gemini, Stable Diffusion usw. am Massenmarkt frei verfügbar sind, ist der Einsatz von künstlicher Intelligenz enorm angestiegen. Dabei stellen sich insbesondere urheberrechtliche Fragen. Egal, ob es um die Erstellung bzw. die Nutzung von Texten, Bildern, Grafiken, Musikstücken, Videos oder Präsentationsfolien geht, heute kann immer auch auf entsprechende KI-Tools zurückgegriffen werden. Das führt zu einer gesteigerten Effizienz, denn KI kann verschiedene Aufgaben vielleicht nicht unbedingt besser, aber auf jeden Fall schneller und zumeist auch günstiger erledigen als ein Mensch. Allerdings stellen sich im Rahmen des Einsatzes von KI-Tools einige wichtige urheberrechtliche Fragen:

- Wer erhält das Urheberrecht an KI-Erzeugnissen?
- Wie sieht es mit Collagen aus menschlichen Werken und KI-Erzeugnissen aus?
- Können Prompts urheberrechtlich geschützt sein?

- Entfällt das Urheberrecht an einem durch einen Menschen erstellten Werk, wenn es mittels KI bearbeitet wird?
- Entsteht an einem KI-Erzeugnis das Urheberrecht für die Person, die dieses Erzeugnis bearbeitet?
- Darf sich der Erschaffer eines Werks auch dann noch als „Urheber“ dieses Werks bezeichnen, wenn einzelne Werkteile durch eine KI erschaffen bzw. verändert wurden?
- Müssen durch KI erschaffene Texte, Bilder, Grafiken etc. als solche gekennzeichnet werden?
- Dürfen fremde Werke ohne Weiteres im Rahmen eines KI-Prompts genutzt werden?
- Was ist, wenn die KI „aus Versehen“ ein Erzeugnis liefert, das einem bestehenden Werk gleicht oder zumindest sehr stark ähnelt?
- Kann es Einschränkungen bei der Nutzung von KI-Erzeugnissen geben?
- Können Nutzungsrechte an KI-Erzeugnissen wirksam auf Dritte übertragen werden?

Diese und noch viele weitere Fragen stellen sich nicht nur, aber ganz besonders im beruflichen Alltag all denjenigen, die Content erstellen bzw. verwenden. Leider lassen sich nicht alle Fragen derzeit schon beantworten, weil das aktuelle Urheberrecht schlicht nicht auf das Thema KI vorbereitet ist – jedenfalls nicht in allen Details. Zudem fehlt (noch) die Rechtsprechung zu den offenen Fragen des KI-Einsatzes.

Das Urheberrecht geht davon aus, dass schützenswerte Werke „persönlich geistige Schöpfungen“ sind (§§ 1, 2 UrhG) und daher nur durch Menschen erschaffen werden können. Das bedeutet, dass KI-Erzeugnisse aktuell in aller Regel nicht unter den Schutz des UrhG fallen und damit als gemeinfrei einzustufen sind. Das hat den Vorteil, dass man sich z. B. bei per KI erzeugten Bildern keine Gedanken um Urheberrechte Dritter machen muss. Es hat aber den Nachteil, dass es sich nicht um exklusiven Content handelt, denn diese Bilder gelten ja als gemeinfrei, d. h., auch andere Personen können sie ebenfalls nutzen.

Es kann aber durchaus sein, dass beispielsweise ein Comic, der auf per KI erzeugten Bildern basiert, als eigenständiges Werk urheberrechtlichen Schutz genießt. Dann wird die Zusammenstellung der Bilder, Texte usw. zu einer Geschichte als schützenswertes Werk angesehen – die einzelnen KI-Bilder sind und bleiben hingegen gemeinfrei.

Im Gegensatz zu den KI-Erzeugnissen können hingegen die Prompts, also die Texteingaben als Anweisungen für KI-Tools, unter Umständen unter den Schutz des Urheberrechts fallen. Das hängt entscheidend davon ab, ob es sich bei dem Prompt um eine persönlich geistige Schöpfung im Sinne der §§ 1, 2 UrhG handelt. Das wird bei einer simplen Anweisung, wie etwa „erstelle das Bild einer schlafenden Katze“, wohl nicht der Fall sein. Je detaillierter, je ausgefallener jedoch ein Prompt gestaltet ist bzw. je mehr er für eine spezifische Aufgabe optimiert wird, desto eher kann er als Textwerk geschützt sein – im Gegensatz zu dem Ergebnis dieses Prompts, denn dieses stammt ja von der KI und ist daher gemeinfrei.

heise online heise+ Abmelden | Mein Account Suchen Menü

IT Wissen Mobiles Security Developer Entertainment Netzpolitik Wirtschaft Journal Newsticker Foren

Künstliche Intelligenz Windows Energie Datenleck eHealth Raumfahrt Podcasts Downloads

heise online › Künstliche Intelligenz › Machine Learning › Entscheidung: KI-generierter Comic kann Copyright erhalten – Einzelbilder nicht

Entscheidung: KI-generierter Comic kann Copyright erhalten – Einzelbilder nicht

Für den Urheberrechtsschutz beim Comic "Zarya of the Dawn" unterscheiden US-Copyright-Behörden zwischen Text, Bildern und Anordnung von beidem.

Bilder aus der Graphic Novel "Zarya of the Dawn" (Bild: Kris Kashtanova)

Bild 2.7
Die KI-Bilder sind gemeinfrei, aber der Text kann als eigenständiges urheberrechtliches Werk schützenswert sein (Quelle: *https://www.heise.de/news/Entscheidung-KI-generierter-Comic-kann-Copyright-erhalten-Einzelbilder-nicht-7526295.html*, 24. 06. 2024, 16:45 Uhr).

Bild 2.8
Dieses KI-Bild ist gemeinfrei, aber wie sieht es mit dem Prompt aus? (Quelle: KI-Bild, eigene Darstellung)

Der zu dem obigen Bild, das mit dem KI-Tool Midjourney erstellt wurde, gehörige Prompt lautet wie folgt:

> *Imagine yourself in a castle furnished in the Baroque style, with lots of wall decorations and stucco ceilings, portrait paintings on the wall, expensive carpets on the floor and golden mouldings. In this castle there is a modern desk with a Windows laptop open and a tabby cat lying peacefully sleeping in front of it. In this scenario where baroque meets modern, the desk is lit only by the evening light falling through the windows. Create a picture of this seemingly unreal scene, capturing the zeitgeist of the Baroque era.*

Die deutsche Übersetzung – ebenfalls mithilfe von KI (DeepL) erzeugt – lautet wie folgt:

> *Stellen Sie sich vor, Sie befinden sich in einem Schloss, das im Barockstil eingerichtet ist, mit vielen Wandverzierungen und Stuckdecken, Porträtgemälden an den Wänden, teuren Teppichen auf dem Boden und goldenen Zierleisten. In diesem Schloss steht ein moderner Schreibtisch mit einem aufgeklappten Windows-Laptop, vor dem eine getigerte Katze friedlich schläft. In diesem Szenario, in dem Barock auf Moderne trifft, wird der Schreibtisch nur durch das Abendlicht beleuchtet, das durch die Fenster fällt. Erstellen Sie ein Bild dieser scheinbar unwirklichen Szene, das den Zeitgeist der Barockzeit einfängt.*

Dabei handelt es sich augenscheinlich um einen etwas umfangreicheren und nicht ganz so simplen Prompt. Denn anders als „Bild einer schlafenden Katze" wurde hierbei versucht, nicht nur Anweisungen an das KI-Tool zu geben, sondern eine Situation und darüber hinaus auch eine Stimmung zu beschreiben. Ist dieser Prompt damit urheberrechtlich geschützt? Möglich, eher als nur ein simpler Zweizeiler, aber entscheiden muss dies letztlich ein Gericht.

Hinweis

Je detaillierter und komplexer ein Prompt wird, je mehr Optimierungsaufwand in den Prompt einfließt, desto kleiner wird der „kreative Gestaltungsspielraum" der eingesetzten KI-Tools. Insofern stellt sich die Frage, ob in derartigen Fällen der mittels KI erzeugte Content nicht doch ausnahmsweise urheberrechtlichen Schutz erhalten kann. Aber auch für die Klärung dieser Detailfrage sind letztlich die Gerichte zuständig.

Für die Frage, wie stark ein KI-Erzeugnis durch einen Menschen bearbeitet werden muss, um von einem eigenständigen, schützenswerten Werk ausgehen zu können, ist leider nicht pauschal zu beantworten. Das Gleiche gilt für die umgekehrte Situation, wenn also ein menschliches Werk mittels KI bearbeitet wird. Wenn jeweils z. B. in einem Text nur ein einzelnes Satzzeichen geändert wird, so verändert das nicht die charakteristischen Züge des Originalwerks. Wenn allerdings vieles geändert wird, also einzelne Begriffe, die Erzählperspektive, der Duktus etc., das ursprüngliche Werk also sehr stark verändert wird, dann kann ein neues, eigenständiges Werk entstehen. Das ursprüngliche KI-Erzeugnis bliebe dann gemeinfrei, an der überarbeiteten Version würde hingegen das Urheberrecht zugunsten des Überarbeiters entstehen. Und anders herum behält das ursprünglich von einem Menschen erstellte Werk seine Urheberrechtsfähigkeit, und die stark durch eine KI bearbeitete Fassung wäre gemeinfrei. Zwischen den beiden Extrempositionen, Änderung eines einzigen Satzzeichens auf der einen und die vollständige Überarbeitung bis zur „Unkenntlichkeit" auf der anderen Seite, gibt es aber natürlich zahlreiche Abstufungen und Grenzfälle. Auch diese Fragen müssen letztlich durch die Gerichte geklärt werden.

Das bedeutet aber auch, dass ein Mensch sich nicht für ein „Werk“ als Urheber ausgeben darf, wenn dieses überwiegend durch KI erzeugt oder bearbeitet wurde. Unter Umständen kann die Bezeichnung als „Urheber“ für ein KI-Erzeugnis sogar als Betrug zu werten sein, etwa, wenn durch eine vertragliche Vereinbarung eine persönliche Leistung gefordert, aber aufgrund des KI-Einsatzes nicht erbracht wird.

Die Frage, ob per KI erzeugte Bilder, Texte, Videos etc. speziell gekennzeichnet werden müssen, ist ebenfalls nicht so ganz so einfach zu beantworten. Generell besteht keine Kennzeichnungspflicht, wenn z. B. Texte für die eigene Website durch eine KI optimiert, Bilder für einen Blog-Beitrag durch KI erzeugt oder die Schritte für die nächste Social-Media-Kampagne mithilfe von KI geplant werden. Es gibt hier allerdings Ausnahmen, die in der KI-Verordnung geregelt sind. Danach bestehen beispielsweise Kennzeichnungspflichten für den Einsatz von Chatbots, Deepfakes oder „Fake News“.

Die Nutzung fremder Werke im Rahmen eines Prompts, der als Befehl an eine KI gegeben werden soll, stellt eine urheberrechtlich relevante Handlung dar. Folglich darf dies grundsätzlich nicht ohne Zustimmung des Urhebers erfolgen, sofern keine anderweitige Schrankenregelung nach UrhG anwendbar ist. Hierzu kommen beispielsweise vorübergehende Vervielfältigungshandlungen, Text- und Data-Mining, unwesentliches Beiwerk, Zitat oder Karikatur, Parodie und Pastiche in Betracht. Allerdings passen diese Ausnahmeregelungen hier nicht so richtig. Daher besteht erst ein wenig mehr Rechtssicherheit, wenn es dazu entsprechende Gerichtsentscheidungen gibt.

Liefert die KI ein Bild, ein Text, ein Video oder anderen Content, der einem bestehenden Werk gleicht oder jedenfalls sehr stark ähnelt, dann kann darin eine Urheberrechtsverletzung zu sehen sein. Für diese kann jedoch weder der KI-Anbieter bzw. -Betreiber noch die KI selbst zur Verantwortung gezogen werden, sondern lediglich der Nutzer des betreffenden KI-Erzeugnisses. Jeder ist für die Inhalte, die er verwendet, in erster Linie selbst verantwortlich. Das ist im „echte Leben“ so und das ist auch online sowie bei KI-Nutzung nicht anders.

Wer künstliche Intelligenz einsetzt, egal ob zum Erzeugen von Bildern, zum Übersetzen von Texten, zum Optimieren der eigenen Website, zur Gestaltung der nächsten Social-Media-Kampagne oder zu anderen Zwecken, der hat in aller Regel eine – wie auch immer gestaltete – vertragliche Beziehung zum KI-Anbieter. Denn die wenigsten KI-Tools werden komplett frei angeboten, für die meisten muss man sich zumindest registrieren, um sie nutzen zu können. Das ist sowohl bei kostenpflichtigen als auch bei Gratis-Angeboten so. Häufig gibt es verschiedene Lizenzmodelle, etwa mit einer kostenfreien Basis- und einer oder mehreren kostenpflichtigen Varianten. In aller Regel wird man aber einen Registrierungsprozess durchlaufen müssen, in dessen Zuge man den Nutzungs- bzw. Lizenzbestimmungen zustimmen muss. Der KI-Anbieter kann darin beispielsweise festlegen, ob die KI-Erzeugnisse nur für private oder auch für geschäftliche Zwecke genutzt werden dürfen, ob bei den geschäftlichen Zwecken gegebenenfalls noch Einschränkungen zu beachten sind (wie etwa Obergrenzen für Umsatz- oder Klickzahlen), ob eine Nutzung nur im Print- oder auch im Online-Bereich infrage kommt, ob die KI-Erzeugnisse auch im Rahmen von politischen Kampagnen eingesetzt werden dürfen usw. Aufgrund des Vertrages, den der Nutzer mit dem KI-Anbieter eingeht, hat der Nutzer sich an die konkreten Vorgaben zu halten.

Das kann zu einer skurrilen Situation führen: Angenommen, es wird per KI ein Bild erstellt, dann entsteht daran kein Urheberrecht. Das bedeutet, dass dieses Bild dann gemeinfrei ist, sodass es von jedermann für alle möglichen Zwecke genutzt werden darf. Einzige Ausnahme bildet hier unter Umständen aber die Person, die den Prompt eingegeben und es dadurch letztendlich erst ermöglicht hat, dass dieses Bild überhaupt erzeugt wurde. Zu dieser Situation kann es dann kommen, wenn die Nutzungsbestimmungen der betreffenden KI-Anwendungen z. B. eine geschäftliche Nutzung der KI-Erzeugnisse ausschließen. Diese Nutzungsbeschränkung gilt im Verhältnis zwischen dem KI-Anbieter und dem Nutzer, der im Rahmen der Registrierung den Nutzungsbestimmungen zugestimmt hat. Für sonstige Dritte gilt diese Beschränkung jedoch nicht, sodass sie das betreffende KI-Erzeugnis frei nutzen können. Der ursprüngliche Verfasser des Prompts würde in einem solchen Fall also schlechter gestellt werden als alle anderen Menschen, die das erzeugte Werk aufgrund seiner Gemeinfreiheit uneingeschränkt nutzen können.

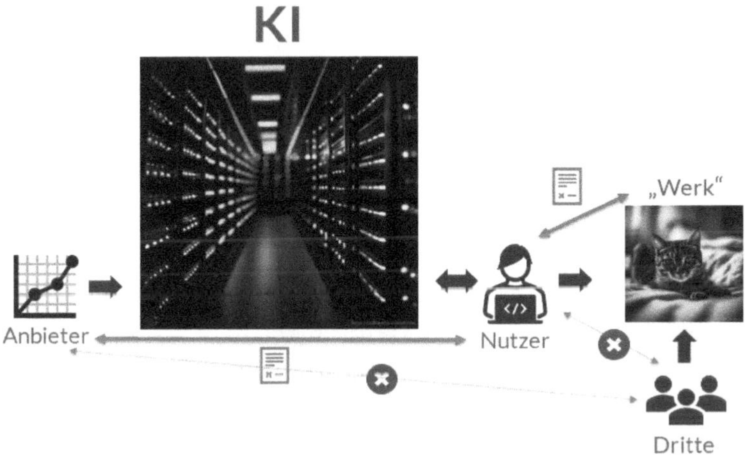

Bild 2.9 Die vertragliche Situation zwischen KI-Anbieter und -Nutzer kann kompliziert sein (Quelle: eigene Darstellung).

Hinweis

Natürlich haben viele KI-Anbieter diese Problematik inzwischen erkannt und sehen in den Nutzungsbestimmungen ihrer KI-Tools in der Regel keine großartigen Beschränkungen vor. Es kommt aber sehr auf den Einzelfall und vor allem auch auf das konkrete Lizenzmodell an. Während man solche Nutzungsbeschränkungen für die Nutzer in kostenpflichtigen Lizenzmodellen eher selten findet, sind sie in kostenfreien Lizenzvarianten noch häufiger vorhanden.

Um also sicherzugehen, was man mit den Erzeugnissen einer KI-Anwendung machen darf und wo es gegebenenfalls Einschränkungen gibt, ist ein genauer Blick ins Kleingedruckte, also in die Nutzungs- bzw. Lizenzbestimmungen erforderlich.

Tipp

Wer unbedingt ein bestimmtes KI-System nutzen will, aber durch die geltenden Nutzungsbeschränkungen beispielsweise nicht die Möglichkeit hat, diese KI-Erzeugnisse für geschäftliche Zwecke zu nutzen, der kann dies mit einem simplen und dazu noch legalen Trick umgehen: Man bittet einfach eine vertraute Person oder ein beauftragtes Unternehmen darum, sich bei der betreffenden KI-Anwendung zu registrieren und die gewünschten Erzeugnisse zu generieren, gegebenenfalls sogar nach genauen Vorgaben oder festgelegten Prompts. Dadurch gelten dann etwaige Nutzungsbeschränkungen nicht in Bezug auf die Person, die später die KI-Erzeugnisse nutzen wird, sondern für die „dazwischengeschaltete" Person bzw. das beauftragte Unternehmen.

Der Haken bei KI-Werken ist nicht nur in solchen Fällen, sondern ganz allgemein, dass sie kein Exklusiv-Content produzieren können, gerade weil die KI-Erzeugnisse regelmäßig nicht durch das Urheberrecht geschützt werden. Dadurch kann es unter Umständen dazu kommen, dass zwei oder mehrere Unternehmen z. B. dasselbe Bild oder denselben Text für ihre Zwecke nutzen. Und das ist natürlich gleich aus mehreren Gründen nicht erstrebenswert. Daher ist es empfehlenswert, die eigenen KI-Erzeugnisse nicht 1:1 zu übernehmen, sondern diese nach Möglichkeit zu bearbeiten und ihnen auf diese Weise einen „individuellen Touch“ zu geben.

Die Vor- und auch die Nachteile der Gemeinfreiheit von KI-Erzeugnissen – (meist) frei von Rechten Dritter, aber nicht exklusiv nutzbar – führen zu Problemen bei der Gestaltung von Lizenzverträgen. Wenn es um die entgeltliche oder auch kostenfreie Übertragung von Nutzungsrechten an urheberrechtlich geschützten Werken geht, können diverse Dinge zwischen dem Urheber bzw. Rechteinhaber und dem Rechteerwerber vereinbart werden. Typische Regelungen in solchen Lizenzverträgen sind etwa die folgenden:

- möglichst detaillierte Beschreibung des konkreten Werks
- zeitliche Aspekte (begrenzt oder unbegrenzt nutzbar?)
- räumliche Aspekte (Stadt? Einzelnes Bundesland? Deutschland-, europa- oder weltweit?)
- zulässige Medien (Print und/oder Online? Auch in den sozialen Medien?)
- Nutzungsrecht (einfach oder ausschließlich?)

Diese und noch weitere Aspekte finden sich regelmäßig in Lizenzverträgen in Bezug auf urheberrechtlich geschützte Werke, wie etwa Fotos, Logos oder Texte. Aber wie müssen diese Verträge angepasst werden, wenn ein KI-Erzeugnis Dritten zur Verfügung gestellt werden soll? Denn etwaige Nutzungsrechte lassen sich nur dann rechtsgeschäftlich übertragen, wenn sie auch vorliegen. Mit Blick auf die Gemeinfreiheit von KI-Erzeugnissen muss man allerdings feststellen, dass hier keine Nutzungsrechte existieren. Gleichwohl kann das Bedürfnis bestehen, ein per KI erstelltes Bild oder einen KI-Text an Dritte für eine Gegenleistung (oder einfach so) zu übertragen. Eine Möglichkeit wäre, die Rechte an einem Prompt zu übertragen, sofern dieser ein gemäß UrhG schützenswertes Werk darstellt. Dabei sollte vertraglich jedoch kein garantiertes Ergebnis vereinbart werden, da gerade nicht garantiert werden kann, dass die wiederholte Eingabe desselben Prompts zum selben Ergebnis führt. Gegenstand einer solchen vertraglichen Vereinbarung könnte höchstens eine Dienstleistung sein, dass ein Prompt kreiert bzw. „verkauft" wird, der ein bestimmtes Ergebnis als Zielsetzung hat, diese jedoch nicht garantieren kann. Soll jedoch ein ganz bestimmtes KI-Erzeugnis Gegenstand einer „Rechteübertragung" sein, so muss dies auch klar kommuniziert und geregelt werden. Es darf im Vertrag gerade keine Übertragung von „urheberrechtlichen Nutzungsrechten" geregelt werden, sondern lediglich die Zugangsmöglichkeit zu dem KI-Erzeugnis sowie gegebenenfalls die Übertragung des zugrunde liegenden Prompts.

Hinweis

Bestehende Verträge sollten daraufhin überprüft werden, ob darin Nutzungsrechte an urheberrechtlich geschützten Inhalten geregelt werden. Sofern das der Fall ist und zugleich diese Inhalte inzwischen zumindest auch mit KI-Unterstützung erstellt werden, müssen die entsprechenden Vertragsklauseln gestrichen oder jedenfalls angepasst werden. Rechte an Inhalten können nur dann wirksam an Dritte übertragen werden, wenn solche Rechte auch bestehen – was bei KI-Erzeugnissen regelmäßig nicht der Fall ist. Erwerber solcher „Pseudo-Nutzungsrechte" können dadurch gegebenenfalls einen Schaden erleiden, den sie von ihrem Vertragspartner ersetzt verlangen können. Eine Übertragung von Nutzungsrechten kann also nur in dem Umfang erfolgen, in dem sie tatsächlich bestehen. Die entsprechende Vertragsklausel sollte demnach dahingehend formuliert werden, dass eine Rechteübertragung stattfindet, soweit die Rechte nach Maßgabe des Urheberrechts bestehen.

Ideal und aus Sicht des Erwerbers auch zwingend erforderlich ist die vertragliche Regelung eines exklusiven Zugangs zu den KI-Erzeugnissen. Da es sich um gemeinfreie Inhalte handelt, kann sie generell jeder Dritte, ob gewollt oder unabsichtlich, nutzen. Wenn Dritte jedoch nicht von der Existenz der Inhalte erfahren bzw. keinen Zugang zu diesen erhalten, wird eine Zugriffs- bzw. Nutzungsmöglichkeit rein faktisch unterbunden. Dies stellt eine zusätzliche Absicherung des Erwerbers der KI-Erzeugnisse dar. Wichtig ist zudem für beide Vertragsparteien, dass klarstellend darauf hingewiesen wird, dass keine Nutzungsrechte im Sinne des UrhG eingeräumt werden und dass aufgrund der regelmäßig anzunehmenden Gemeinfreiheit von KI-Erzeugnissen auch keine Exklusivität garantiert werden kann. Bei der vertraglichen Regelung in Bezug auf KI-Erzeugnisse geht es also weniger um die Nutzungsrechte, als vielmehr um die Gewährung des Zugangs zu spezifischen (KI-)Inhalten. Ergänzend kann vertraglich vereinbart werden, dass die KI-Erzeugnisse keinem Dritten zugänglich gemacht werden dürfen. Von entscheidender Bedeutung ist in jedem Fall die Beschreibung der vertragsgegenständlichen Inhalte, also der Hinweis auf die Erstellung mittels KI, die möglichst exakte Beschreibung der Inhalte (Inhalt von Texten, Motiv von Bildern etc.), Angabe von Dateiformaten, Beschreibung der Zugangsmöglichkeit zu den Inhalten sowie auf die Übermittlung von Zugangsdaten, Kennwörtern oder Ähnlichem.

2.7 Text- und Data-Mining

Aus Sicht von kreativschaffenden Menschen stellt sich die berechtigte Frage, ob sie nicht durch das Training von KI-Modellen enteignet worden sind. Denn die unzähligen Daten, die Anbieter, wie OpenAI, Meta oder Google, zum Training ihrer KI-Modelle verwendet haben und auch noch weiterhin verwenden, stammen nicht selten aus dem Internet. Bevor Tools, wie ChatGPT & Co, auf den Massenmarkt kamen, haben die KI-Anbieter automatisiert alle frei verfügbaren Onlineinhalte „eingesammelt", für das Training ihrer KI aufbereitet und anschließend dafür verwendet. Nachdem die KI ihre Schlüsse daraus gezogen hat, wurden die Originaldaten mutmaßlich wieder gelöscht. Denn die KI benötigt nicht die Daten an sich, sondern nur die aus ihnen abgeleiteten Erkenntnisse. Aber durften OpenAI und die anderen KI-Anbieter das überhaupt? Seit Mitte 2021 sind im deutschen UrhG zwei Vorschriften verankert, die diese Frage beantworten können, nämlich § 44b und § 60d UrhG.

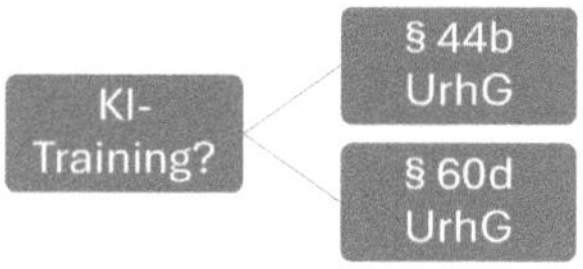

Bild 2.10
Vorschriften zum KI-Training im UrhG (Quelle: eigene Darstellung).

Beide regeln das sogenannte Text- und Data-Mining. In § 44b Abs. 1 UrhG wird definiert, worum es sich dabei handelt:

> *Text- und Data-Mining ist die automatisierte Analyse von einzelnen oder mehreren digitalen oder digitalisierten Werken, um daraus Informationen insbesondere über Muster, Trends und Korrelationen zu gewinnen.*

Das Text- und Data-Mining im Sinne des Urheberrechts beschreibt also ziemlich genau das, was beim Training von KI-Modellen passiert. Ob das letztendlich auch die Rechtsprechung so sieht, das muss sich in Zukunft erst noch zeigen. Es spricht allerdings einiges dafür.

Speziell für den Bereich der wissenschaftlichen Forschung sieht § 60d Abs. 1 UrhG eine Erlaubnis zur Nutzung fremder Werke zu Zwecken des KI-Trainings in Form des Text- und Data-Minings vor:

> *Vervielfältigungen für Text- und Data-Mining [...] sind für Zwecke der wissenschaftlichen Forschung nach Maßgabe der nachfolgenden Bestimmungen zulässig.*

Die Rechteinhaber der davon betroffenen Werke sind zwar befugt, erforderliche Maßnahmen zu ergreifen, um zu verhindern, dass die Sicherheit und Integrität ihrer Netze und Datenbanken durch das Text- und Data-Mining gefährdet werden (§ 60d Abs. 6 UrhG). Es können also Sicherheitsmaßnahmen, wie etwa ein Virenscanner, umgesetzt werden. Ansonsten besteht aus rechtlicher Sicht allerdings keine Möglichkeit, die eigenen Daten dem Text- und Data-Mining zu wissenschaftlichen Forschungszwecken zu entziehen. Alles, was online frei zugänglich ist, darf nach Maßgabe von § 60d UrhG auch genutzt werden. Natürlich können die eigenen Inhalte offline genommen oder in einen zugangsbeschränkten Bereich platziert werden, dann sind sie aber eben nicht mehr für jedermann einfach so verfügbar – und genau das ist oftmals der Sinn und Zweck von online veröffentlichten Daten. Die Regelung des § 60d Abs. 1 UrhG ist daher sehr weitreichend, was im Sinne der wissenschaftlichen Forschung auch sinnvoll erscheint. Allerdings ist der Kreis der Berechtigten, die nach Maßgabe dieser Vorschrift Text- und Data-Mining vornehmen dürfen, sehr begrenzt. Denn zu diesem Kreis zählen lediglich Forschungsorganisationen, also Hochschulen, Forschungsinstitute oder sonstige Einrichtungen, die wissenschaftliche Forschung betreiben. Nach § 60d Abs. 2 UrhG dürfen sie jedoch keine kommerziellen Zwecke verfolgen, müssen sämtliche Gewinne in die wissenschaftliche Forschung reinvestieren und müssen im Rahmen eines staatlich anerkannten Auftrags im öffentlichen Interesse tätig sein. Wer mit einem privaten Unternehmen zusammenarbeitet, das einen bestimmenden Einfluss auf die Forschungsorganisation und einen bevorzugten Zugang zu den Ergebnissen der wissenschaftlichen Forschung hat, darf sich allerdings nicht auf § 60d UrhG stützen. Hingegen sind öffentlich zugängliche Bibliotheken und Museen von dieser Norm erfasst, außerdem auch Archive und Einrichtungen im Bereich des Film- oder Tonerbes (Kulturerbe-Einrichtungen) sowie einzelne Forscher, sofern sie nicht kommerzielle Zwecke verfolgen. Die nach § 60d Abs. 1 UrhG erhobenen Daten dürfen ohnehin auch nur einem engen Kreis von Personen bzw. Organisationen zugänglich gemacht werden, etwa zur gemeinsamen Forschungsarbeit oder zwecks Qualitätssicherung.

Abgesehen vom Bereich der wissenschaftlichen Forschung steht mit § 44b Abs. 2 UrhG eine Erlaubnis zum Text- und Data-Mining für jedermann bereit:

> *Zulässig sind Vervielfältigungen von rechtmäßig zugänglichen Werken für das Text- und Data-Mining. Die Vervielfältigungen sind zu löschen, wenn sie für das Text- und Data-Mining nicht mehr erforderlich sind.*

Auch hier darf grundsätzlich auf alle Werke zugegriffen werden, die „rechtmäßig zugänglich" sind. Das gilt wohl für die allermeisten online bereitgestellten Werke. Diese Vorschrift bestimmt aber auch, dass die Vervielfältigungen der zum KI-Training „eingesammelten“ Werke wieder zu löschen sind, sobald sie für diesen Zweck nicht mehr benötigt werden. Im Rahmen von § 44b UrhG wird also nicht auf einen eng umrissenen Kreis in einem bestimmten Segment (wissenschaftliche Forschung) abgestellt. Hier wird vielmehr die Zulässigkeit des Text- und Data-Minings für die Allgemeinheit geregelt. Angesprochen wird demnach ein viel weitergefasster Adressatenkreis. Allerdings gibt es hier, im Unterschied zu § 60d UrhG, eine Einschränkung zugunsten der Rechteinhaber. Denn § 44b Abs. 3 UrhG regelt Folgendes:

> *Nutzungen nach Absatz 2 Satz 1 sind nur zulässig, wenn der Rechteinhaber sich diese nicht vorbehalten hat. Ein Nutzungsvorbehalt bei online zugänglichen Werken ist nur dann wirksam, wenn er in maschinenlesbarer Form erfolgt.*

Diese Norm beschreibt also eine sogenannte Opt-out-Regelung, d. h., das Text- und Data-Mining ist so lange erlaubt, bis der Rechteinhaber einen Nutzungsvorbehalt erklärt. Wie genau dieser Nutzungsvorbehalt aussehen muss, um seine rechtliche Wirkung entfalten zu können, ist aktuell leider noch nicht ganz klar. Zwar existieren die Regelungen der §§ 44b, 60d UrhG bereits seit Mitte 2021, ihr Anwendungsbereich war in der Praxis allerdings kaum vorhanden. Erst mit der freien Verfügbarkeit von ChatGPT auf dem Massenmarkt kam der Gedanke auf, dass diese beiden Vorschriften genau auf dieses Szenario abzielen. Da war das Kind jedoch bereits in den Brunnen gefallen, denn zum Start von ChatGPT im Herbst 2022 war das Training dieses KI-Modells ja bereits abgeschlossen. Da der Nutzungsvorbehalt nach § 44b Abs. 3 UrhG nicht rückwirkend gilt, sondern nur für die Zukunft wirkt, muss jeder damit leben, dass seine Werke rechtmäßigerweise zum Trainieren von KI-Tools Verwendung gefunden haben. Wer dies zukünftig unterbinden will, der sollte schleunigst seinen Nutzungsvorbehalt erklären.

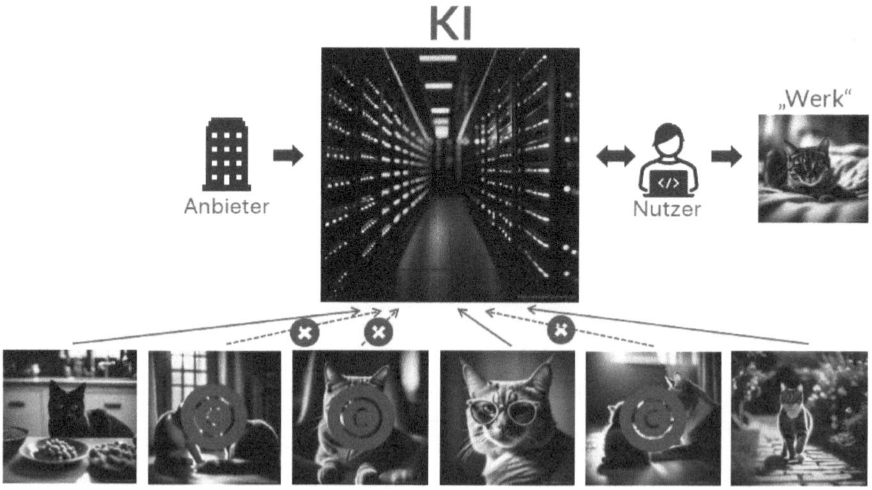

Bild 2.11 Wird ein Nutzungsvorbehalt für bestimmte Inhalte erklärt, dürfen die betreffenden Inhalte nicht zu KI-Trainingszwecken genutzt werden (Quelle: KI-generiert, eigene Darstellung).

Es stellt sich nur die Frage: Wie genau muss dieser Vorbehalt formuliert werden, wo muss er platziert werden und in welcher Sprache muss er vorliegen, damit er Rechtswirkung entfaltet und auch von den KI-Anbietern beachtet wird? Die Antwort lautet: Es weiß aktuell noch keiner so genau. Ein Anhaltspunkt findet sich im Gesetz, denn § 44b Abs. 3 S. 2 UrhG bestimmt, dass der Nutzungsvorbehalt für online zugängliche Werke in „maschinenlesbarer Form" erfolgen muss. Rein sprachlich gesehen ist alles, was auf einer Website platziert wird, maschinenlesbar. Die Frage muss aber wohl lauten: Ist es auch „maschinenverstehbar"? Denn egal wie der Nutzungsvorbehalt letztlich formuliert wird, die Software-Roboter, die das Internet durchstöbern und KI-Trainingsdaten einsammeln, müssen den Nutzungsvorbehalt als solchen erkennen und befolgen können. Es muss sich also um eine Art „virtuelles Stoppschild" handeln, das im Idealfall international von allen KI-Anbietern bzw. deren zum Einsammeln der KI-Trainingsdaten eingesetzten Tools verstanden und beachtet wird. Grundsätzlich kommen dafür mehrere Möglichkeiten in Betracht:

- Allgemeine Geschäftsbedingungen (AGB)/Nutzungsbedingungen
- Meta-Informationen der Website
- Datei „robots.txt"
- Kopierschutzverfahren
- Hinweistext an zentraler Stelle (z. B. im Impressum)
- internationale Standards

Alle der aufgelisteten Methoden kämen nach dem Wortlaut von § 44b Abs. 3 S. 2 UrhG grundsätzlich als zulässiger Nutzungsvorbehalt in Betracht. So findet man bereits auf immer mehr Websites einen entsprechenden Hinweis, zumeist im Impressum.

Die Formulierung für einen Nutzungsvorbehalt zum „Schutz" vor Text- und Data-Mining könnte also beispielsweise wie folgt lauten:

> *Nutzung von Inhalten für kommerzielles Text- und Data-Mining vorbehalten. Zwecks Lizenzerwerbs oder bei Fragen wenden Sie sich bitte an: ...*

Ein solcher Hinweis z. B. im eigenen Impressum platziert wäre nach dem Wortlaut des § 44b Abs. 3 S. 2 UrhG ausreichend und müsste beachtet werden. Es ist allerdings sehr unwahrscheinlich, dass die Software-Roboter, die das Internet auf der Suche nach KI-Trainingsdaten abgrasen, einen solchen Hinweis beachten oder auch nur erkennen. Zumal die großen KI-Anbieter nicht in Deutschland, sondern zumeist in den USA oder in Asien sitzen. Es scheitert hier also nicht an den gesetzlichen Instrumentarien, sondern an deren Anwendung bzw. Umsetzung in die Praxis.

Politik Finanzen Perspektiven Earth Wissen Gesundheit Unterhaltung Panorama Sport Reisen Auto Immobilien Video Gutscheine

E-Mail
Teilen
Mehr

Zentrale Kontaktstelle im Sinne des Digital Services Act („DSA")

Zentrale Kontaktstellen gem. Art. 11 und Art. 12 des Digital Services Act (VO (EU) 2022/2065 des Europäischen Parlaments und des Rates vom 19. Oktober 2022 über einen Binnenmarkt für digitale Dienste und zur Änderung der Richtlinie 2000/31/EG)

Für Nutzer: **legal@burda-forward.de**
Für Behörden: **legal@burda-forward.de**

Die Kommunikation muss in deutscher oder englischer Sprache erfolgen.

Hinweise zum Urheberrecht

Der Inhalt dieser Website ist urheberrechtlich geschützt. Insbesondere behält sich die BurdaForward GmbH eine Nutzung ihrer Inhalte für kommerzielles Text- und Data-Mining im Sinne von § 44b UrhG ausdrücklich vor. Eine kommerzielle Weitervermarktung des Inhalts ist untersagt. Dies gilt auch für in diesem Angebot eingebundene Texte und Bilder von Dritten, insbesondere der Agenturen AP, dpa, Reuters, ddp, AFP, Dow Jones, Getty Images und imago images.
Für den Erwerb einer entsprechenden Nutzungslizenz wenden Sie sich bitte an die oben angegeben Kontaktdaten.

Bild 2.12 Auf einigen Websites finden sich bereits Regelungen zum Nutzungsvorbehalt im Sinne von § 44b UrhG (Quelle: *https://www.focus.de/intern/impressum/impressum-focus-online_id_1826671.html*, 25. 06. 2024, 13:35 Uhr).

Vonseiten OpenAI kam der Vorschlag, die ohnehin auf vielen Webservern eingesetzte Datei „robots.txt" um entsprechende Anweisungen für KI-Anwendungen zu erweitern. Eigentlich dient diese Textdatei dazu, den Suchmaschinen, wie Google, Bing & Co, Anweisungen zu geben. Denn in der „robots.txt" lässt sich festlegen, dass Suchmaschinen die Website, auf deren Server diese Datei abgelegt wird, in ihren Suchindex aufnehmen sollen – oder eben auch nicht. Dies lässt sich dezidiert für die gesamte Website oder für einzelne Website-Bereiche festlegen. Dies geschieht mit festgelegten und international vereinheitlichten Befehlen. Eine typische Anweisung in der „robots.txt" kann etwa wie folgt aussehen:

```
User-agent:
GooglebotDisallow: /
```

Hier enthält sie Anweisungen für den Google-Roboter, also die Software, die für die Suchmaschine Google Websites durchforstet; alle anderen Suchmaschinen werden hiervon nicht erfasst. Im beschriebenen Beispiel dürfen keine Websites in den Suchindex von Google aufgenommen werden. Erfolgen die Anweisungen in der „robots.txt" nach dem international festgelegten Schema, werden sie auch beachtet, und das automatisiert und weltweit. Daher scheint die Idee von OpenAI naheliegend zu sein und diese Datei um spezielle KI-Anweisungen zu erweitern. Es soll sogar noch einen Schritt weitergehen, denn OpenAI will die „robots.txt" durch einen „Media Manager" ersetzen.

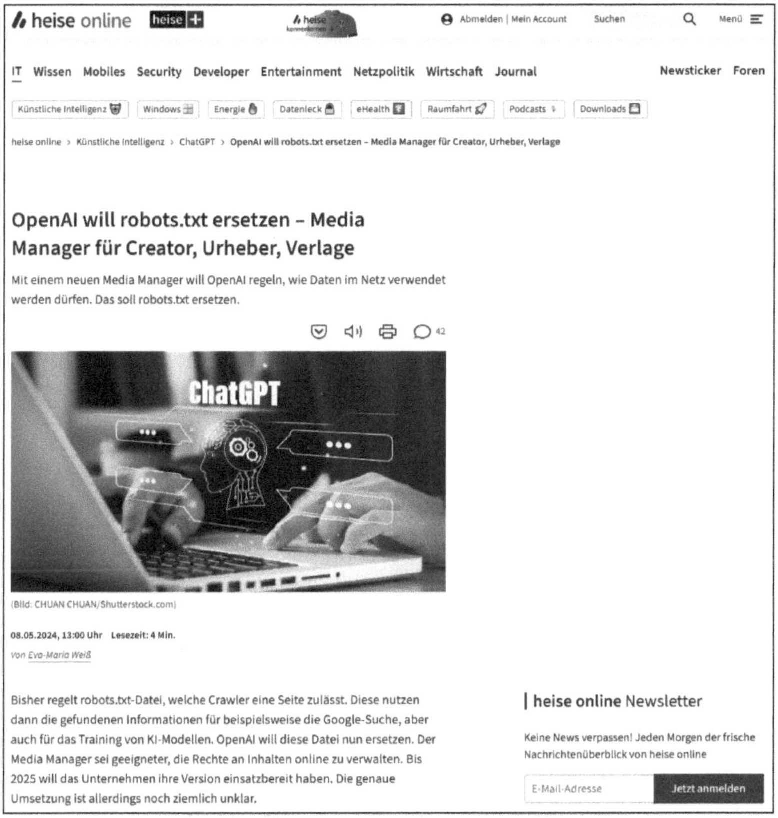

heise online heise+ Abmelden | Mein Account Suchen Menü

IT Wissen Mobiles Security Developer Entertainment Netzpolitik Wirtschaft Journal Newsticker Foren

Künstliche Intelligenz | Windows | Energie | Datenleck | eHealth | Raumfahrt | Podcasts | Downloads

heise online › Künstliche Intelligenz › ChatGPT › OpenAI will robots.txt ersetzen – Media Manager für Creator, Urheber, Verlage

OpenAI will robots.txt ersetzen – Media Manager für Creator, Urheber, Verlage

Mit einem neuen Media Manager will OpenAI regeln, wie Daten im Netz verwendet werden dürfen. Das soll robots.txt ersetzen.

(Bild: CHUAN CHUAN/Shutterstock.com)

08.05.2024, 13:00 Uhr Lesezeit: 4 Min.

Von Eva-Maria Weiß

Bisher regelt robots.txt-Datei, welche Crawler eine Seite zulässt. Diese nutzen dann die gefundenen Informationen für beispielsweise die Google-Suche, aber auch für das Training von KI-Modellen. OpenAI will diese Datei nun ersetzen. Der Media Manager sei geeigneter, die Rechte an Inhalten online zu verwalten. Bis 2025 will das Unternehmen ihre Version einsatzbereit haben. Die genaue Umsetzung ist allerdings noch ziemlich unklar.

| heise online Newsletter

Keine News verpassen! Jeden Morgen der frische Nachrichtenüberblick von heise online

E-Mail-Adresse Jetzt anmelden

Bild 2.13 Spezielle KI-Anweisungen auf Websites könnten zukünftig den Umgang mit Content zu KI-Trainingszwecken regeln (Quelle: *https://www.heise.de/news/OpenAI-will-robots-txt-ersetzen-Media-Manager-fuer-Creator-Urheber-Verlage-9712201.html*, 25. 06. 2024, 14:00 Uhr).

Allerdings scheinen sich nicht alle KI-Anbieter konsequent an derartige Anweisungen zu halten. Schenkt man aktuellen Medienberichten Glauben, werden Anweisungen in der „robots.txt“ missachtet bzw. umgangen.

Fazit: Der rechtliche Rahmen ist in Deutschland sowie den Urhebergesetzen der anderen EU-Mitgliedsstaaten vorhanden. Die Vorgaben von § 44b UrhG regeln die Nutzung fremder Werke zu Zwecken des KI-Trainings recht eindeutig und geben Rechteinhabern zudem ein Instrument in die Hand, um ihre Werke zu schützen. Leider fehlt es derzeit noch an einheitlichen internationalen Standards, um einen wirksamen Nutzungsvorbehalt erklären zu können. Abgesehen davon bezieht sich § 44b Abs. 3 S. 2 UrhG lediglich auf urheberrechtlich geschützte Werke. In Bezug auf solche Werke, die keine persönlich geistigen Schöpfungen und damit nicht urheberrechtlich geschützt sind, fehlt eine vergleichbare Regelung. Auch in Bezug auf Daten- oder Geschäftsgeheimnisschutz existiert kein Nutzungsvorbehalt in diesem Sinne.

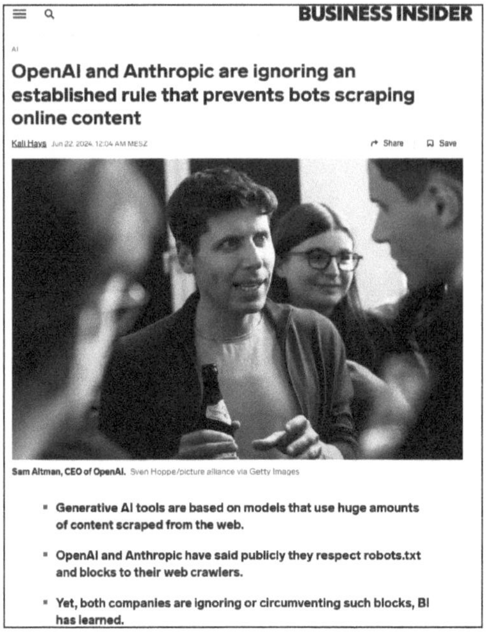

BUSINESS INSIDER

AI

OpenAI and Anthropic are ignoring an established rule that prevents bots scraping online content

Kali Hays Jun 22, 2024, 12:04 AM MESZ Share Save

Sam Altman, CEO of OpenAI. Sven Hoppe/picture alliance via Getty Images

- Generative AI tools are based on models that use huge amounts of content scraped from the web.
- OpenAI and Anthropic have said publicly they respect robots.txt and blocks to their web crawlers.
- Yet, both companies are ignoring or circumventing such blocks, BI has learned.

Bild 2.14
Internationale Standards sind nur dann sinnvoll, wenn sie auch eingehalten werden (Quelle: *https://www.businessinsider.com/openai-anthropic-ai-ignore-rule-scraping-web-contect-robotstxt*, 25. 06. 2024, 14:00 Uhr).

2.8 Checkliste Urheberrecht

Anhand der folgenden Checkliste lässt sich ganz einfach überprüfen, ob und wann welche Inhalte unbedenklich verwendet werden dürfen:

- **Eigene Inhalte:** also selbst geschriebene Texte, selbst aufgenommene Fotos, selbst komponierte Musik, selbst gedrehte Videos etc.
- **Fremde Inhalte:** diese nur mit Einwilligung für den konkreten Verwendungszweck (Print? Webshop? Blog? Social Media?).
- **Inhalte ohne ausreichende Schaffenshöhe:** Hier ist Vorsicht geboten, denn die Beurteilung der Schaffenshöhe ist nicht immer ganz einfach.
- **Gemeinfreie Inhalte:** Hierzu zählen z. B. Urteils- sowie Gesetzestexte, KI-Erzeugnisse oder auch Werke, deren Schutzfrist (70 bzw. 50 Jahre) abgelaufen ist.
- **Zitate:** Diese müssen als Beleg der eigenen Leistung dienen, als Zitat gekennzeichnet sein und einen Quellennachweis enthalten.
- **Karikaturen, Parodien, Pastiches** (§ 51a UrhG).
- **Sonderregeln:** u. a. für die Presse, für Unterrichtsmaterial etc.
- **Personenaufnahmen:** zusätzliche Beachtung des Rechts am eigenen Bild und der DSGVO-Vorgaben.

Bei der Verwendung von Bildern aus Datenbeständen von Anbietern, wie etwa Adobe Stock (ehemals Fotolia) oder Ähnliche, müssen zwingend die jeweiligen Nutzungsbestimmungen Beachtung finden. Denn dort sind nicht selten Angaben zum Anbieter bzw. zum Urheber vorgeschrieben oder Einschränkungen in Bezug auf den Verwendungszweck enthalten.

3 KI und Datenschutzrecht

Wer Daten mit Personenbezug verarbeitet, der muss die Vorgaben des Datenschutzrechts beachten. In erster Linie kommt hier die Datenschutzgrundverordnung (DSGVO) zur Anwendung. Sie regelt den Bereich Datenschutz in allen Mitgliedsstaaten der Europäischen Union einheitlich. Es gibt zwar die eine oder andere nationale Besonderheit, die Grundlagen sind jedoch für alle EU-weit einheitlich.

Beispiel

Das deutsche Bundesdatenschutzgesetz (BDSG) sieht in seinem § 43 Abs. 3 vor, dass gegen Behörden und andere öffentliche Stellen keine Geldbußen wegen etwaiger Datenschutzverstöße verhängt werden. Man wollte hier das „Linke Tasche, rechte Tasche"-Phänomen vermeiden, denn die Bußgelder würden ja lediglich im öffentlichen Haushalt von einem Budget ins andere wandern. In anderen EU-Staaten gibt es eine vergleichbare Regelung hingegen nicht.

Wenn es um personenbezogene Daten geht, ist das Datenschutzrecht in vollem Umfang anwendbar, sodass diverse Voraussetzungen zu erfüllen sind, um eine rechtmäßige Datenverarbeitung zu gewährleisten. Es handelt sich dabei beispielsweise um Fragen der Verantwortlichkeit, der Rechtsgrundlage, der Transparenz oder auch der Dokumentation.

Fragt man ein KI-System, wie etwa das kostenfrei nutzbare Claude Sonet 3.5 von Anthropic, nach den datenschutzrechtlichen Aspekten beim KI-Einsatz, erhält man zwar keine Details, aber immerhin schon mal einen ganz guten Überblick:

> *Beim Einsatz eines KI-Systems im Unternehmen müssen mehrere wichtige Vorgaben der Datenschutzgrundverordnung (DSGVO) berücksichtigt werden. Hier sind die wichtigsten Punkte:*
> *– Rechtmäßigkeit der Verarbeitung (Art. 6 DSGVO):*

Es muss eine Rechtsgrundlage für die Verarbeitung personenbezogener Daten durch das KI-System vorliegen, z. B. Einwilligung oder berechtigtes Interesse.
– Zweckbindung (Art. 5 Abs. 1 lit. b DSGVO):
Die Datenverarbeitung darf nur für festgelegte, eindeutige und legitime Zwecke erfolgen.
– Datenminimierung (Art. 5 Abs. 1 lit. c DSGVO):
Es dürfen nur Daten verarbeitet werden, die für den Zweck erforderlich sind.
– Transparenz (Art. 12–14 DSGVO):
Betroffene müssen über die Verarbeitung ihrer Daten durch das KI-System informiert werden.
– Betroffenenrechte (Art. 15–22 DSGVO):
Rechte wie Auskunft, Berichtigung oder Löschung müssen gewährleistet sein.
– Datensicherheit (Art. 32 DSGVO):
Angemessene technische und organisatorische Maßnahmen zum Schutz der Daten sind erforderlich.
– Datenschutz-Folgenabschätzung (Art. 35 DSGVO):
Bei hohem Risiko für die Rechte und Freiheiten natürlicher Personen ist eine DSFA durchzuführen.
– Auftragsverarbeitung (Art. 28 DSGVO):
Bei Nutzung externer KI-Dienstleister muss ein Auftragsverarbeitungsvertrag abgeschlossen werden.
– Datenübermittlung in Drittländer (Art. 44–50 DSGVO):
Bei Datenübermittlungen außerhalb der EU sind besondere Vorgaben zu beachten.
– Privacy by Design und by Default (Art. 25 DSGVO):
Datenschutzfreundliche Voreinstellungen und Berücksichtigung des Datenschutzes von Anfang an.

Bild 3.1
Checkliste Datenschutz
(Quelle: eigene Darstellung)

Auch hier kann sich KI also als sinnvolles Hilfsmittel erweisen, indem der Einstieg in diese Materie mit ganz guten Hinweisen erleichtert wird.

Im Zusammenhang mit der Nutzung von KI-Tools lässt sich die Verarbeitung von personenbezogenen Daten fast gar nicht vermeiden. Das liegt primär am weiten Verständnis des Begriffs des Personenbezugs, sodass sowohl in der Trainings- als auch in der Anwendungsphase jedenfalls auch personenbezogene Daten erfasst werden. Das fällt in puncto KI-Training in erster Linie in die Zuständigkeit der KI-Anbieter, wird aber unter Umständen auch für KI-Betreiber wichtig.

Beispiel

Wenn ein Unternehmen ein bestehendes KI-System, wie z. B. ChatGPT, als interne Assistenz für die eigenen Beschäftigten bereitstellen will, dann erfolgt in aller Regel ein „Sondertraining" des KI-Systems mit den internen Unterlagen des Unternehmens. Denn nur dann kann die KI individuell auf das Unternehmen bezogene Ergebnisse liefern und u. a. auch als semantische Suchfunktion für die Unternehmensdaten dienen.

Wer also ein bestehende KI mit allgemeinem Verwendungszweck nutzt, um diese mithilfe von eigenen Daten mit einem spezifischen Wissen oder einem speziellen Anwendungszweck weiterzuentwickeln, der trägt in diesem Zusammenhang die datenschutzrechtliche Verantwortung, soweit in den Unternehmensdaten auch solche mit Personenbezug enthalten sind. Dies wird meistens der Fall sein, sodass die DSGVO-Vorgaben zu beachten sind.

Tipp

Im Hinblick auf den KI-Einsatz sollte so früh wie möglich der Datenschutzbeauftragte (DSB) hinzugezogen werden, sofern ein solcher existiert. Nicht jedes Unternehmen muss einen DSB benennen, so sind kleinere Organisationen mit weniger als zwanzig Beschäftigten regelmäßig nicht dazu verpflichtet. Nur in Ausnahmefällen, etwa bei der Verarbeitung sensibler Daten mit hohem Risikopotenzial oder in bestimmten Branchen (z. B. Adresshandel), gilt die DSB-Pflicht unabhängig von der Beschäftigtenanzahl. Behörden und andere öffentliche Stellen müssen allerdings in jedem Fall einen DSB benennen.

Bei Verstößen gegen das Datenschutzrecht drohen verschiedene Sanktionen. In erster Linie sind hier die DSGVO-Vorschriften über Ordnungswidrigkeiten zu nennen. Das BDSG sieht zudem sogar bestimmte Straftatbestände vor. Bei den Ordnungswidrigkeiten wird in der DSGVO zwischen leichten und schweren Verstößen unterschieden. Zu den leichten Ordnungswidrigkeiten zählen u. a. Verstöße gegen folgende Normen der DSGVO:

- Art. 25 (Privacy by Design, Privacy by Default)
- Art. 27 (Bestellung eines Vertreters)

- Art. 28 (Auftragsverarbeiter)
- Art.30 (Verzeichnis von Verarbeitungstätigkeiten)
- Art. 32 (Sicherheit der Verarbeitung)
- Art. 33 (Meldung von Verletzungen)
- Art. 34 (Benachrichtigung der Betroffenen)
- Art. 35 (Datenschutz-Folgenabschätzung)
- Art. 37 (Benennung eines Datenschutzbeauftragten)

Als schwere Ordnungswidrigkeiten gelten hingegen u. a. Verstöße gegen die folgenden DSGVO-Vorschriften:

- Art. 5N7 (Datenschutzgrundsätze)
- Art. 9 (Verarbeitung sensibler Daten)
- Art. 12–22 (Rechte der Betroffenen)
- Art. 44–49 (Datenübermittlung an Drittstaaten)
- Art. 58 (Anweisungen etc. von Aufsichtsbehörden)

Folge von solchen Verstößen können Geldbußen sein, nämlich – je nach Verstoß – bis zu 10 Millionen Euro oder zwei Prozent des weltweit erzielten Konzernvorjahresumsatzes bzw. bis zu 20 Millionen Euro oder vier Prozent. Dabei wird jeweils der höhere Betrag fällig. Natürlich wird nicht bei jedem Verstoß immer gleich der Maximalbetrag fällig. Es kommt dabei u. a. auf die Größe bzw. die Leistungsfähigkeit des betreffenden Unternehmens an. Grundsätzlich müssen Geldbußen nach Maßgabe der DSGVO wirksam, verhältnismäßig und abschreckend sein. In jedem Einzelfall müssen in puncto Bußgeld folgende Aspekte Berücksichtigung finden:

- Art, Schwere und Dauer des Verstoßes
- Anzahl der von der Verarbeitung betroffenen Personen
- Ausmaß des erlittenen Schadens
- Vorsätzlichkeit oder Fahrlässigkeit
- jegliche vom Verantwortlichen getroffenen Maßnahmen zur Minderung des entstandenen Schadens
- Grad der Verantwortung des Verantwortlichen
- etwaige einschlägige frühere Verstöße
- Umfang der Zusammenarbeit mit der Datenschutzaufsichtsbehörde
- Kategorien der betroffenen Daten
- Art und Weise, wie der Verstoß der Datenschutzaufsichtsbehörde bekannt wurde

- Einhaltung von früher gegen den Verantwortlichen in Bezug auf denselben Gegenstand angeordneten Maßnahmen
- Einhaltung von genehmigten Verhaltensregeln oder genehmigten Zertifizierungsverfahren
- jegliche anderen erschwerenden oder mildernden Umstände im jeweiligen Fall, wie unmittelbar oder mittelbar durch den Verstoß erlangte finanzielle Vorteile oder vermiedene Verluste

All diese Gesichtspunkte können sich – je nachdem – strafverschärfend oder auch strafmildernd auswirken.

Parallel zu den Geldbußen kann es auch zu Schadensersatz- bzw. Schmerzensgeldforderungen von Betroffenen kommen. Denn jede Person, der wegen eines Verstoßes gegen die DSGVO ein materieller oder immaterieller Schaden entstanden ist, hat Anspruch auf Schadensersatz gegen den Verantwortlichen oder gegen den Auftragsverarbeiter (Art. 82 Abs. 1 DSGVO). Übrigens: Behörden und andere öffentliche Stellen sind hierbei nicht ausgenommen.

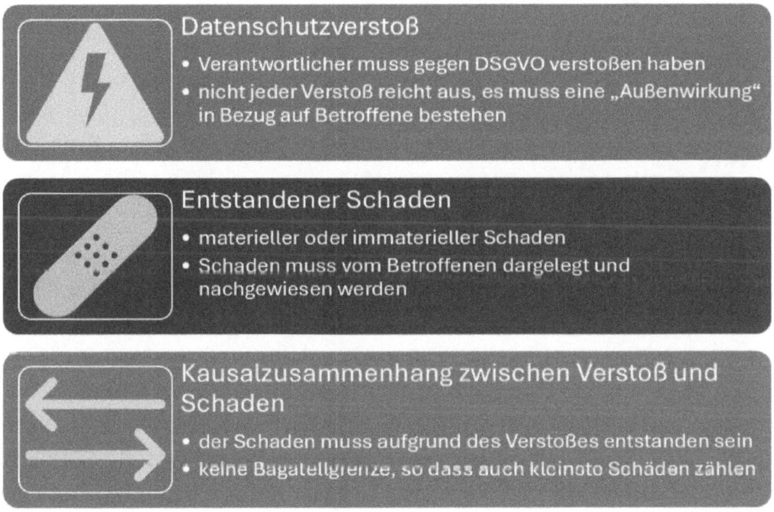

Bild 3.2 Die drei Voraussetzungen zur Geltendmachung von Schadensersatzansprüchen gemäß Art. 82 DSGVO (Quelle: eigene Darstellung).

Liegen die Voraussetzungen des Schadensersatzanspruchs vor, kann er im Zweifel vor Gericht geltend gemacht werden.

Übrigens: In Unternehmen oder auch in Behörden wird tagtäglich eine Vielzahl von Daten verarbeitet, die in ganz unterschiedliche Kategorien fallen. Viele davon haben Personenbezug, manche sind sehr sensibel (z. B. Geschäftsgeheimnisse), manche sollen als KI-Trainingsdaten dienen usw. Zudem gibt es zwei spannende Regelwerke auf

EU-Ebene, nämlich den Data Act (DA) und den Data Governance Act (DGA). Der DA enthält Regelungen zur Schaffung eines EU-Datenbinnenmarktes, insbesondere Datenzugangs- und -weitergaberegelungen. Im DGA gibt es hingegen Vorschriften zur Schaffung eines europäischen Datenaustauschmodells, er ergänzt also den DA um bestimmte Rahmenvorgaben.

Beispiel

Fitnessarmbänder, Smartwatches oder ähnliche Produkte liefern eine Vielzahl von Daten in Bezug auf ihren Träger, z. B. den Blutdruck, den Puls, die Anzahl der Schritte etc. Wenn der Träger nun „seine" Daten haben möchte, um diese seinem Arzt zu geben oder einem Dienstleistungsanbieter zur Verfügung zu stellen, damit dieser ihm wiederum Zusatzdienste zu diesem Produkt anbietet, dann ist dies inzwischen durch DA und DGA gesetzlich geregelt. Insbesondere besteht ein Anspruch der Nutzer derartiger Produkte auf Zugang zu „ihren" Daten.

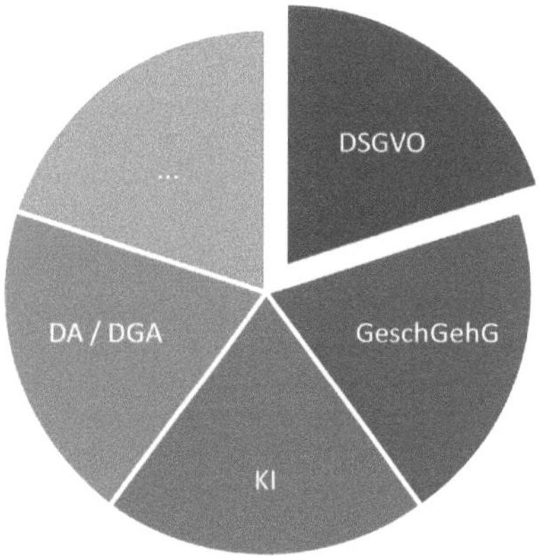

Bild 3.3
Im geschäftlichen Alltag gibt es verschiedene Kategorien von Daten (Quelle: eigene Darstellung).

Heutzutage werden im beruflichen Alltag daher viele verschiedene Arten von Datenkategorien verarbeitet. Insbesondere dann, wenn eine KI beispielsweise im Unternehmen durch die eigenen Unternehmensdaten trainiert und so mit individuellem Spezialwissen versorgt werden soll, muss ein ordnungsgemäßer Umgang mit diesen Daten gewährleistet sein. Man spricht hier von Daten-Governance oder auch von „Daten-Hygiene“. Wenn die Trainingsdaten für die KI eine schlechte Qualität haben, wird die KI auch schlechte Ergebnisse liefern.

Beispiel

Für die interne Rechtsabteilung soll eine KI als Arbeitsmittel zur Vertragsgestaltung usw. angeschafft und dann mit den internen Dokumenten trainiert werden. Werden einfach alle vorhandenen Daten, also z. B. auch Vertragsentwürfe oder Inhalte mit veralteter Rechtslage, in das KI-Training einbezogen, dann werden die KI-Ergebnisse entsprechend sein.

Die für ein KI-Training eingeplanten Daten sollten daher vorab gesichtet und „ausgemistet“ werden. Der Einsatz von KI erfordert eine hohe Qualität der KI-Trainingsdaten. Dabei ist das Datenschutzrecht nicht der einzige, aber doch ein immens wichtiger Faktor.

3.1 Begrifflichkeiten

Bevor man sich den einzelnen Aufgaben im Datenschutzrecht zuwenden kann, müssen zunächst die zentralen Begrifflichkeiten geklärt werden. Denn ohne dieses „Fachvokabular“ als gemeinsame Sprache sind die DSGVO-Regelungen nicht zu verstehen und können dementsprechend auch nicht korrekt umgesetzt werden.

3.1.1 Personenbezogene Daten

Der zentrale Begriff des Datenschutzrechts ist der der „personenbezogenen Daten“. Reine Unternehmensdaten, wie etwa Bilanzen, oder auch Statistik- oder Maschinendaten ohne Bezug zu einer natürlichen Person werden von der DSGVO ebenso wenig geschützt wie Geschäftsgeheimnisse (es sei denn, diese weisen Personenbezug auf). Nach Art. 4 Nr. 1 DSGVO sind personenbezogene Daten alle Informationen, die sich auf eine identifizierte oder identifizierbare natürliche Person beziehen.

> **Hinweis**
> Die Person, deren Daten verarbeitet werden, wird als „Betroffener“ oder auch als „betroffene Person“ bezeichnet.

Als identifizierbar gilt eine natürliche Person, wenn sie direkt oder indirekt identifiziert werden kann. Die Identifizierung kann insbesondere mittels Zuordnung zu einer Kennung erfolgen, die Ausdruck der

- physischen,
- physiologischen,
- genetischen,
- psychischen,
- wirtschaftlichen,
- kulturellen oder
- sozialen

Identität dieser Person ist.

Die Einstufung als personenbezogen ist somit sehr weitreichend, nämlich u. a. auch bei der Möglichkeit der Zuordnung zu einer Kennung, wie einem Namen, einer Kennnummer, Standortdaten, einer Online-Kennung oder einem sonstigen besonderen Merkmal. Es kann sogar ausreichen, wenn eine Person erst anhand von zusätzlichen Informationen identifiziert werden kann, auch wenn nur ein Dritter diese Informationen besitzt.

Beispiel

So gelten nach herrschender Auffassung auch IP-Adressen als personenbezogen. Dabei handelt es sich um Kombinationen aus Zahlen und gegebenenfalls auch Buchstaben (z. B. „192.123.43.18"). Eine IP-Adresse ist sozusagen die Anschrift eines Endgeräts im Netzwerk, also beispielsweise eines Internetzugangs oder eines einzelnen Rechners in einem Firmennetzwerk. Mithilfe von IP-Adressen wird sichergestellt, dass die im Netzwerk hin und her geschickten Datenpakete ihren korrekten Bestimmungsort finden. Nur so können wir alle E-Mails empfangen, Websites aufrufen, Filme streamen oder an Videocalls teilnehmen. Wenn man z. B. herausfinden will, welche IP-Adresse ein bestimmter Onlineanschluss zu einem bestimmten Zeitpunkt hat, dann kann dies etwa der betreffende Provider (Telekom, Vodafone, 1&1, Netcologne etc.) anhand seiner technischen Unterlagen wissen. Dieses „Zusatzwissen durch Dritte" kann ausreichen, um den Personenbezug einer IP-Adresse zu bejahen. Dies ist zwar umstritten, aber viele Datenschutzaufsichtsbehörden sind dieser Auffassung.

Faustregel: Im Zweifel sollte man von der Identifizierbarkeit und damit von einem Personenbezug von Daten ausgehen.

Die folgenden Kategorien sind typische Beispiele für personenbezogene Daten:

- persönliche Daten (Name, Anschrift, Geburtsdatum etc.)
- Kontaktdaten (Telefonnummer, Messenger-ID, E-Mail-Adresse etc.)
- Finanzdaten (Bankverbindung, Kontostand, Gehaltsabrechnung etc.)
- allgemeine äußere Merkmale (Größe, Gewicht, Haar- oder Augenfarbe)
- biometrische Daten (Fingerabdruck, Iris-Scan, DNA-Probe etc.)
- Foto-/Videoaufnahmen mit erkennbarer Darstellung einer Person
- Stimmaufnahmen einer Person
- Gesundheitsdaten (Krankmeldung, Diagnose, Überweisung etc.)
- Standortdaten (GPS-Koordinaten)
- Kfz-Kennzeichen
- IP-Adressen

Diese Liste ist weder vollständig noch wertend. An ihr lässt sich allerdings schon ganz gut erkennen, wie weit der Begriff des Personenbezugs gehen kann. Damit ist klar, dass es sowohl während der Trainings- als auch während der Anwendungsphase von KI zur Verarbeitung personenbezogener Daten kommen kann. Es ist sogar sehr wahrscheinlich, insbesondere, weil der Begriff des Personenbezugs weit zu verstehen ist. Für die Datenverarbeitung beim KI-Training sind die KI-Anbieter zuständig. KI-Betreiber und auch Nutzer von KI-Tools müssen hingegen auch aufpassen, wenn sie personenbezogene Daten beispielsweise im Rahmen eines Prompts verwenden, oder auch dann, wenn die KI – absichtlich oder aus Versehen – Daten mit Bezug zu einer existierenden Person liefern.

Tipp

Da auch personalisierte E-Mail-Adressen personenbezogene Daten im Sinne des Datenschutzrechts sind, gilt für deren Verarbeitung die gesamte „Klaviatur" der DSGVO. Um im Hinblick auf die KI-Nutzung die Anzahl der darin verarbeiteten Daten mit Personenbezug so weit wie möglich zu begrenzen, sollte den Beschäftigten, die KI-Anwendungen, wie z. B. ChatGPT, nutzen wollen, Funktions-E-Mail-Adressen zur Verfügung gestellt werden (etwa „ki1@mustermann-gmbh.de"). Statt sich mit ihren persönlichen E-Mail-Adressen für die KI-Nutzung beim KI-Anbieter zu registrieren, können die Funktions-E-Mail-Adressen hierfür zum Einsatz kommen.

Neben den „normalen" personenbezogenen Daten gibt es auch noch besondere Kategorien solcher Daten, also besonders sensible Daten. Gemäß Art. 9 Abs. 1 DSGVO fallen hierunter folgende Daten:

- rassische bzw. ethnische Herkunft
- politische Meinungen
- religiöse oder weltanschauliche Überzeugungen
- Gewerkschaftszugehörigkeit
- genetische Daten
- biometrische Daten
- Gesundheitsdaten
- Daten zum Sexualleben bzw. zur sexuellen Orientierung

Derartige Daten dürfen grundsätzlich nicht verarbeitet werden, es sei denn, das Gesetz sieht eine ausdrückliche Ausnahmeregelung vor. Eine solche liefert Art. 9 Abs. 2 DSGVO, darin finden sich folgende mögliche Rechtsgrundlagen:

- **Einwilligung**
- Erforderlichkeit zur Ausübung von Rechten aus dem **Arbeitsrecht** oder dem **Recht der sozialen Sicherheit** und des Sozialschutzes bzw. zur Erfüllung diesbezüglicher Pflichten

- Erforderlichkeit zum **Schutz lebenswichtiger Interessen** der betroffenen Person oder einer anderen natürlichen Person (wenn die betroffene Person aus körperlichen oder rechtlichen Gründen außerstande ist, ihre Einwilligung zu geben)
- Verarbeitung durch **eine politisch, weltanschaulich, religiös oder gewerkschaftlich ausgerichtete Stiftung, Vereinigung oder sonstige Organisation ohne Gewinnerzielungsabsicht** im Rahmen ihrer rechtmäßigen Tätigkeiten und unter der Voraussetzung, dass sich die Verarbeitung ausschließlich auf die Mitglieder oder ehemalige Mitglieder der Organisation oder auf Personen, die im Zusammenhang mit deren Tätigkeitszweck regelmäßige Kontakte mit ihr unterhalten, bezieht und die personenbezogenen Daten nicht ohne Einwilligung der betroffenen Personen nach außen offengelegt werden
- Verarbeitung von durch die betroffene Person **offensichtlich öffentlich gemachter Daten**
- Verarbeitung zur **Geltendmachung, Ausübung oder Verteidigung von Rechtsansprüchen** oder bei Handlungen der Gerichte im Rahmen ihrer justiziellen Tätigkeit
- Erforderlichkeit aus Gründen eines **erheblichen öffentlichen Interesses**
- Erforderlichkeit für Zwecke der **Gesundheitsvorsorge oder der Arbeitsmedizin**, für die Beurteilung der Arbeitsfähigkeit von Beschäftigten, für die medizinische Diagnostik, die Versorgung oder Behandlung im Gesundheits- oder Sozialbereich oder für die Verwaltung von Systemen und Diensten im Gesundheits- oder Sozialbereich (aufgrund eines Gesetzes oder eines Vertrags mit einem Angehörigen eines Gesundheitsberufs)
- Erforderlichkeit aus Gründen des öffentlichen Interesses im Bereich der **öffentlichen Gesundheit**, wie dem Schutz vor schwerwiegenden grenzüberschreitenden Gesundheitsgefahren oder zur Gewährleistung hoher Qualitäts- und Sicherheitsstandards bei der Gesundheitsversorgung und bei Arzneimitteln und Medizinprodukten
- Erforderlichkeit für im öffentlichen Interesse liegende **Archivzwecke**, für wissenschaftliche oder historische **Forschungszwecke** oder für **statistische Zwecke**

Die Verarbeitung von Art.-9-Daten im Rahmen von KI-Anwendungen sollte daher soweit wie möglich vermieden werden und darf nur unter strengen Auflagen und hohen Sicherheitsmaßstäben erfolgen. Zudem muss eine der genannten Rechtsgrundlagen vorliegen.

Hinweis

Der Landesdatenschutzbeauftragte aus Hamburg geht davon aus, dass in KI-Modellen keine Daten mit Personenbezug verarbeitet werden. Denn beim Training dieser KI-Modelle kommt es nicht zu einem Speichervorgang von ganzen Sätzen oder Worten, die Trainingsdaten werden vielmehr in sehr kleine „Bruchstücke" (sogenannte Tokens) aufgeteilt. Insofern kann aus diesen Tokens kein Personenbezug mehr abgeleitet werden. Im Rahmen der Nutzung von KI-Systemen, also ChatGPT & Co, kann es hingegen sehr wohl zur Verarbeitung von personenbezogenen Daten kommen, sowohl während der Eingabe des Prompts als auch bei der Ausgabe des Ergebnisses.

3.1.2 Verarbeitung

Aber was zählt alles als „Verarbeitung" von Daten im Sinne der DSGVO? Darunter wird jeder mit oder ohne Hilfe automatisierter Verfahren ausgeführte Vorgang im Zusammenhang mit personenbezogenen Daten verstanden. Dabei geht es also um so gut wie alle Vorgänge im „Leben" eines Datums, von der Erhebung über das Speichern, Organisieren und Auswerten bis hin zum Löschen bzw. Vernichten.

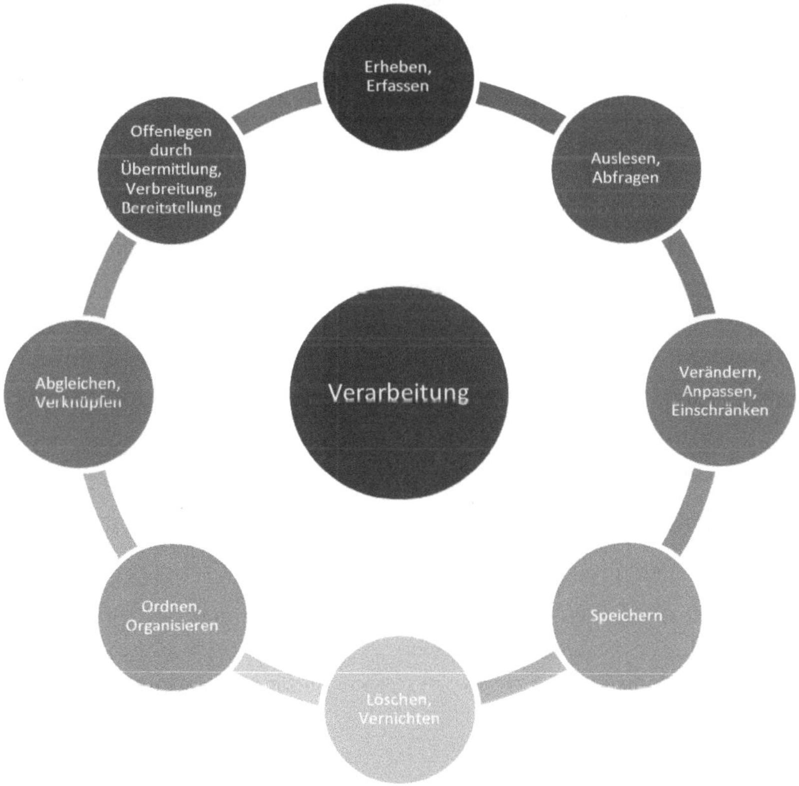

Bild 3.4 Einzelne Datenverarbeitungen nach der DSGVO (Quelle: eigene Darstellung).

Auch hier gilt die Faustregel: Im Zweifel zählt jede Tätigkeit im Zusammenhang mit personenbezogenen Daten als „Verarbeitung" im Sinne der DSGVO.

3.1.3 Verantwortlicher

Eine weitere wichtige Begrifflichkeit ist in Art. 4 Nr. 7 DSGVO definiert, nämlich die des Verantwortlichen. Dabei handelt es sich um eine natürliche oder juristische Person, Behörde, Einrichtung oder andere Stelle, die allein oder gemeinsam mit anderen über die Zwecke und Mittel der Verarbeitung von personenbezogenen Daten entscheidet. Dies gilt unabhängig von Organisationsform, Branche, Größe, Beschäftigtenanzahl, Umsatz usw. Verantwortlich im datenschutzrechtlichen Sinne kann also jedes Unternehmen, jede Behörde oder jeder Verein sein, der personenbezogene Daten verarbeitet, z. B. von den Beschäftigten, von Kunden, von Bewerbern, von Vertragspartnern usw. Der Verantwortliche ist hauptsächlich für die Einhaltung der DSGVO-Pflichten zuständig, d. h. „verantwortlich" und damit im Zweifel auch haftbar. Im Kontext mit der Nutzung von KI gilt hier selbstverständlich nichts anderes.

Beim Einsatz von KI muss genau hingeschaut werden, wer wann wofür verantwortlich im Sinne von Art. 4 Nr. 7 DSGVO ist. In der Trainingsphase liegt die Verantwortlichkeit sicherlich beim KI-Anbieter. Die Betreiber bzw. Nutzer von KI kommen dann in der Anwendungsphase ins Spiel, wenn es um die Eingabe von Daten oder auch die Verwendung von KI-Erzeugnissen geht. Denn in diesen Fällen werden die Betreiber als verantwortliche Stelle anzusehen sein, sodass sie auch die datenschutzrechtlichen Pflichten treffen.

Aber wie sieht die Sache aus, wenn beispielsweise ein Unternehmen ein als Cloud-Dienst bereitgestelltes KI-Tool eines Drittanbieters nutzt, also ein Software-as-a-Service-Angebot? Dann verarbeitet das Unternehmen die Daten mithilfe der KI, übermittelt aber mitunter auch Daten an den KI-Anbieter, auf dessen Servern die KI-Anwendung letztlich läuft. In solchen Konstellationen muss nicht nur die Datenverarbeitung an sich, sondern auch die Datenübermittlung datenschutzrechtlich legitimiert sein. Hierfür kommen drei Varianten in Betracht:

- Auftragsverarbeitung (AV)
- gemeinsame Verantwortlichkeit (engl.: Joint Controllership, kurz: JC)
- getrennte Verantwortlichkeit

In den beiden erstgenannten Fällen müssen jeweils spezielle Datenschutzverträge geschlossen werden, nämlich entweder ein AV-Vertrag (Art. 28 DSGVO) oder eine JC-Vereinbarung (Art. 26 DSGVO). Die entscheidende Frage ist jedoch, welche der drei Varianten liegt vor?

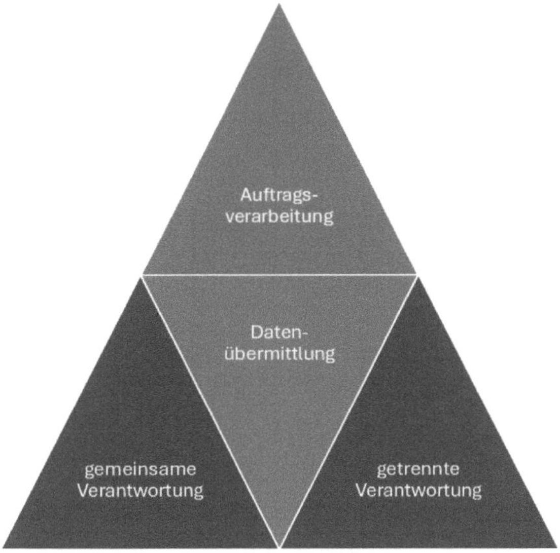

Bild 3.5
Die drei Varianten der Datenübermittlung an Dritte (Quelle: eigene Darstellung).

Häufig wird es sich um ein AV-Verhältnis handeln. Hierbei bleibt das Unternehmen verantwortlich, und der KI-Anbieter wird als dessen „verlängerter Arm“ tätig. Die Hauptverantwortung bleibt also beim Unternehmen. Die Prüfung, ob im Einzelfall ein AV-Verhältnis besteht, kann ganz allgemein anhand folgender Fragen erfolgen:

- Besteht aufseiten des Auftragsverarbeiters keine Entscheidungsbefugnis über Zwecke und Mittel der Verarbeitung?
- Ist der Auftragsverarbeiter weisungsgebunden, d. h., wird er nur auf Weisung des Auftraggebers tätig?
- Ist die Verarbeitung der (personenbezogenen) Daten Hauptgegenstand der Tätigkeit des Auftragsverarbeiters?

Wenn alle drei Fragen mit „Ja“ beantwortet werden können, liegt ein AV-Verhältnis vor, und es muss ein entsprechender Vertrag geschlossen werden. In diesem müssen zumindest die folgenden Aspekte geregelt sein (Art. 28 Abs. 3 DSGVO):

- Datenverarbeitung nur auf dokumentierte Weisung des Verantwortlichen
- Gewährleistung, dass sich die zur Datenverarbeitung befugten Personen zur Vertraulichkeit verpflichtet haben oder einer angemessenen gesetzlichen Verschwiegenheitspflicht unterliegen
- Ergreifen von erforderlichen technischen und organisatorischen Maßnahmen (Art. 32 DSGVO)
- Einschalten von Unterauftragnehmern nur nach Zustimmung durch den Verantwortlichen
- Unterstützung des Verantwortlichen bei der Pflicht zur Wahrnehmung der Betroffenenrechte

- Unterstützung des Verantwortlichen bei der Pflicht zur Reaktion auf Datenpannen
- Unterstützung des Verantwortlichen bei der Pflicht zur Durchführung einer Datenschutz-Folgenabschätzung
- Pflicht zur Löschung/Rückgabe der verarbeiteten Daten nach Ende des AV-Verhältnisses

Typische AV-Verhältnisse liegen in folgenden Fällen vor:

- DV-technische Arbeiten für Lohn- und Gehaltsabrechnung
- Outsourcing mittels Cloud-Computing
- Werbeadressenverarbeitung in einem sogenannten Lettershop
- Verarbeitung von Kundendaten durch Callcenter (ohne wesentliche eigene Entscheidungsspielräume)
- Auslagerung der E-Mail-Verwaltung oder von sonstigen Datendiensten zu Webseiten (z. B. Betreuung von Kontaktformularen oder Nutzeranfragen)
- Datenerfassung, Datenkonvertierung oder Einscannen von Dokumenten
- Auslagerung der Backup-Sicherheitsspeicherung und anderer Archivierungen
- Datenträgerentsorgung durch Dienstleister
- Prüfung oder Wartung (z. B. Fernwartung, externer Support) automatisierter Verfahren oder von EDV-Anlagen, wenn dabei ein Zugriff auf personenbezogene Daten nicht ausgeschlossen werden kann
- Zentralisierung bestimmter „Shared-Services-Dienstleistungen“ innerhalb eines Konzerns, wie Dienstreisen-Planungen oder Reisekostenabrechnungen
- Apothekenrechenzentren
- ärztliche/zahnärztliche Verrechnungsstellen (ohne Forderungsverkauf)
- Sicherheitsdienste, die an der Pforte Besucher- und Anliefererdaten erheben
- externe Personen, Dienstleister usw., die im Auftrag Messwerte in Mietwohnungen ablesen bzw. verarbeiten (Heizung, Strom, Wasser etc.)
- Visabeschaffungsdienstleister, die hierfür vom Arbeitgeber die Beschäftigtendaten erhalten

Beispiel

Von einem AV-Verhältnis kann etwa dann ausgegangen werden, wenn ein KI-Entwickler bzw. -Anbieter personenbezogene Daten auf Weisung eines Verantwortlichen verarbeitet und ausschließlich zu Zwecken des Verantwortlichen mit diesen Daten trainiert. Auch die Nutzung eines bereits bestehenden Cloud-KI-Systems eines KI-Anbieters kann ein AV-Verhältnis darstellen.

Im Gegensatz dazu liegt ein JC-Verhältnis vor, wenn zwei verantwortliche Stellen zu einem bestimmten Zweck zusammenarbeiten, keine Weisungsgebundenheit vorliegt und beide auch gegebenenfalls eigene Zwecke verfolgen. Beispiele hierfür sind:

- gemeinsame Verwaltung bestimmter Datenkategorien (z. B. Adressdaten) für gleichlaufende Geschäftsprozesse mehrerer Konzernunternehmen
- gemeinsame Errichtung einer IT-Infrastruktur, auf der mehrere Beteiligte ihre jeweils individuellen Zwecke verfolgen (z. B. gemeinsames Betreiben einer Online-Plattform für Reisereservierungen durch ein Reisebüro, eine Hotelkette und eine Fluggesellschaft)
- klinische Arzneimittelstudien, wenn mehrere Mitwirkende (z. B. Sponsor, Studienzentren und Ärzte) jeweils in Teilbereichen Entscheidungen über die Verarbeitung treffen
- E-Government-Portal, bei dem mehrere Behörden Dokumente zum Abruf durch Bürger bereitstellen
- Personalvermittlungs-Dienstleister, der für einen Arbeitgeber Bewerber sichtet und hierbei auch bei ihm eingegangene Bewerbungen einbezieht, die nicht gezielt auf Stellen beim Arbeitgeber gerichtet sind
- je nach Gestaltung gegebenenfalls auch ein gemeinsamer Informationspool bzw. eine Warndatei mehrerer Verantwortlicher (z. B. Banken) über säumige Schuldner
- Social-Media-Profil
- Einbindung von Social-Plug-ins

Beispiel

Wenn ein KI-Modell oder KI-System Datensätze verschiedener Unternehmen für das Trainieren einer gemeinsamen KI verwendet, kann ein Fall der gemeinsamen Verantwortlichkeit vorliegen. Dies gilt ebenso dann, wenn mehrere Unternehmen gezielt zusammenarbeiten, z. B. durch Zurverfügungstellung der Verarbeitungstechnologie durch das eine und das Training des KI-Modells bzw. -Systems mit den des anderen Unternehmens für einen gemeinsamen Zweck.

Exemplarisch für eine getrennte Verantwortlichkeit kann etwa das Verhältnis der verantwortlichen Stelle zur Post, zur Hausbank oder auch zu einer Versicherung angeführt werden. In solchen Fällen findet ein eher zufälliges „Zusammenwirken" zweier Verantwortlicher statt, die beide jeweils ihre eigenen Zwecke verfolgen und dabei – eher als „Randerscheinung" – die gleichen Daten nutzen. Im Falle einer getrennten Verantwortlichkeit ist kein spezifischer Datenschutzvertrag erforderlich.

Mit der Differenzierung dieser drei Konstellationen – Auftragsverarbeitung, gemeinsame Verantwortlichkeit und getrennte Verantwortlichkeit – ist aber noch nicht Schluss. Denn es kommt ebenfalls noch darauf an, wo der Empfänger der Daten seinen Sitz hat bzw. wo die Server stehen, mit denen die Datenverarbeitung erfolgt. Befindet sich der Datenempfänger innerhalb der Europäischen Union bzw. des Europäischen Wirtschaftsraums (EWR), gilt für alle Beteiligten gleichermaßen die DSGVO, sodass keine weiteren Maßnahmen erforderlich sind. Sitzt der Datenempfänger allerdings im Nicht-EU-Ausland, also in einem sogenannten Drittstaat, müssen zwei Arten von Drittstaaten unterschieden werden. Denn es gibt Drittstaaten, die hat die EU-Kommission mit einem sogenannten Angemessenheitsbeschluss ausgestattet, sodass von dem Vorliegen eines mit der EU vergleichbaren Datenschutzniveaus ausgegangen werden kann. Zu diesen Staaten zählen folgende Staaten:

- Andorra
- Argentinien
- Kanada
- Schweiz
- Färöer-Inseln
- Guernsey
- Israel
- Isle of Man
- Jersey
- Neuseeland
- Uruguay
- Japan
- Republik Korea
- Vereinigtes Königreich (zunächst bis 2025)
- USA

In Bezug auf die USA, wo viele Anbieter beliebter KI-Tools ihren Sitz haben, ist zu sagen, dass der Angemessenheitsbeschluss zwar besteht, allerdings auf wackeligen Beinen. Denn die beiden Vorgängerregularien („Safe Harbor“ und „Privacy Shield“) wurden beide jeweils durch den Europäischen Gerichtshof (EuGH) durch die sogenannten „Schrems“-Urteile für ungültig erklärt.

Hinweis

Max Schrems ist ein Datenschutzaktivist aus Österreich, der gegen „Safe Harbor“ und gegen „Privacy Shield“ gerichtlich vorgegangen ist – mit Erfolg. Er hat bereits rechtliche Schritte gegen die Nachfolgeregelung „Data Privacy Framework“ angekündigt.

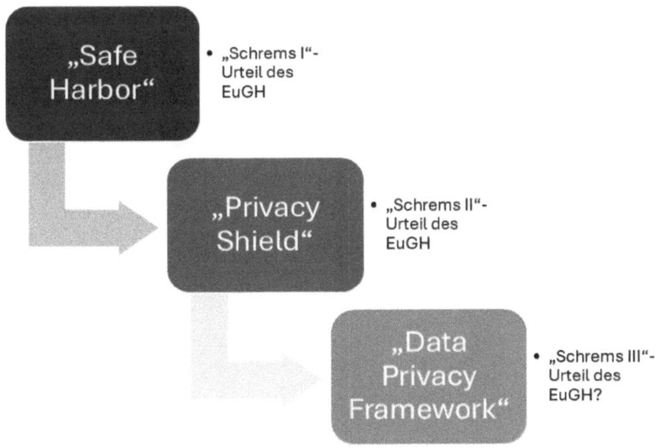

Bild 3.6 Droht nach der „Schrems I“- und der „Schrems II“-Entscheidung bald auch noch ein drittes „Schrems“-Urteil des EuGH? (Quelle: eigene Darstellung)

Damit bestand zwischenzeitlich die Situation, dass die Grundlage für eine rechtskonforme Übermittlung personenbezogener Daten in die USA fehlte. Der Datentransfer dorthin war damit nicht gänzlich unmöglich, aber immerhin doch sehr erschwert. Daher sollte die rechtliche Situation in Bezug auf die Übertragung personenbezogener Daten in die USA unbedingt im Blick gehalten werden. Denn sollte der EuGH den Angemessenheitsbeschluss zwischen der EU und den USA, das sogenannte „Data Privacy Framework“, abermals zu Fall bringen, wird es keine Übergangszeiträume oder Schonfristen geben. In diesem (nicht ganz unwahrscheinlichen) Fall wäre schnelles Handeln nötig.

Die Staaten mit Angemessenheitsbeschluss der EU werden datenschutzrechtlich so behandelt, als seien sie EU-Mitgliedsstaaten. Problematisch sind hingegen unsichere Drittstaaten ohne einen solchen Angemessenheitsbeschluss wie etwa China, Indien oder Russland. Für eine Datenübermittlung in diese Länder müssen verschiedene Voraussetzungen erfüllt werden. So sind insbesondere spezielle Verträge in Form der EU-Standardvertragsklauseln (engl.: Standard Contractual Clauses, kurz: SCC) abzuschließen und zusätzliche technische, organisatorische und/oder vertragliche Maßnahmen zu ergreifen.

In puncto KI-Cloudanwendung muss also genau hingeschaut werden, ob eine Auftragsverarbeitung, eine gemeinsame Verantwortlichkeit oder eine getrennte Verantwortlichkeit vorliegt. Letztere wird regelmäßig auszuschließen sein, denn es fließen ohne Zweifel Daten zwischen Unternehmen (Verantwortlicher) und KI-Anbieter zu einem bestimmten (gemeinsamen) Zweck. Es kommt hier auf die Feinheiten an. Werden die Nutzer-Prompts gespeichert? Werden die im Rahmen des Prompts eingegebenen Daten zum Training der KI genutzt? Oder werden sie gleich nach der Eingabe bzw. nach der Verarbeitung durch die KI gelöscht? Wie stuft sich der KI-Anbieter selbst ein? Bietet er z. B. einen AV-Vertrag oder einen JC-Vertrag an? Die meisten KI-Anbieter stufen ihre Rolle selbst als Auftragsverarbeiter ein und bieten ihren geschäftlichen Kunden daher auch den Abschluss eines AV-Vertrages an. Allerdings handhaben das leider nicht alle KI-Anbieter so, die großen (z. B. OpenAI) allerdings schon.

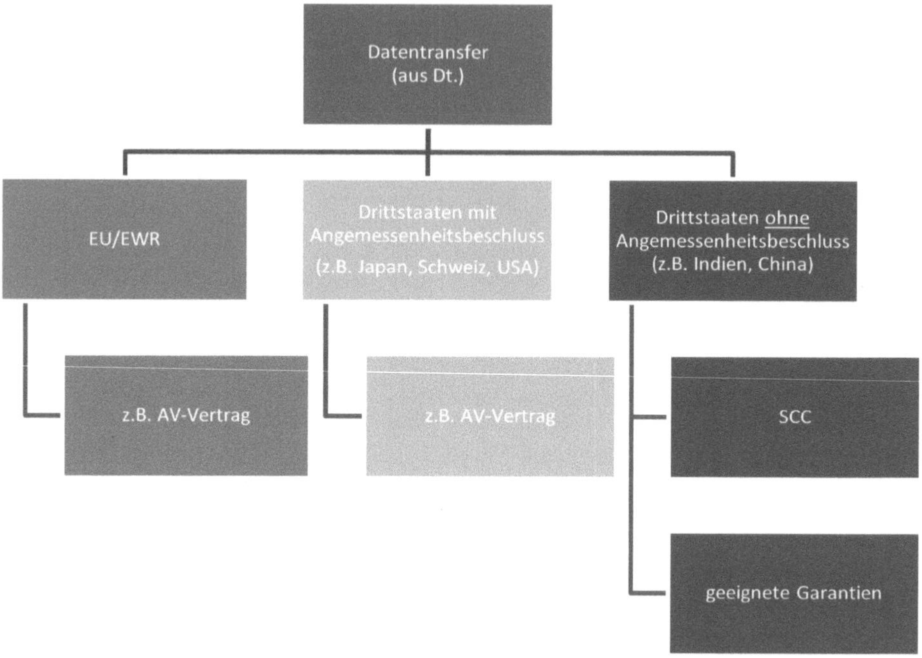

Bild 3.7 Je nach Sitz des Datenempfängers sind unterschiedliche Maßnahmen notwendig (Quelle: eigene Darstellung).

Dabei sollte der Kunde immer auf die Details achten, nämlich auf die Natur des Verhältnisses zum KI-Anbieter (AV-Vertrag oder nicht?) und gegebenenfalls auf das „Kleingedruckte" im AV-Vertrag (Anforderungen von Art. 28 Abs. 3 DSGVO erfüllt?).

Letztlich ist davon auszugehen, dass die datenschutzrechtliche Verantwortung bei der Institution liegt, die die KI einsetzen will, zumindest in Bezug auf die per Prompt eingegeben Daten sowie auf die Nutzung der von der KI ausgespuckten Ergebnisse. In aller Regel wird ein in Form einer Cloud-Anwendung angebotenes KI-Tool als AV-Verhältnis zu werten sein. Lässt sich der Anbieter des Tools jedoch vertraglich z. B. umfangreiche Möglichkeiten zur Nutzung der eingegebenen Daten zu Trainings- oder zu Statistikzwecken einräumen, liegt unter Umständen eher eine gemeinsame Verantwortlichkeit vor. In einem solchen Fall nützt auch der beste AV-Vertrag nicht, das wäre schlicht die falsche Vertragsart. Dann müsste entweder auf den Abschluss einer JC-Vereinbarung hingewirkt oder ein anderer KI-Anbieter ausgewählt werden. Wer sich diese Problematik und weitere datenschutzrechtliche Probleme ersparen will, der darf keine personenbezogenen Daten per KI verarbeiten, was jedoch im beruflichen Alltag nicht einfach umzusetzen sein wird.

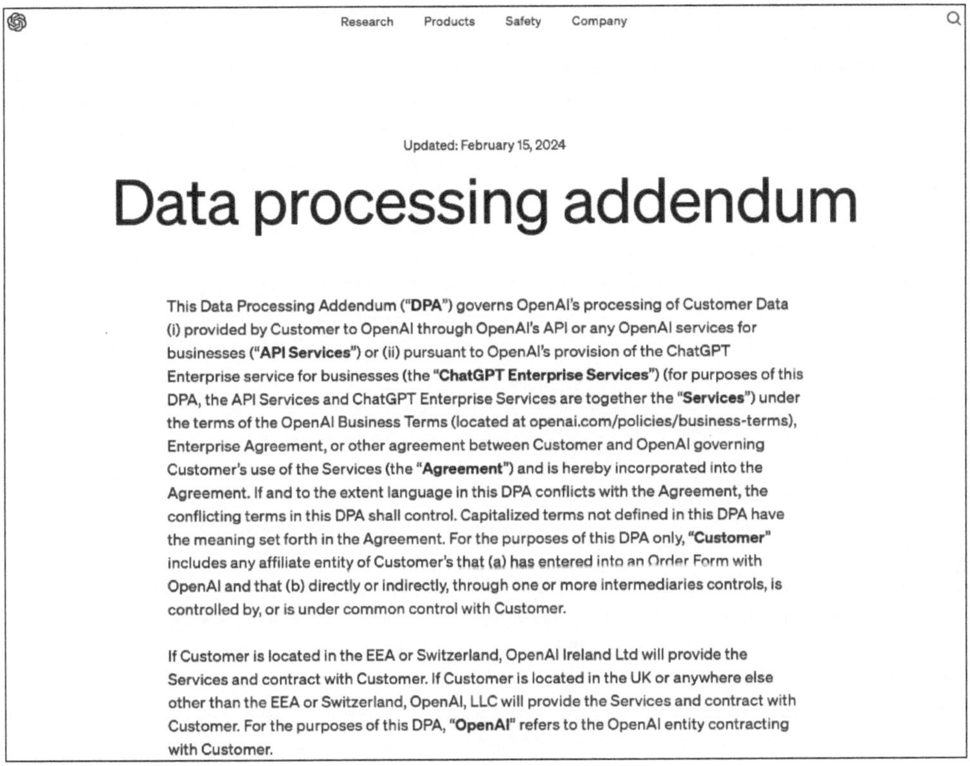

Research Products Safety Company

Updated: February 15, 2024

Data processing addendum

This Data Processing Addendum ("**DPA**") governs OpenAI's processing of Customer Data (i) provided by Customer to OpenAI through OpenAI's API or any OpenAI services for businesses ("**API Services**") or (ii) pursuant to OpenAI's provision of the ChatGPT Enterprise service for businesses (the "**ChatGPT Enterprise Services**") (for purposes of this DPA, the API Services and ChatGPT Enterprise Services are together the "**Services**") under the terms of the OpenAI Business Terms (located at openai.com/policies/business-terms), Enterprise Agreement, or other agreement between Customer and OpenAI governing Customer's use of the Services (the "**Agreement**") and is hereby incorporated into the Agreement. If and to the extent language in this DPA conflicts with the Agreement, the conflicting terms in this DPA shall control. Capitalized terms not defined in this DPA have the meaning set forth in the Agreement. For the purposes of this DPA only, "**Customer**" includes any affiliate entity of Customer's that (a) has entered into an Order Form with OpenAI and that (b) directly or indirectly, through one or more intermediaries controls, is controlled by, or is under common control with Customer.

If Customer is located in the EEA or Switzerland, OpenAI Ireland Ltd will provide the Services and contract with Customer. If Customer is located in the UK or anywhere else other than the EEA or Switzerland, OpenAI, LLC will provide the Services and contract with Customer. For the purposes of this DPA, "**OpenAI**" refers to the OpenAI entity contracting with Customer.

Bild 3.8 OpenAI bietet einen AV-Vertrag an (Quelle: *https://openai.com/policies/data-processing-addendum/*, 26. 06. 2024, 17:00 Uhr).

3.2 Prinzipien

Neben den zentralen Begriffen ist die Kenntnis der wichtigsten Grundprinzipien unerlässlich. Diese werden in Art. 5 Abs. 1 DSGVO aufgeführt. Art. 5 Abs. 2 DSGVO regelt zusätzlich Folgendes:

> *Der Verantwortliche ist für die Einhaltung des Absatzes 1 verantwortlich und muss dessen Einhaltung nachweisen können („Rechenschaftspflicht").*

Es reicht also nicht aus, alle Vorgaben der DSGVO einzuhalten, man muss dies im Zweifel auch nachweisen können. Insofern ist das Verständnis der datenschutzrechtlichen Grundsätze so wichtig. Art. 5 Abs. 1 DSGVO nennt hier folgende Prinzipien:

- Rechtmäßigkeit, Transparenz, Treu und Glauben
- Zweckbindung

- Datenminimierung
- Datenrichtigkeit
- Speicherbegrenzung
- Integrität und Vertraulichkeit
- Datensicherheit

Zusammen mit der Rechenschaftspflicht aus Art. 5 Abs. 2 DSGVO ergeben sich daher insgesamt neun Einzelgrundsätze.

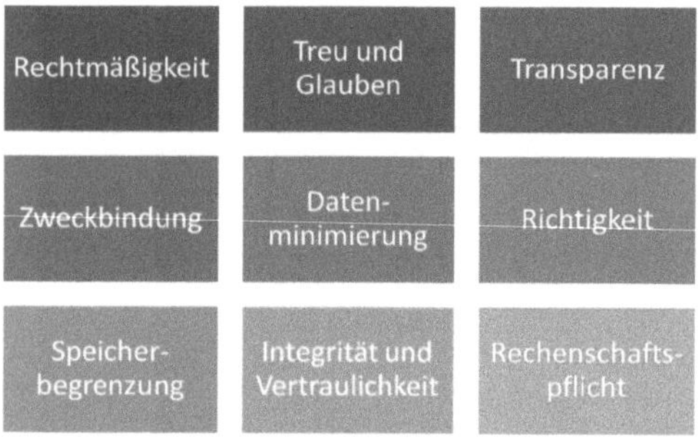

Bild 3.9 Die Grundsätze des Datenschutzrechts (Quelle: eigene Darstellung).

Merke: Hierbei handelt es sich nicht um eine Art „Supermarkt", in dem man sich aus den Regalen nur das herausnimmt, was einem gefällt. Es müssen alle Grundsätze eingehalten werden, und dies muss nachweislich erfolgen.

3.2.1 Rechtmäßigkeit, Treu und Glauben, Transparenz

Das wichtigste Prinzip ist der Rechtmäßigkeitsgrundsatz, der ein „Verbot mit Erlaubnisvorbehalt" darstellt. Das bedeutet, dass jede Verarbeitung personenbezogener Daten nur auf Basis einer entsprechenden Rechtsgrundlage erfolgen darf. Die zentralen Rechtsgrundlagen bringt die DSGVO gleich mit. Art. 6 Abs. 1 S. 1 DSGVO sieht Folgendes vor:

- Einwilligung des Betroffenen (z. B. zum Erhalt eines Newsletters)
- Erfüllung eines Vertrages (z. B. Bestellung im Onlineshop)
- Durchführung vorvertraglicher Maßnahmen (z. B. Übersendung eines Angebots)
- Erfüllung einer rechtlichen Verpflichtung (z. B. handels- oder steuerrechtliche Aufbewahrungsfristen)
- Schutz lebenswichtiger Interessen der betroffenen Person oder eines Dritten (z. B. Verarbeitung von Gesundheitsdaten im Rahmen der Notbehandlung eines Schwerverletzten)

- Wahrnehmung einer im öffentlichen Interesse liegenden Aufgabe bzw. Ausübung öffentlicher Gewalt (z. B. „Knöllchen“ wegen Falschparkens)
- Überwiegende berechtigte Interessen

Zusätzlich gibt es in einigen Fachgesetzen (z. B. in den Sozialgesetzbüchern) weitere Rechtsgrundlagen, insbesondere für Behörden.

Eine rechtskonforme Einwilligungserklärung muss folgende Voraussetzungen erfüllen:

- freiwillig
- unmissverständlich
- vor Beginn der Datenverarbeitung
- auf Basis ausreichender Informationen
- bezogen auf einen konkreten Verarbeitungszweck
- mittels Willenserklärung oder konkludenter Handlung

Die verantwortliche Stelle muss das Vorliegen einer Einwilligung und ihre Voraussetzungen im Zweifel nachweisen können, daher ist eine schriftliche Einwilligungserklärung ideal, aber nicht zwingend erforderlich. Die Einwilligung ist die schlechteste aller möglichen Rechtsgrundlagen, da sie jederzeit frei widerrufen werden kann. Darauf muss die betroffene Person auch hingewiesen werden.

Wer sich bei der Datenverarbeitung auf seine „berechtigten Interessen“ berufen will, der muss zuvor prüfen, ob diese auch vorliegen und ob die Interessen der von der Datenverarbeitung betroffenen Personen nicht überwiegen.

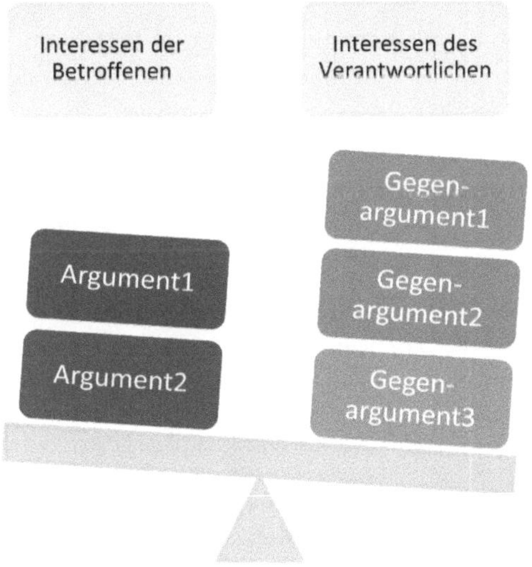

Bild 3.10
Die Verarbeitung personenbezogener Daten kann auf Basis einer Interessenabwägung erfolgen (Quelle: eigene Darstellung).

Bei dieser Abwägung sind u. a. die folgenden Gesichtspunkte zu berücksichtigen:

- Art der Daten
- Menge der Daten und der betroffenen Personen
- Quelle der Daten
- Anzahl der Verarbeiter, die in die Verarbeitung involviert sind
- Dauer der Datenverarbeitung
- Sicherheit der Verarbeitung
- die vernünftigen Erwartungen der Betroffenen, also ob diese zum Zeitpunkt der Erhebung der personenbezogenen Daten und angesichts der Umstände, unter denen diese Erhebung erfolgt, vernünftigerweise absehen konnten, dass möglicherweise eine Verarbeitung für den angestrebten Zweck erfolgen wird
- eine breite öffentliche Verfügbarkeit solcher Daten im Internet, die klar darauf hinweisenden Nutzungs- und Datenschutzbedingungen vieler Systeme, Modelle oder Plattformen sowie die stetige und sehr breite öffentliche Berichterstattung über die Nutzung personenbezogener Daten für Entwicklung und Nutzung von Software, Plattformen und KI

Diese Entscheidung kann, darf und muss jede verantwortliche Stelle selbst treffen. Und nicht nur das: Sie muss sie im Zweifelsfall auch gut begründen und nachweisen können.

Für die Verarbeitung personenbezogener Daten im Rahmen von KI kommen daher grundsätzlich folgende Rechtsgrundlagen in Betracht, wobei die jeweils angegebenen Bedenken (noch) bestehen bzw. geklärt werden müssen:

Tabelle 3.1 Übersicht über Rechtsgrundlagen für die Verarbeitung personenbezogener Daten in KI-Anwendungen

Rechtsgrundlage	Vorschrift	Anmerkung
Einwilligung	Art. 6 Abs. 1 S. 1 lit. a) DSGVO	generell möglich, aber hohe Voraussetzungen, insbesondere Probleme bei der Informiertheit, zudem jederzeit widerrufbar
Erfüllung eines Vertrages bzw. einer vorvertraglichen Maßnahme	Art. 6 Abs. 1 S. 1 lit. b) DSGVO	generell möglich, Vertrag muss sich aber speziell auf die Datenverarbeitung beziehen und eine Gegenleistung beinhalten; Verarbeitung von Daten Dritter, die nicht Vertragspartei sind, ist nicht möglich
Erfüllung einer rechtlichen Verpflichtung	Art. 6 Abs. 1 S. 1 lit. c) DSGVO	nur dann möglich, wenn es eine gesetzlich vorgegebene Pflicht zur Datenverarbeitung jedenfalls auch mittels KI gäbe

Rechtsgrundlage	Vorschrift	Anmerkung
Schutz lebenswichtiger Interessen	Art. 6 Abs. 1 S. 1 lit. d) DSGVO	nur dann möglich, wenn der Einsatz von KI in einer konkreten Notsituation zum Schutz lebenswichtiger Interessen jedenfalls zweckdienlich wäre
Wahrnehmung im öffentlichen Interesse liegender Aufgabe bzw. Ausübung öffentlicher Gewalt	Art. 6 Abs. 1 S. 1 lit. e) DSGVO	nur dann möglich, wenn eine gesetzliche Regelung die Datenverarbeitung für öffentliche Stellen jedenfalls auch mittels KI anordnen würde
Berechtigte Interessen	Art. 6 Abs. 1 S. 1 lit. f) DSGVO	generell möglich, aber Interessenabwägung muss dokumentiert werden, Transparenz muss eingehalten werden, zudem kann unter Umständen ein Widerspruch erfolgen
Zweckänderung	Art. 6 Abs. 4 DSGVO	nur dann möglich, wenn der Zweck, zu dem die Daten ursprünglich erhoben wurden, jedenfalls auch die KI-Nutzung umfasst und die Betroffenen transparent darüber informiert wurden

Hinweis

Im Sinne der Innovationsförderung lässt Art. 59 der KI-Verordnung (KI-VO) unter engen Voraussetzungen eine Weiterverarbeitung für ursprünglich zu anderen Zwecken erhobene personenbezogene Daten innerhalb von sogenannten „Sandboxes“ zu; Rechtsgrundlage hierfür wäre dann Art. 6 Abs. 4 DSGVO. Diese „Sandboxes“ werden auf Deutsch auch als „Reallabor“ bezeichnet. Reallabore stellen einen kontrollierten Rahmen dar, der geschaffen wird und den Anbieter oder zukünftige Anbieter von KI-Systemen berechtigt, das Reallabor für einen begrenzten Zeitraum und unter regulatorischer Aufsicht nutzen können, um ein innovatives KI-System zu entwickeln, zu trainieren, zu validieren und – gegebenenfalls unter Realbedingungen – zu testen (Art. 3 Nr. 55 KI-VO).

Übrigens: Vollständig anonymisierte oder aggregierte Daten eignen sich, jedenfalls aus datenschutzrechtlicher Sicht, besonders gut zur Verwendung in einem KI-Modell bzw. KI-System. Allerdings wird für die Zusammenstellung bzw. für die Anonymisierung von Daten, die ursprünglich einen Personenbezug hatten, ebenfalls eine Rechtsgrundlage benötigt. Ideal wäre also die Verwendung von originär anonymen oder künstlich erzeugten (sogenannten „synthetischen“) Daten. Dies kann beispielsweise auf Grundlage von berechtigten Interessen im Sinne von Art. 6 Abs. 1 S. 1 lit. f) DSGVO erfolgen. In diesem Fall steht den Betroffenen allerdings ein Widerspruchsrecht zu.

Zu den Rechtsgrundlagen, die für die Verarbeitung personenbezogener Daten also am besten geeignet erscheinen, zählen die

- **Einwilligung**,
- **Vertragserfüllung** oder auch die
- **berechtigten Interessen**.

Der Transparenzgrundsatz verfolgt den Ansatz: „Tu, was du sagst, und sag, was du tust." Es geht also darum, so transparent wie möglich zu sein.

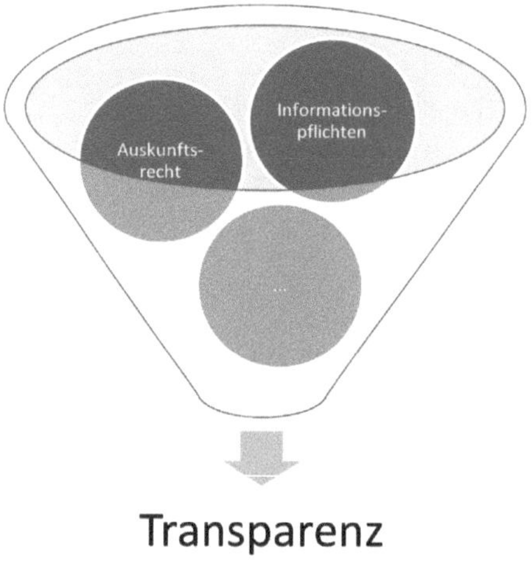

Bild 3.11
Der Transparenzgrundsatz wird insbesondere durch die Informationspflichten sowie das Auskunftsrecht konkretisiert (Quelle: eigene Darstellung).

Dieses Prinzip wird an verschiedenen Stellen der DSGVO noch konkretisiert. So bestehen für den Verantwortlichen beispielsweise bestimmte Informationspflichten. Zudem muss er dem Betroffenen auf Nachfrage Auskunft über die von ihm verarbeiteten Daten geben.

Der Grundsatz von Treu und Glauben bedeutet unter dem Strich, dass die Verarbeitung personenbezogener Daten fair ablaufen muss. Die Juristerei spricht hier von redlichem, aufrichtigem Sozialverhalten. Insbesondere dürfen den Betroffenen keine wichtigen Informationen vorenthalten und ihre „vernünftigen Erwartungen" dürfen nicht enttäuscht werden. Das hängt eng zusammen mit der Transparenz, denn durch sie kann man auf die „vernünftigen Erwartungen" von Betroffenen einwirken. Es geht letztlich darum, verborgene, unerwartete oder unverhältnismäßige Verarbeitungen personenbezogener Daten zu vermeiden.

3.2.2 Zweckbindung

Der Grundsatz der Zweckbindung besagt, dass personenbezogene Daten nur für festgelegte, eindeutige und legitime Zwecke erhoben werden dürfen. Sie dürfen ferner nicht in einer mit diesen Zwecken nicht zu vereinbarenden Weise weiterverarbeitet werden.

Beispiel

Die Daten, die ein Kunde im Rahmen seiner Bestellung eines neuen Fernsehers in einem Onlineshop angibt, dürfen nicht ohne zusätzliche Einwilligung auch für weitergehende Werbung für Gartenmöbel verwendet werden.

Es muss also zuerst ein Zweck festgelegt werden, und dann dürfen die für die Zweckerreichung erforderlichen Daten verarbeitet werden. Das ist im Zusammenhang der KI-Nutzung nicht ganz unwichtig, denn oftmals sind die Daten, die z. B. in einem Prompt oder zum KI-Training verwendet werden sollen, ursprünglich nicht zu diesem Zweck erhoben worden. Im Gegenteil: Vielfach wird hier ein neuer, eigenständiger Zweck anzunehmen sein, sodass eine eigenständige Rechtsgrundlage herangezogen werden muss. Je nach Einzelfall kann gegebenenfalls eine Weiterverarbeitung nach Zweckänderung gemäß Art. 6 Abs. 4 DSGVO erfolgen, oder – was die Regel sein dürfte – es muss eine neue Rechtsgrundlage gefunden werden. Oftmals kommt hier lediglich die Einwilligung der Betroffenen in Betracht.

3.2.3 Datenminimierung

Außerdem gilt auch der Grundsatz der Datenminimierung. Der besagt, dass personenbezogene Daten dem Zweck angemessen und erheblich sowie auf das für die Zwecke der Verarbeitung notwendige Maß beschränkt sein müssen. Faustregel: so viel wie nötig, so wenig wie möglich. Personenbezogene Daten sollen zudem nur dann verarbeitet werden, wenn der Zweck der Verarbeitung nicht in zumutbarer Weise durch andere Mittel erreicht werden kann (z. B. mit anonymisierten oder zumindest pseudonymisierten Daten).

Auch dieser Grundsatz passt leider nicht so richtig auf den Einsatz von KI. Denn bei Nutzung von KI-Tools, egal welcher Art, geht es ja gerade darum, dass die KI mit möglichst vielen Daten trainiert wurde und noch weiter gefüttert wird. Insofern sind hier, jedenfalls bei Daten mit Personenbezug, die Anforderungen des Datenschutzrechts und der effektiven KI-Nutzung in Einklang zu bringen. Es ist frühzeitig eine Verhältnismäßigkeitsprüfung durchzuführen und die sogenannte „Zweck-Mittel-Relation“ zwischen dem Sammeln der Daten und der Effizienz des KI-Trainings bzw. der KI-Nutzung zu bestimmen. Insbesondere das Mittel der Anonymisierung oder jedenfalls der Pseudonymisierung der Datenätze stellt eine Möglichkeit dar, datenschutzkonform vorzugehen.

3.2.4 Datenrichtigkeit

Das Prinzip der Datenrichtigkeit versteht sich fast von selbst. Denn es ist sowohl für die Betroffenen als auch für den Verantwortlichen negativ, wenn die Daten, die verarbeitet werden, nicht korrekt sind. Insbesondere dann, wenn der Verantwortliche eine KI mit diesen Daten trainieren will, muss die Datengrundlage natürlich akkurat sein.

3.2.5 Speicherbegrenzung

Der Grundsatz der Speicherbegrenzung gibt vor, dass personenbezogene Daten in einer Form gespeichert werden müssen, die die Identifizierung der betroffenen Personen nur so lange ermöglicht, wie es für die Zwecke, für die sie verarbeitet werden, erforderlich ist. Hier auch wieder der Verweis auf den Verarbeitungszweck – ist dieser erreicht bzw. weggefallen, müssen die Daten gelöscht oder anonymisiert werden. Bei Lichte betrachtet kommt daher kein Verantwortlicher um ein Löschkonzept herum. Denn er muss aufgrund des Prinzips der Speicherbegrenzung nicht nur für sich festlegen, wann warum welche Daten gelöscht bzw. anonymisiert werden. Er muss dies darüber hinaus auch nachweisen können.

Und auch hier gibt es gewisse Widersprüche mit Blick auf die KI-Nutzung. Denn die Daten bzw. die aus ihnen gewonnenen Erkenntnisse lassen sich nachträglich nicht wieder aus der KI löschen. Manche KI-Tools lassen es in bestimmten Lizenzvarianten zwar zu, dass die eingegebenen Prompts wieder gelöscht werden können. Zudem kann oftmals deaktiviert werden, dass die eingegebenen Daten zu KI-Trainingszwecken genutzt werden. Allerdings ist das eben nicht in jedem Fall so, daher stellt die von der DSGVO geforderte Speicherbegrenzung eine weitere Herausforderung dar.

3.2.6 Integrität und Vertraulichkeit

Aufgrund des Prinzips von Integrität und Vertraulichkeit muss sichergestellt werden, dass Daten mit Personenbezug in einer Weise verarbeitet werden, die für diese eine angemessene Sicherheit gewährleistet. Der Verantwortliche muss die von ihm verarbeiteten Daten also insbesondere vor unbefugter oder unrechtmäßiger Verarbeitung sowie vor unbeabsichtigtem Verlust, unbeabsichtigter Zerstörung oder unbeabsichtigter Schädigung schützen, und zwar durch geeignete technische und organisatorische Maßnahmen (TOMs). Dies wird speziell in Art. 32 DSGVO weiter konkretisiert (siehe Abschnitt 3.7). Jegliche Schutzmaßnahmen durch den Verantwortlichen enden aber dort, wo die Daten seinen Einflussbereich verlassen, wenn sie also z. B. im Rahmen eines Prompts eingegeben und an die KI geschickt werden.

3.2.7 Rechenschaftspflicht

Aufgrund des Prinzips der Rechenschaftspflicht aus Art. 5 Abs. 2 DSGVO muss der Verantwortliche nicht nur die zentralen Grundsätze aus Art. 5 Abs. 1 DSGVO einhalten, er muss dies darüber hinaus auch noch nachweisen können. Auch wenn der exakte Umfang dieser Rechenschaftspflicht nach wie vor noch nicht abschließend geklärt ist, kann sie insbesondere durch folgende Maßnahmen erfüllt werden:

- Führen eines Verzeichnisses von Verarbeitungstätigkeiten
- Aufstellung und Einhaltung interner Datenschutzrichtlinien
- Dokumentation von Datenschutzverletzungen
- Prozessdokumentationen
- ggf. Abschluss von Auftragsverarbeitungsverträgen
- Durchführung von Datenschutz-Folgenabschätzungen
- Sicherstellung von Datenschutz durch Technikgestaltung und datenschutzfreundliche Voreinstellungen
- Benennung eines Datenschutzbeauftragten (DSB)

Je mehr der aufgeführten Maßnahmen in der verantwortlichen Stelle umgesetzt werden, desto eher kann von einem planmäßigen Vorgehen gesprochen werden. Ein solche ist auch notwendig, denn Art. 5 DSGVO läuft in letzter Konsequenz auf die Einrichtung und Einhaltung eines Datenschutz-Management-Systems hinaus, auch wenn dieser Begriff kein einziges Mal in der DSGVO auftaucht.

Mit Blick auf die KI-Nutzung sollten noch weitere Maßnahmen zu diesen allgemeinen hinzukommen:

- Bewertung und Offenlegung der potenziellen Auswirkungen auf die Menschenrechte (einschließlich der Rechte auf den Schutz der Daten und der Privatsphäre) vor dem Beginn des Einsatzes von KI
- Führen von Verzeichnissen über die Folgenabschätzung, die Konzeption, die Entwicklung, die Prüfung und die Verwendung von KI
- Gewährleistung der Transparenz und Offenheit durch Offenlegung der Nutzung von KI, der verwendeten Daten und der Logik der KI

Diese Maßnahmen führen insbesondere zu einem erhöhten Maß an Transparenz.

3.3 Pflichtinformationen

Die DSGVO verankerte die Pflicht zur Bereitstellung von bestimmten Pflichtinformationen. Diese Pflicht wird in den Art. 13, 14 DSGVO geregelt. Beide Normen enthalten jeweils einen Katalog von Informationen, die proaktiv bereitzustellen sind, d. h. nicht erst auf entsprechende Nachfrage von Betroffenen. Man kennt dies in erster Linie von Datenschutzerklärungen auf Internetseiten, die Pflichten aus Art. 13, 14 DSGVO gelten allerdings auch für den „Offline-Bereich“. In Art. 13 und Art. 14 der DSGVO sind sie nahezu gleichlautend, sie unterscheiden sich jedoch in der Zielrichtung. Während die Artikel-13-Informationen dann bereitzustellen sind, wenn die verarbeiteten Daten bei den Betroffenen selbst erhoben wurden, erfasst Art. 14 DSGVO die Fälle, in denen die Informationen von Dritten erhalten wurden.

Beispiel

Bestellt ein Kunde in einem Onlineshop, erhält der Shop-Betreiber als verantwortliche Stelle die Kundendaten direkt von diesem selbst. Holt der Shop-Betreiber hingegen eine Schufa-Auskunft über den Kunden ein, erhält er die entsprechenden Daten von dritter Stelle, nämlich vonseiten der Schufa. Im ersten Fall muss der Shop-Betreiber Informationen nach Maßgabe von Art. 13 DSGVO und im zweiten Fall gemäß Art. 14 DSGVO bereitstellen. Dies kann wahlweise in zwei getrennten Dokumenten oder zusammen in einem Text erfolgen.

Die folgende Tabelle veranschaulicht, welche Informationen nach beiden Vorschriften anzugeben sind und welche Detailunterschiede es gibt:

Tabelle 3.2 Darstellung der Unterschiede zwischen Art. 13 und 14 DSGVO

Angaben zu .../Hinweis auf ...	Art. 13 DSGVO	Art. 14 DSGVO
Namen und Kontaktdaten des Verantwortlichen	x	x
Namen und Kontaktdaten des Vertreters	x	x
Kontaktdaten des DSB	x	x
Zwecke	x	x
Rechtsgrundlage	x	x
Kategorien personenbezogener Daten		x
berechtigte Interesse	x	x
Empfänger oder Kategorien von Empfängern	x	x
Übermittlung in ein Drittland oder an eine internationale Organisation	x	x
Angemessenheitsbeschluss	x	x
geeignete Garantien	x	x
(Kriterien der) Dauer der Datenspeicherung/Löschfristen	x	x
Recht auf Auskunft	x	x
Recht auf Berichtigung	x	x
Recht auf Löschung	x	x
Recht auf Einschränkung	x	x

Angaben zu .../Hinweis auf ...	Art. 13 DSGVO	Art. 14 DSGVO
Recht auf Widerspruch	x	x
Recht auf Datenübertragbarkeit	x	x
Recht auf Widerruf	x	x
Recht auf Beschwerde	x	x
gesetzlich oder vertraglich vorgeschrieben oder für einen Vertragsabschluss erforderlich	x	
automatisierte Entscheidungsfindung	x	x
Zweckänderung	x	
(öffentlich zugängliche) Quelle/Herkunft der Daten		x

Hinweis

Die Bereitstellung der allgemeinen Datenschutzhinweise im „normalen" Leben muss zum Zeitpunkt der Datenerhebung erfolgen. Die Pflichten aus Art. 13, 14 DSGVO gelten lediglich für den Erstkontakt mit neuen Kunden, Mitarbeitern, Bewerbern, Vertragspartnern etc. Die betreffenden Informationen können z. B. als PDF-Datei per E-Mail-Anhang übersandt oder auch als Ausdruck überreicht werden.

Die Pflichtangaben für Online-Präsenzen müssen aber zusätzlich noch weitere Aspekte berücksichtigen. Denn auf Websites oder in Apps kommen oftmals bestimme Technologien zum Einsatz, die es im „Offline-Bereich" nicht gibt (z. B. Analysesoftware für Website- bzw. App-Zugriffe). Besucher einer Internetseite bzw. Nutzer einer App müssen über die dort jeweils zum Einsatz kommenden Technologien informiert werden. Dies umfasst u. a. folgende Technologien:

- Analysesoftware (Google Analytics, Matomo, Etracker ...)
- Onlinewerbung (z. B. Google Ads)
- WebFonts (Google Fonts, FontAwesome ...)
- Onlinekalender (Google Kalender, Calendly ...)
- Newsletter (inklusive ggf. eingesetzten Dienstleister und/oder Tracking)
- Social-Plug-ins (z. B. Tweet-, Like- oder Share-Button)
- Kontaktformular
- Cookies
- Kommentarfunktion
- Onlinekarten (Google Maps, OpenStreetMap ...)

- Videos (Youtube, Vimeo ...)
- Payment-Anbieter (Paypal, Klarna ...)
- (KI-)Chatbots

Die Online-Datenschutzerklärung muss unter einem eigenen, separaten Menüpunkt bereitgestellt werden (z. B. „Datenschutz“, „Datenschutzhinweise“ oder „Datenschutzerklärung“), der leicht erkennbar und unmittelbar erreichbar sein sollte.

Wenn beispielsweise personenbezogene Daten von Beschäftigten, Bewerbern oder Kunden mittels K verarbeitet werden sollen, dann muss dieser Umstand in die Datenschutzhinweise einfließen, sei es nun online oder offline.

Beispiel

Auf der Unternehmens-Website wird ein KI-Chatbot eingebunden, der Supportanfragen von Kunden beantworten soll. Der Anbieter dieses Chatbots hat seinen Sitz in den USA. Über die Tatsache, dass die Kundenkommunikation über den Chatbot, und damit auch personenbezogene Daten der Kunden, in die USA übermittelt werden, muss transparent informiert werden. Führt das Unternehmen hingegen den Dienst Copilo als Teil von Microsoft 365 ein, so sind die Beschäftigten, die mit dem Microsoft-Tools arbeiten, darüber entsprechend in Kenntnis zu setzen.

Insbesondere dann, wenn man die KI-Anwendung nicht auf einem eigenen Server betreibt, sondern ein Software-as-a-service-Angebot einkauft, kann sich die Gestaltung der eigenen Datenschutzhinweise als schwierig erweisen. Schaut man sich den Pflichtenkatalog in Art. 13, 14 DSGVO an, kann man als verantwortliche Stelle manche Informationen nicht liefern – schlicht deswegen, weil man sie selbst nicht hat. Folgende Angaben können regelmäßig nur unter Mithilfe des KI-Anbieters gemacht werden:

- **Verantwortlicher:** Ist der KI-Anbieter Auftragsverarbeiter oder gemeinsam Verantwortlicher?
- **Zwecke/Zweckänderung:** Zu welchen Zwecken werden die Daten durch den KI-Anbieter verarbeitet? (KI-Training? Statistik? Werbung?)
- **Empfänger:** Wer erhält außer dem KI-Anbieter sonst noch Zugriff auf die Daten? (Kooperationspartner? Subunternehmen?)
- **Infos zur Übermittlung an ein Drittland:** Setzt der KI-Anbiete Subunternehmer ein, und wo haben die ihren Sitz bzw. Serverstandort? (EU/EWR, sicherer oder unsicherer Drittstaat? Existiert ggf. ein Angemessenheitsbeschluss?)
- **Geeignete Garantien:** Können bei einem Datentransfer in einen unsicheren Drittstaat geeignete Garantien gegeben werden, um dort ein angemessenes Datenschutzniveau bejahen zu können?

- **Löschfristen:** Wie lange werden die an den KI-Anbieter übermittelten Daten von diesem gespeichert?
- **Betroffenenrechte:** Wie können die Rechte von Betroffenen wie etwa ein Auskunftsanspruch oder der Widerruf einer Einwilligung gewährleistet werden, wenn ihre Daten mittels KI verarbeitet werden?
- **Automatisierte Entscheidungsfindung:** Werden Entscheidungen mithilfe oder auf Basis von KI getroffen, die den Betroffenen gegenüber rechtliche Wirkungen entfalten oder sie in ähnlicher Weise erheblich beeinträchtigen (z. B. KI-gestützte Kreditvergabe oder Bewerbungsverfahren)?

Die Tatsache, dass es sich bei den modernen KI-Tools um „Blackboxes" handelt, verträgt sich nicht so gut mit dem im Datenschutzrecht verankerten Transparenzgrundsatz. Insofern sollte die KI-gestützte Verarbeitung von Daten mit Personenbezug möglichst auf das notwendige Minimum reduziert werden. Allerdings sind die modernen KI-Anwendungen nur dann effektiv, wenn sie eine Vielzahl von Daten verarbeiten, sei es in der Trainings- oder in der Anwendungsphase. Die Verarbeitung von personenbezogenen Daten lässt sich hierbei nicht komplett verhindern. Allerdings können in Einzelfällen anstelle von Daten mit Bezug auf real existierende Personen auch synthetische Daten zum Einsatz kommen. Wer sich also einen speziellen KI-Trainingsdatensatz mit Daten fiktiver Personen („Max Mustermann") erstellt und auch mit diesen die gewünschten Ergebnisse erzielen kann, der umgeht damit viele datenschutzrechtliche Probleme. Denn ohne Verarbeitung personenbezogener Daten gibt es auch kein Datenschutzrecht! Allerdings sind anonyme, synthetische oder zumindest pseudonymisierte Daten in der Praxis oftmals leider nicht die Lösung, weil die KI-Anwendung keine Fake-, sondern korrekte Ergebnisse erzeugen soll. Ein weiterer Lösungsansatz ist der Betrieb einer eigenen „Offline-KI", also eines KI-Systems, das auf einem KI-Basismodell basiert, auf eigener Hardware läuft und mit den eigenen unternehmensinternen Daten weitertrainiert bzw. spezialisiert wird. In einem solchen Fall wird zwar immer noch eine Rechtsgrundlage für die Verwendung z. B. von Beschäftigtendaten zum Training dieser KI benötigt. Allerdings bleiben diese Daten auf den eigenen IT-Systemen und werden insbesondere nicht auf einen KI-Anbieter mit Sitz in einem (unsicheren) Drittland übertragen. Dies ist nicht nur unter Transparenzgesichtspunkten ein guter Lösungsansatz, allerdings auch eine technisch und organisatorisch nicht zu unterschätzende Aufgabe.

3.4 Datenschutz-Folgenabschätzung

Wer im eigenen Unternehmen neue Prozesse, also neue Datenverarbeitungsvorgänge einführen will, der muss im Vorfeld prüfen, ob er nicht zuerst eine sogenannte Datenschutz-Folgenabschätzung (DSFA) durchführen muss. Dabei handelt es sich um ein bestimmtes Vorgehen nach Maßgabe von Art. 35 DSGVO, mit dem das Risiko einer geplanten Verarbeitungstätigkeit eingeschätzt und nach Möglichkeit mit technischen und organisatorischen Maßnahmen reduziert werden soll. Es muss daher zunächst eine Vorabprüfung erfolgen, die sogenannte Schwellwertanalyse. Ergibt die, das voraussichtlich ein hohes Risiko besteht, muss die DSFA durchgeführt werden. Hierbei geht es nicht um das Risiko für den Verantwortlichen, sondern um das Risiko für die Betroffenen, deren Daten verarbeitet werden sollen.

Achtung

Bei der Einführung von KI-Anwendungen wird zwar nicht automatisch und auch nicht in jedem Fall, aber doch sehr häufig eine DSFA durchzuführen sein.

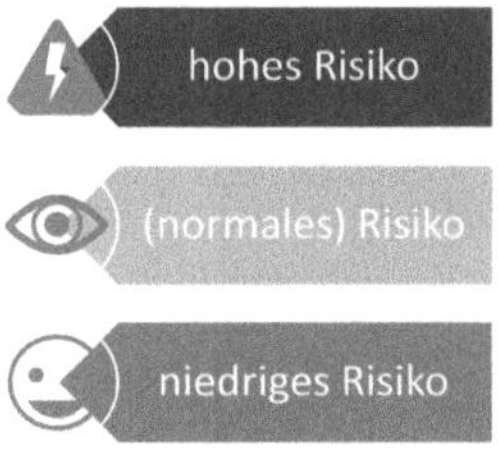

Bild 3.12 Die drei möglichen Risikostufen in der DSGVO (Quelle: eigene Darstellung).

Besteht ein „normales“ oder nur ein geringes Risiko, kann die Verarbeitungstätigkeit wie geplant eingeführt werden. Im „Worst Case“ muss jedoch eine DSFA durchgeführt werden und – je nach Ergebnis – die zuständige Datenschutzaufsichtsbehörde mit ins Boot geholt werden.

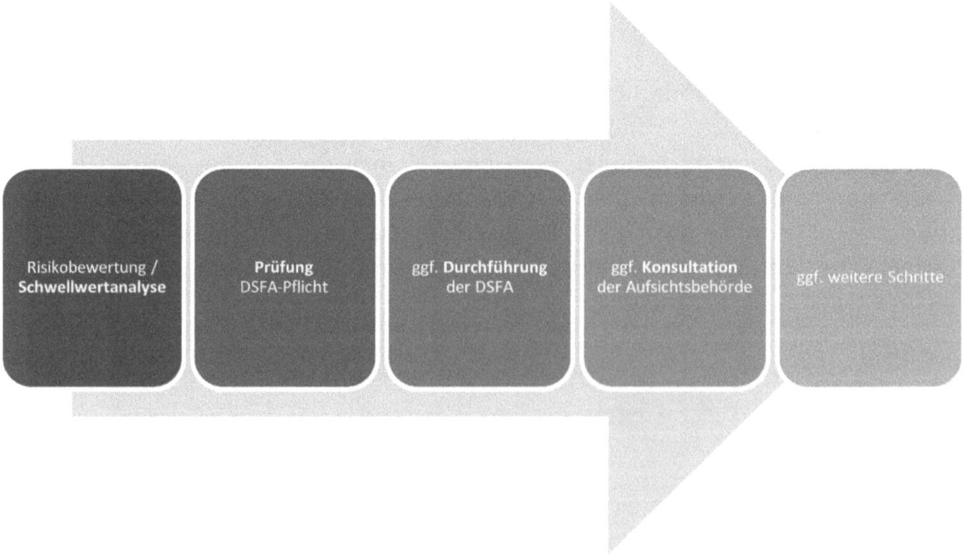

Bild 3.13 Die einzelnen Schritte während einer DSFA-Prüfung (Quelle: eigene Darstellung).

Hinweis

Verantwortlich für die Durchführung einer DSFA ist nicht ein gegebenenfalls vorhandener Datenschutzbeauftragter (DSB), sondern die Leitungsebene, also die Geschäfts-, Behörden- oder Vereinsführung (z. B. der GmbH-Geschäftsführer). Der DSB wird in Bezug auf eine DSFA lediglich beratend und unterstützend tätig. Selbstverständlich muss die Leitungsebene die DSFA nicht selbst durchführen, sie kann dies an Beschäftigte delegieren. Die Leitungsebene ist und bleibt jedoch dafür verantwortlich, dass die DSFA korrekt geprüft und gegebenenfalls durchgeführt wird. Sie kann also für etwaige Fehler haftbar gemacht werden.

Bei der Prüfung, ob in einem konkreten Fall eine DSFA durchgeführt werden muss, dreht sich alles um die Frage, ob ein hohes Risiko für die Betroffenen besteht bzw. zu befürchten ist. Es empfiehlt sich folgende Prüfungsreihenfolge:

1. Kein Vorliegen einer **Ausnahmeregelung** (Art. 35 Abs. 5, 10 DSGVO)?
2. Verarbeitung auf **Positivliste** (vgl. Art. 35 Abs. 4 DSGVO)?
3. **Regelbeispiel** im Sinne von Art. 35 Abs. 3 DSGVO?
4. Hohes Risiko nach Maßgabe der **Leitlinien der Artikel-29-Gruppe**?
5. Vorliegen eines **sonstigen hohen Risikos** im Sinne von Art. 35 Abs. 1 DSGVO?

Wird eine dieser Fragen mit „Ja" beantwortet, dann besteht die Pflicht zur Durchführung einer DSFA. Daher lohnt es sich, einen näheren Blick auf die Details der einzelnen Punkte zu werfen.

Die DSGVO sieht zwar grundsätzlich gleich zwei Ausnahmeregelungen vor, in denen auf keinen Fall eine DSFA durchgeführt werden muss. Einerseits könnten die Datenschutzaufsichtsbehörden sogenannte Negativlisten (auch „Whitelist" genannt) erstellen, die Verarbeitungstätigkeiten enthalten, für die keine DSFA erforderlich ist. Hiervon ist in Deutschland bislang jedoch noch kein Gebrauch gemacht worden, d. h., solche Negativlisten existieren hierzulande nicht – und es sieht auch so aus, als würde es sie in Zukunft nicht geben.

Hinweis

Im deutschen Nachbarland Österreich gibt es eine solche Negativliste. Darauf finden sich Verarbeitungstätigkeiten, wie z. B. Kundenverwaltung, Rechnungswesen, Logistik, Buchführung oder auch Zugriffsverwaltung für EDV-Systeme. Diese Liste entfaltet für Deutschland jedoch keine rechtliche Wirkung.

Andererseits könnte die Bundesregierung für bestimmte Datenverarbeitungen, deren Rechtsgrundlage in einem Gesetz festgelegt wird, dafür eine DSFA gleich im Gesetz „mitliefern". Dies ist bislang jedoch leider noch nie vorgekommen.

Hinweis

Auch diesbezüglich ist Österreich vorbildlich. Denn dort enthält beispielsweise das Forschungsorganisationsgesetz (FOG) einen Anhang mit einer DSFA. Verantwortliche in Österreich, die auf Basis des FOG personenbezogene Daten verarbeiten, müssen hierfür also selbst keine DSFA mehr durchführen.

Nachdem der Prüfungspunkt „Ausnahmeregelungen" also recht schnell abgehakt ist, muss ein Blick in die Positivlisten (auch als „Blacklists" bezeichnet) der Datenschutzaufsichtsbehörden geworfen werden. Denn in diesen finden sich solche Datenverarbeitungstätigkeiten, für die eine DSFA verpflichtend ist. Es gibt getrennte Positivlisten für den öffentlichen Bereich, also Behörden und andere öffentliche Stellen, und für den nicht öffentlichen Bereich, also für Unternehmen und Vereine. Da Deutschland föderalistisch organisiert ist und insgesamt 18 Datenschutzaufsichtsbehörden hat – pro Bundesland eine, Bayern hat sogar zwei, zusätzlich noch der Bundesdatenschutzbeauftragte –, existieren auch für jedes Bundesland bzw. für den Bund verschiedene Positivlisten. Unterschiede gibt es hier allerdings nur im Detail. So hat beispielsweise die Datenschutzkonferenz (DSK), ein Zusammenschluss der deutschen Datenschutzaufsichtsbehörden der Länder und des Bundes, eine Positivliste für den nicht öffentlichen Bereich herausgebracht. Darauf finden sich u. a. folgende Verarbeitungsvorgänge:

- Verarbeitung von biometrischen Daten zur eindeutigen Identifizierung natürlicher Personen (z. B. Fingerabdrucksensoren zur Zutrittskontrolle)
- umfangreiche Verarbeitung von Daten über den Aufenthalt von Betroffenen (z. B. GPS-Verfolgung von Dienstfahrzeugen)
- umfangreiche Verarbeitung von Daten über das Verhalten von Beschäftigten, die zur Bewertung ihrer Arbeitstätigkeit derart eingesetzt werden können, dass sich Rechtsfolgen für die Betroffenen ergeben oder diese in sonstiger Weise erheblich beeinträchtigt werden (z. B. zentrale Aufzeichnung der Aktivitäten, wie etwa E-Mail-Verkehr am Arbeitsplatz mit dem Ziel, unerwünschtes Verhalten von Beschäftigten zu erkennen)
- Erstellung umfassender Profile über die Interessen, das Netz persönlicher Beziehungen oder die Persönlichkeit der Betroffenen (z. B. Betrieb eines Online-Datingportals)
- Zusammenführung von personenbezogenen Daten aus verschiedenen Quellen und der Verarbeitung der so zusammengeführten Daten (z. B. Analyse von Kauf- und Bonitätsdaten)
- Einsatz von künstlicher Intelligenz zur Verarbeitung von Daten zur Steuerung der Interaktion mit Betroffenen oder zur Bewertung persönlicher Aspekte (z. B. Kundensupport mittels künstlicher Intelligenz)

- Erstellung umfassender Profile über die Bewegung und das Kaufverhalten von Betroffenen (z. B. Betrieb eines Treue-/Bonuspunkte-Programms für Kunden)
- Fahrzeugdatenverarbeitung – zentralisierte Verarbeitung der Messwerte oder Bilderzeugnisse von Umgebungssensoren
- Fraud-Prevention-Systeme (Systeme zur Betrugserkennung z. B. bei Banken oder Versicherungen)
- Scoring durch Auskunfteien, Banken oder Versicherungen (z. B. Schufa-Auskunft)
- Geolokalisierung von Beschäftigten (z. B. durch GPS-Ortung in Dienstfahrzeugen)
- Big-Data-Analyse von Kundendaten, die mit Angaben aus Drittquellen angereichert wurden
- Telefongespräch-Auswertung mittels Algorithmen
- Einsatz von Telemedizin-Lösungen zur detaillierten Bearbeitung von Krankheitsdaten

Schon auf den ersten Blick fallen hier verschiedene Verarbeitungen ins Auge, die im Zusammenhang mit KI stehen bzw. stehen können (z. B. Big-Data-Analyse, Geolokalisierung, Telefongespräch-Auswertung).

Auf der Positivliste für den öffentlichen Bereich in Nordrhein-Westfalen finden sich beispielsweise u. a. folgende Verarbeitungstätigkeiten:

- umfangreiche Verarbeitungstätigkeiten im Rahmen der Kinder- und Jugendhilfe
- umfangreiche Verarbeitungstätigkeiten von Bürgergeld etc. (Jobcenter)
- Verarbeitung von Meldedaten (Melderegister)
- Führen von Personenstandsregistern
- Bearbeiten von Personalausweis- und Passanträgen
- Verarbeitungstätigkeiten der Sozialhilfe
- Verarbeitung von personenbezogenen Daten im Rahmen der amtlichen Statistik

Wer also plant, eine der auf diesen Listen enthaltenen Verarbeitungstätigkeiten einzuführen (ob mit oder ohne KI), der kommt an einer DSFA nicht vorbei. Wer hier jedoch nicht fündig wird, hat allerdings noch keinen Grund zum Jubeln. Denn dann könnte immer noch ein gesetzliches Regelbeispiel aus Art. 35 Abs. 3 DSGVO vorliegen. Danach ist eine DSFA durchzuführen für:

- systematische und umfassende Bewertungen persönlicher Aspekte natürlicher Personen, die sich auf eine automatisierte Verarbeitung (einschließlich Profiling) gründet und die ihrerseits als Grundlage für Entscheidungen dient, die Rechtswirkung gegenüber den Betroffenen entfalten oder diese in ähnlich erheblicher Weise beeinträchtigen (z. B. Detektiv-Dienstleistungen, Betrieb eines Online-Werbenetzwerkes oder KI-gestützte Analyse von Bewerbungsgesprächen);

- umfangreiche Verarbeitung besonderer Kategorien von personenbezogenen Daten im Sinne von Art. 9, 10 DSGVO (z. B. Durchführung medizinischer Studien durch eine Klinik bzw. einen Dienstleister) oder für
- systematische umfangreiche Überwachungen öffentlich zugänglicher Bereiche (z. B. Videoüberwachung an Bahnhöfen oder Flugplätzen).

Auch hier kann man schon erahnen, dass es um sehr riskante Datenverarbeitungsvorgänge geht. Und auch hier finden sich typische Anwendungsbereiche, die geradezu nach KI-Unterstützung schreien (umfangreiche Verarbeitung von Artikel-9-Daten z. B. im Rahmen medizinischer Diagnostik oder systematische umfangreiche Überwachungen). Wer also eines dieser Regelbeispiele erfüllt, den trifft die DSFA-Pflicht.

Wer weder in den Positivlisten noch in Art. 35 Abs. 3 DSGVO fündig wird, hat einen weiteren Prüfschritt vor sich. Denn es kann gleichwohl ein hohes Risiko vorliegen. Dies gilt es, anhand der von der sogenannten Artikel-29-Gruppe – der Vorläufer des jetzigen Europäischen Datenschutzausschusses (EDSA) – aufgestellten Kriterien zu prüfen. Wenn mindestens zwei von den folgenden Punkten vorliegen, dann ist von einem hohen Risiko für die betreffende Datenverarbeitung auszugehen:

- Evaluierung- bzw. Scoring-Maßnahmen
- automatisierte Entscheidung mit rechtlicher Relevanz oder ähnliche Wirkung für den Betroffenen (z. B. Profiling)
- systematische Beobachtung von Betroffenen
- Verarbeitung besonderer Kategorien personenbezogener Daten (Art. 9, 10 DSGVO)
- in großem Umfang verarbeitete personenbezogene Daten
- Abgleich bzw. Kombination verschiedener Datensätze
- personenbezogene Daten verletzlicher Datensubjekte (z. B. von Prominenten oder Kindern)
- Einsatz neuartiger Lösungen/Technologien
- Übermittlung von personenbezogenen Daten in unsichere Drittstaaten
- Datenverarbeitungen, die Betroffene davon abhalten, ihre Rechte geltend zu machen oder einen Dienst bzw. Vertrag zu nutzen

Wenn also beispielsweise geplant ist, ein neuartiges KI-System zur automatisierten Auswahl von Bewerbern einzusetzen, und dabei Kriterien, wie etwa das Tragen einer Brille, eine Rolle spielen, werden jedenfalls zwei der genannten Kriterien erfüllt, sodass eine DSFA verpflichtend wäre.

Sollte auch die Prüfung der Kriterien der Artikel-29-Gruppe keine DSFA-Pflicht ergeben, kann dennoch ein „sonstiges" hohes Risiko im Sinne von Art. 35 Abs. 1 DSGVO vorliegen. Denn diese Vorschrift regelt Folgendes:

Hat eine Form der Verarbeitung, insbesondere bei Verwendung neuer Technologien, aufgrund der Art, des Umfangs, der Umstände und der Zwecke der Verarbeitung voraussichtlich ein hohes Risiko für die Rechte und Freiheiten natürlicher Personen zur Folge, so führt der Verantwortliche vorab eine Abschätzung der Folgen der vorgesehenen Verarbeitungsvorgänge für den Schutz personenbezogener Daten durch.

Der Part „insbesondere bei Verwendung neuer Technologien" scheint insbesondere auf KI-Anwendungen hinzudeuten. Allerdings nicht pauschal und in jedem Fall, sondern unter Berücksichtigung der Art, des Umfangs, der Umstände und der Zwecke der Datenverarbeitung.

Lautet das Ergebnis, dass unter dem Strich eine DSFA-Pflicht besteht, muss zunächst der DSB – sofern vorhanden – hinzugezogen werden, um die DSFA zu überwachen und beratend zu begleiten. Die DSFA ist dann durchzuführen und zu dokumentieren. Nach Maßgabe von Art. 35 Abs. 7 DSGVO sind dabei jedenfalls folgende Angaben zu leisten:

- eine systematische Beschreibung der geplanten Verarbeitungsvorgänge und der Zwecke der Verarbeitung, gegebenenfalls einschließlich der von dem Verantwortlichen verfolgten berechtigten Interessen
- eine Bewertung der Notwendigkeit und Verhältnismäßigkeit der Verarbeitungsvorgänge in Bezug auf den Zweck
- eine Bewertung der Risiken für die Rechte und Freiheiten der betroffenen Personen
- die zur Bewältigung der Risiken geplanten Abhilfemaßnahmen, einschließlich Garantien, Sicherheitsvorkehrungen und Verfahren, durch die der Schutz personenbezogener Daten sichergestellt und der entsprechende Nachweis dafür erbracht wird

Insbesondere dann, wenn man noch nie eine DSFA durchgeführt bzw. als Datenschutzbeauftragter beratend begleitet hat, kann sich dieser Vorgang als schwierig erweisen. Dabei kann eine KI, insbesondere große Sprachmodelle wie ChatGPT & Co, auch hierbei helfen. Folgender Prompt bewirkt zumindest so etwas wie eine grobe Basisversion einer DSFA in Bezug auf den geplanten Einsatz von ChatGPT in einem Unternehmen:

Erstelle eine Datenschutz-Folgenabschätzung (DSFA) nach Art. 35 DSGVO zu ChatGPT:
Es ist eine Anwendung, die auf Basis eines großen Sprachmodells künstliche Intelligenz nutzt, um Inhalte zu generieren, insbesondere Text, aber auch Bilder und Grafiken. Sie wird am Standort des Unternehmens eingerichtet. Jeder der insgesamt 800 Beschäftigten erhält einen eigenen ChatGPT-Account und darf es für berufliche

Zwecke nutzen. Untersagt ist jedoch die Nutzung sensibler Daten im Rahmen von ChatGPT, wie z. B. Geschäftsgeheimnisse oder personenbezogene Daten im Sinne von Art. 9 DSGVO. Zudem sollen alle Daten, die im Unternehmen mit ChatGPT verarbeitet werden, vorher nach Möglichkeit pseudonymisiert werden. Diese Version von ChatGPT wird mit den Daten und Informationen des Unternehmens trainiert, damit es als KI-Chatbot die Beschäftigten bei der täglichen Arbeit unterstützen kann. Zweck der Nutzung von ChatGPT ist die Steigerung der Effizienz im Unternehmen sowie die Erfüllung von vielfältigen Aufgaben in bestimmten Bereichen, u. a. dem Marketing. Bislang kam es immer wieder zu Engpässen in der Bewältigung der täglichen Arbeit aufgrund von Mangel an Fachpersonal. Die Beschäftigten sind über Art und Umfang des Einsatzes von ChatGPT informiert.

Dieser Prompt lässt sich natürlich noch verfeinern und z. B. auch in anderen Sprachmodellen anwenden. Aber auch so ein vergleichsweise simpler Prompt liefert in ChatGPT Version 4o folgendes Ergebnis:

Beispiel: Datenschutz-Folgenabschätzung (DSFA) nach Art. 35 DSGVO für ChatGPT

Einleitung

Die Datenschutz-Folgenabschätzung (DSFA) gemäß Art. 35 DSGVO ist ein Verfahren zur Bewertung der Auswirkungen geplanter Datenverarbeitungsvorgänge auf den Schutz personenbezogener Daten. Diese DSFA bezieht sich auf die Nutzung von ChatGPT, einer Anwendung, die auf einem großen Sprachmodell basiert und künstliche Intelligenz (KI) nutzt, um Inhalte zu generieren. Die Anwendung wird am Standort des Unternehmens eingerichtet und von 800 Beschäftigten für berufliche Zwecke genutzt.

Beschreibung der Verarbeitung

ChatGPT wird eingesetzt, um die Effizienz im Unternehmen zu steigern und vielfältige Aufgaben, insbesondere im Marketing, zu erfüllen. Jeder Beschäftigte erhält einen eigenen ChatGPT-Account. Die Nutzung sensibler Daten, wie Geschäftsgeheimnisse oder personenbezogene Daten im Sinne von Art. 9 DSGVO, ist untersagt. Alle Daten sollen vor der Verarbeitung nach Möglichkeit pseudonymisiert werden. Die Version von ChatGPT wird mit den Daten und Informationen des Unternehmens trainiert, um die Beschäftigten bei der täglichen Arbeit zu unterstützen.

Notwendigkeit der DSFA

Gemäß Art. 35 DSGVO ist eine DSFA erforderlich, wenn die Verarbeitung personenbezogener Daten voraussichtlich ein hohes Risiko für die Rechte und Freiheiten natürlicher Personen zur Folge hat. Dies ist insbesondere bei der Nutzung neuer Technologien wie künstlicher Intelligenz der Fall

Risiken und Maßnahmen zur Risikominimierung

1. Risiken:
   - Verlust der Kontrolle über personenbezogene Daten: Durch die Nutzung von ChatGPT könnten personenbezogene Daten ungewollt verarbeitet oder weitergegeben werden.
   - Fehlende Transparenz: Die Funktionsweise von KI-Systemen wie ChatGPT ist oft schwer nachvollziehbar, was zu Unsicherheiten bei der Datenverarbeitung führen kann.
   - Unzureichende Pseudonymisierung: Wenn die Pseudonymisierung nicht korrekt durchgeführt wird, könnten personenbezogene Daten identifizierbar bleiben.
2. Maßnahmen zur Risikominimierung:
   - Schulung und Sensibilisierung: Die Beschäftigten werden umfassend über die Datenschutzbestimmungen der DSGVO und die spezifischen Anforderungen für den Einsatz von ChatGPT informiert und geschult.
   - Regelmäßige Überprüfung und Aktualisierung: Die Datenschutzmaßnahmen werden regelmäßig überprüft und aktualisiert, um sicherzustellen, dass sie den aktuellen Anforderungen entsprechen.
   - Pseudonymisierung: Alle Daten, die mit ChatGPT verarbeitet werden, werden vor der Verarbeitung nach Möglichkeit pseudonymisiert, um die Identifizierbarkeit zu minimieren.

Fazit

Die Nutzung von ChatGPT im Unternehmen erfordert eine sorgfältige Planung und Umsetzung von Datenschutzmaßnahmen, um die Risiken für die Rechte und Freiheiten der betroffenen Personen zu minimieren. Durch die Durchführung einer DSFA können potenzielle Risiken identifiziert und geeignete Maßnahmen zur Risikominimierung ergriffen werden. Die Beschäftigten sind über Art und Umfang des Einsatzes von ChatGPT informiert, und es werden regelmäßige Schulungen und Überprüfungen durchgeführt, um die Einhaltung der Datenschutzbestimmungen sicherzustellen.

Bittet man ChatGPT dann in einem zweiten Schritt, der DSFA eine Risikokartierung inklusive einer Risikobewertung auf Basis des Standard-Datenschutzmodells (SDM) in der Version 3 zugrunde zu legen, konkretisiert die KI ihr Ergebnis sogar noch weiter.

Mithilfe weiterer Prompts lässt sich das Ergebnis sicherlich auch noch weiter verfeinern. Und beim Einsatz spezialisierten KI-Tools bzw. von solchen KI-Tools, die mit nutzerspezifischen Daten trainiert werden, kann das Ergebnis ebenfalls verbessert werden.

Gemäß Art. 35 DSGVO ist eine DSFA erforderlich, wenn die Verarbeitung personenbezogener Daten voraussichtlich ein hohes Risiko für die Rechte und Freiheiten natürlicher Personen zur Folge hat. Dies ist insbesondere bei der Nutzung neuer Technologien wie Künstlicher Intelligenz der Fall.

Risikokartierung

Die Risikokartierung dient dazu, die identifizierten Risiken zu bewerten und geeignete Maßnahmen zur Risikominimierung zu planen.

Risiko	Wahrscheinlichkeit	Auswirkung	Risikostufe	Maßnahmen zur Risikominimierung
Verlust der Kontrolle über personenbezogene Daten	Hoch	Schwerwiegend	Hoch	Schulung der Beschäftigten, klare Richtlinien zur Datennutzung, regelmäßige Überprüfung der Datenverarbeitung
Fehlende Transparenz bei der Datenverarbeitung	Mittel	Mittel	Mittel	Transparenzberichte, Dokumentation der Datenverarbeitungsprozesse, regelmäßige Audits
Unzureichende Pseudonymisierung der Daten	Mittel	Schwerwiegend	Hoch	Implementierung und Überprüfung von Pseudonymisierungstechniken, Schulung der Beschäftigten, regelmäßige Überprüfung der Pseudonymisierungsmethoden
Unbefugter Zugriff auf sensible Unternehmensdaten	Niedrig	Schwerwiegend	Mittel	Zugangskontrollen, Authentifizierungsmechanismen, regelmäßige Sicherheitsüberprüfungen
Fehlerhafte oder ungenaue Datenverarbeitung durch KI	Mittel	Mittel	Mittel	Testen und Validieren von KI-Modellen, regelmäßige Überprüfung und Aktualisierung der Modelle, Implementierung von Mechanismen zur Fehlererkennung und -korrektur
Unzureichende Schulung der Beschäftigten	Mittel	Mittel	Mittel	Regelmäßige Schulungen und Workshops, Bereitstellung von Informationsmaterialien, Feedback-Schleifen zur kontinuierlichen Verbesserung der Schulungsinhalte

Risiken und Maßnahmen zur Risikominimierung

1. **Risiken**:

Bild 3.14 ChatGPT kann auch im juristischen Bereich schon ganz gute Ergebnisse liefern (Quelle: ChatGPT).

So liefert beispielsweise die juristische KI-Anwendung „Prime Legal AI“ folgendes Ergebnis:

Beispiel

Basierend auf den gegebenen Informationen und dem Standard-Datenschutzmodell (SDM) Version 3 erstelle ich eine Datenschutz-Folgenabschätzung (DSFA) für den Einsatz von ChatGPT in Ihrem Unternehmen:

1. Beschreibung der geplanten Verarbeitung:
   ChatGPT soll als KI-basiertes Sprachmodell für die 800 Beschäftigten des Unternehmens eingeführt werden. Jeder Mitarbeiter erhält einen eigenen Account. Das System wird mit Unternehmensdaten trainiert, um als Chatbot die tägliche Arbeit zu unterstützen. Ziel ist die Effizienzsteigerung und Bewältigung von Aufgaben in verschiedenen Bereichen, insbesondere im Marketing. Die Nutzung sensibler Daten ist untersagt, und Daten sollen möglichst pseudonymisiert werden.
2. Bewertung der Notwendigkeit und Verhältnismäßigkeit:
   Die Verarbeitung erscheint angesichts des Fachkräftemangels und der Effizienzsteigerung notwendig. Die Verhältnismäßigkeit wird durch Beschränkungen (keine sensiblen Daten, Pseudonymisierung) gewahrt.
3. Risikobewertung basierend auf dem SDM:
   a) Verfügbarkeit: – Risiko: Ausfall des Systems könnte Arbeitsprozesse beeinträchtigen – Maßnahmen: Redundante Systeme, regelmäßige Backups
   b) Integrität: – Risiko: Fehlerhafte oder manipulierte Ausgaben des KI-Systems – Maßnahmen: Regelmäßige Überprüfung und Validierung der Ausgaben
   c) Vertraulichkeit: – Risiko: Unbefugter Zugriff auf Unternehmensdaten im KI-System – Maßnahmen: Strenge Zugriffskontrollen, Verschlüsselung
   d) Transparenz: – Risiko: Mangelnde Nachvollziehbarkeit der KI-Entscheidungen – Maßnahmen: Implementierung von Erklärbarkeitsfunktionen
   e) Intervenierbarkeit: – Risiko: Schwierigkeiten bei der Korrektur von KI-Ausgaben – Maßnahmen: Manuelle Überprüfungs- und Korrekturmöglichkeiten
   f) Nichtverkettung: – Risiko: Unbeabsichtigte Verknüpfung von Daten verschiedener Abteilungen – Maßnahmen: Strikte Trennung der Datensilos, Zugriffskontrollen
   g) Datenminimierung: – Risiko: Übermäßige Datenspeicherung durch das KI-System – Maßnahmen: Regelmäßige Löschung nicht benötigter Daten, Pseudonymisierung
4. Risikokartierung:
   Hoch: – Vertraulichkeit (aufgrund der Menge an Unternehmensdaten) – Transparenz (wegen der Komplexität von KI-Entscheidungen)
   Mittel: – Integrität (mögliche Fehler in KI-Ausgaben) – Intervenierbarkeit (Herausforderungen bei Korrekturen) – Nichtverkettung (potenzielle unbeabsichtigte Datenverknüpfungen)
   Niedrig: – Verfügbarkeit (durch redundante Systeme) – Datenminimierung (durch implementierte Schutzmaßnahmen)

5. Geplante Abhilfemaßnahmen:
   - Regelmäßige Schulungen der Mitarbeiter zum datenschutzkonformen Umgang mit ChatGPT
   - Implementierung eines Monitoring-Systems zur Überwachung der KI-Ausgaben
   - Entwicklung eines Prozesses zur regelmäßigen Überprüfung und Aktualisierung der Datenschutzmaßnahmen
   - Einrichtung eines Meldesystems für potenzielle Datenschutzverletzungen
   - Regelmäßige Audits zur Überprüfung der Wirksamkeit der implementierten Maßnahmen
6. Ergebnis:
   Der Einsatz von ChatGPT im Unternehmen birgt Risiken, insbesondere in den Bereichen Vertraulichkeit und Transparenz. Durch die geplanten Schutzmaßnahmen und die strikte Einhaltung der Nutzungsrichtlinien (keine sensiblen Daten, Pseudonymisierung) können diese Risiken jedoch auf ein akzeptables Maß reduziert werden. Eine regelmäßige Überprüfung und Anpassung der Maßnahmen ist erforderlich, um auf neue Entwicklungen und Erkenntnisse reagieren zu können.

Bild 3.15 Die juristische KI „Prime Legal AI" bietet speziell mit juristischen Informationen gefütterte KI-Tools an.

Dieses Ergebnis unterscheidet sich schon allein deswegen vom (kostenfreien) ChatGPT-Pendant, weil es mit einer speziell für juristische Aufgabe trainierten (kostenpflichtigen) KI erzeugt worden ist und dabei auch auf viele Informationen aus dem Bereich Datenschutz zugreifen konnte. Aber auch dies ist noch nicht der Weisheit letzter Schluss.

Die in Art. 35 Abs. 7 DSGVO geforderten Informationen sind lediglich als Mindestangaben zu verstehen. Im Idealfall sollte die Dokumentation einer DSFA, insbesondere im Zusammenhang mit KI-Anwendungen, folgende Punkte enthalten:

1. Systematische Beschreibung
   - Art der Verarbeitung
   - Umfang der Verarbeitung
   - Kontext der Verarbeitung
   - Zweck der Verarbeitung
   - Empfänger
   - Speicherdauer
   - Funktionelle Beschreibung der Verarbeitung
   - Beschreibung der Anlagen/Hard- und Software bzw. sonstige Infrastruktur
   - Eingehaltene, gemäß Art. 40 DSGVO genehmigte Verhaltensregeln
2. Bewertung der Notwendigkeit und Verhältnismäßigkeit
   - Festgelegter Zweck
   - Eindeutiger Zweck
   - Legitimer Zweck
   - Rechtmäßigkeit der Verarbeitung
   - Angemessenheit der Verarbeitung
   - Erheblichkeit der Verarbeitung
   - Beschränktheit der Verarbeitung auf das notwendige Maß
   - Speicherbegrenzung
   - Generelle Information der betroffenen Personen
   - Information der betroffenen Personen bei Erhebung
   - Information der betroffenen Personen, wenn die Daten nicht bei ihnen erhoben werden
   - Auskunftsrecht der betroffenen Personen
   - Recht auf Datenübertragbarkeit
   - Auftragsverarbeiter
   - Schutzmaßnahmen bei der Übermittlung in Drittstaaten
   - Vorherige Konsultation der zuständigen Datenschutzaufsichtsbehörde
3. Risiken
   - Physische, materielle oder immaterielle Schäden
   - Verlust der Kontrolle über personenbezogene Daten
   - Diskriminierung

- Identitätsdiebstahl oder -betrug
- Finanzielle Verluste
- Unbefugte Aufhebung der Pseudonymisierung
- Rufschädigung
- Verlust der Vertraulichkeit bei Berufsgeheimnissen
- Erhebliche wirtschaftliche oder gesellschaftliche Nachteile

4. Abhilfemaßnahmen
   - Minimierung der Verarbeitung personenbezogener Daten
   - Schnellstmögliche Pseudonymisierung personenbezogener Daten
   - Transparenz in Bezug auf die Funktionen und die Verarbeitung personenbezogener Daten
   - Überwachung der Verarbeitung personenbezogener Daten durch die betroffenen Personen
   - Datensicherheitsmaßnahmen
5. Berücksichtigung von Datenschutzinteressen
   - Stellungnahme der Datenschutzaufsichtsbehörde
   - Stellungnahme des DSB
   - ggf. Stellungnahme betroffener Personen

Wer einen guten Prompt entwickelt und dabei die aufgeführten Punkte einfließen lässt, kann möglicherweise noch verbesserte Ergebnisse aus einer KI herauskitzeln.

Ergibt die DSFA, dass keine technischen und/oder organisatorischen Maßnahmen ergriffen werden können, um das erkannte hohe Risiko zu senken, dann muss die zuständige Aufsichtsbehörde darüber informiert werden. Diese hat dann zu entscheiden, ob gegebenenfalls doch geeignete Maßnahmen getroffen werden können, um die geplante Datenverarbeitung einzuführen. Falls dies der Fall ist, kann sie dem Verantwortlichen bestimmte Maßnahmen auferlegen, mit denen das Risiko gesenkt werden kann. Letztlich kann die Datenschutzaufsichtsbehörde die geplante Verarbeitungstätigkeit aber auch gänzlich untersagen.

Fazit: Die Verarbeitung personenbezogener Daten mithilfe von KI trägt in aller Regel ein hohes Risiko für die betroffenen Personen in sich. Insofern ist auch regelmäßig eine DSFA durchzuführen. Aber auch in den Fällen, in denen ausnahmsweise keine DSFA erforderlich sein sollte, schadet es keineswegs, dennoch eine zu erstellen. Zumal die interne Dokumentation die eingesetzten KI-Anwendungen ja ohnehin erfassen sollte.

3.5 Umgang mit Betroffenenrechten

Betroffene Personen haben ein ganzes Bündel von Rechten in Bezug auf die Verarbeitung ihrer Daten. Darunter fällt insbesondere das Recht auf Auskunft, auf Widerspruch, auf Berichtigung, auch auf Widerruf einer erteilten Einwilligung oder auch auf Beschwerde bei einer Datenschutzaufsichtsbehörde.

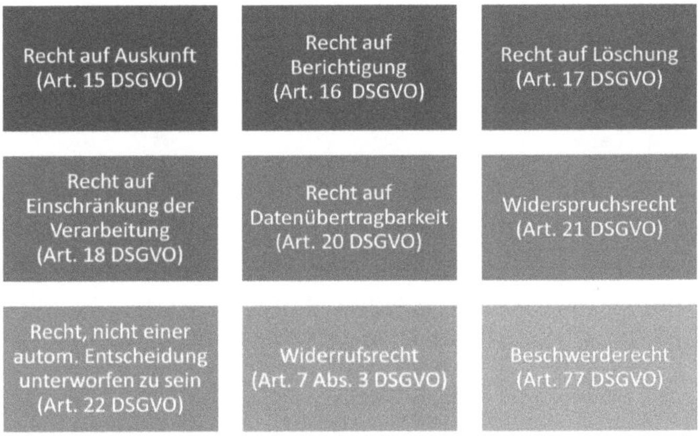

Bild 3.16 Überblick über die Rechte der Betroffenen (Quelle: eigene Darstellung).

All diese Rechte haben jeweils verschiedene Voraussetzungen und gegebenenfalls auch einschränkende Ausnahmeregelungen. Für sie alle gelten jedoch allgemeine Vorgaben, die in Art. 12 DSGVO sozusagen „vor die Klammer gezogen“ sind.

Die in der Praxis wohl wichtigste Rechtsposition für Betroffene ist das Auskunftsrecht nach Art. 15 Abs. 1 DSGVO. Diese Norm enthält so gut wie gar keine Voraussetzungen:

> *Die betroffene Person hat das Recht, von dem Verantwortlichen eine Bestätigung darüber zu verlangen, ob sie betreffende personenbezogene Daten verarbeitet werden; ist dies der Fall, so hat sie ein Recht auf Auskunft über diese personenbezogenen Daten und auf folgende Informationen: [...]*

Diese Vorschrift sieht also eine stufenweise Prüfung vor. Zunächst muss Betroffenen auf ihre Anfrage hin mitgeteilt werden, ob Daten mit Bezug auf ihre Person verarbeitet werden. Falls ja, müssen sie über diese Daten informiert werden. Falls nein, muss gleichwohl eine Antwort erfolgen, und zwar eine Negativauskunft. In jedem Fall muss durch den Verantwortlichen jedoch eine Identitätsprüfung vorgenommen werden, damit überhaupt sinnvollerweise das Vorhandensein von Daten geprüft werden kann und auch damit die Auskunft nicht an eine falsche Person erfolgt.

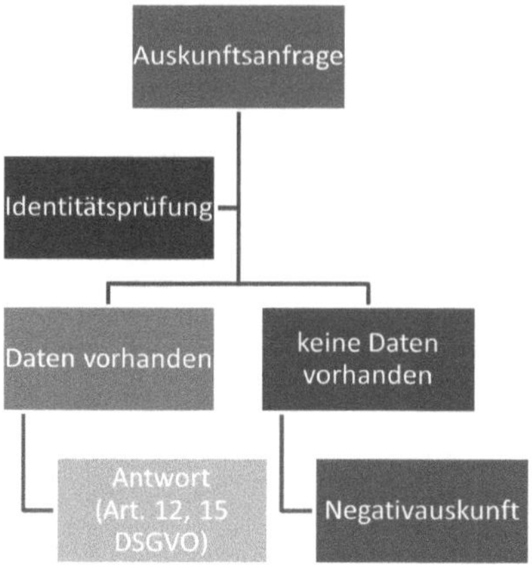

Bild 3.17
Schematische Darstellung des Ablaufs eines Auskunftsanspruchs (Quelle: eigene Darstellung).

Der Auskunftsanspruch für Betroffene ist bewusst sehr niedrigschwellig konzipiert, es müssen dazu keine Voraussetzungen erfüllt werden. Denn er gilt als Ausgangspunkt für die Möglichkeit, die eigenen Rechte gegenüber datenverarbeitenden Stellen effektiv wahrnehmen zu können. Denn nur dann, wenn Betroffene wissen, dass und welche Daten über sie verarbeitet werden, können Sie gegebenenfalls weitere Rechte geltend machen.

Hinweis

Jedenfalls dann, wenn Betroffene auch Kopien der von ihnen verarbeiteten Daten fordern, sollten diese auch übersandt werden. Wird eine Kopie nicht ausdrücklich gefordert, sollte diese zwecks Aufwandminimierung nicht automatisch, sondern erst auf entsprechende Nachfrage mitgeschickt werden. Aufseiten der Betroffenen besteht regelmäßig ein Anspruch auf Erhalt der Kopien (Art. 15 Abs. 3 DSGVO). Jedenfalls die erste Kopie muss für den Betroffenen kostenfrei sein.

Das Antwortschreiben auf einen Auskunftsantrag muss neben den konkret angefragten Daten auch noch folgende Angaben enthalten (Art. 15 Abs. 1 DSGVO):

- Zweck(e) der Verarbeitung
- Kategorien personenbezogener Daten
- Empfänger oder Kategorien von Empfängern (insbesondere bei Empfängern in Drittländern oder bei internationalen Organisationen) sowie ggf. Informationen über geeignete Garantien
- geplante Speicherdauer oder, falls dies nicht möglich ist, Kriterien für die Festlegung dieser Dauer
- Hinweis auf andere Betroffenenrechte (Berichtigung, Löschung, Einschränkung, Widerspruch, Beschwerde)

- ggf. alle verfügbaren Infos über die Herkunft der Daten (wenn nicht beim Betroffenen erhoben)
- Hinweis auf (Nicht-)Bestehen einer automatisierten Entscheidungsfindung (einschließlich Profiling) sowie ggf. aussagekräftige Informationen über involvierte Logik sowie die Tragweite und die angestrebten Auswirkungen einer derartigen Verarbeitung für Betroffene

Viele dieser Angaben finden sich auch im Katalog der Informationspflichten nach Art. 13, 14 DSGVO. Aber insbesondere der letzte Punkt, also der Hinweis auf das Bestehen bzw. Nichtbestehen einer automatisierten Entscheidungsfindung, ist im Hinblick auf den Einsatz von KI natürlich besonders wichtig.

Tipp

In Art. 15 Abs. 1 DSGVO wird dem Verantwortlichen zwar die Wahl gelassen, ob er (konkrete) Empfänge oder lediglich Kategorien von Empfängern angibt. Nach Ansicht des EuGH müssen jedoch stets die konkreten Empfänger benannt werden, soweit diese bekannt sind.

Nach Art. 12 Abs. 1 DSGVO muss der Verantwortliche die Auskunft in präziser, transparenter, verständlicher und leicht zugänglicher Form sowie in einer klaren und einfachen Sprache erteilen. Im Zweifel muss er nicht nur die Daten beauskunften, sondern auch den Kontext erläutern, wenn die Daten ansonsten für den Betroffenen nicht verständlich sind.

Hinweis

Die Auskunft nach Art. 15 DSGVO muss dem Betroffenen unverzüglich, spätestens jedoch innerhalb eines Monats nach Eingang des Auskunftsantrags erteilt werden (Art. 12 Abs. 3 DSGVO). Diese Frist kann um weitere zwei Monate verlängert werden, wenn dies unter Berücksichtigung der Komplexität und der Anzahl von Anträgen erforderlich ist, z. B. in Zeiten hoher Auslastung (vor Weihnachten, in den Ferien, bei hohem Krankenstand ...) oder bei Vorliegen vieler Auskunftsanträge gleichzeitig. Eine solche Fristverlängerung muss gegenüber dem Betroffenen kommuniziert und begründet werden.

Wer also eine KI-Anwendung einsetzt, die als Cloud-Dienst bereitgestellt wird, der sollte sicherstellen, dass er über alle für die Erfüllung der Betroffenenrechte – insbesondere in Bezug auf den Auskunftsantrag – erforderlichen Informationen verfügt bzw. diese vonseiten des KI-Anbieters erhalten kann. Denn die verspätete, falsche oder ganz ausbleibende Reaktion auf die Rechte der Betroffenen stellt regelmäßig eine Ordnungswidrigkeit dar, die im schlimmsten Fall nicht nur eine Geldbuße, sondern auch einen Schadensersatzanspruch des Betroffenen nach sich ziehen kann.

Tipp

Da in KI-Modellen selbst regelmäßig keine Daten mit Personenbezug verarbeitet und schon gar nicht gespeichert werden, kann sich ein etwaiger Auskunftsanspruch lediglich auf ein KI-System, wie etwa ChatGPT, beziehen. Im Rahmen von Prompts oder auch bei KI-Ergebnissen können personenbezogene Daten verarbeitet werden, sodass hierüber entsprechend Auskunft zu erteilen ist.

3.6 Reaktion auf Datenpannen

Der Verlust eines USB-Sticks, der Befall eines Rechners mit einem Virus, das Vergessen eines Aktenordners mit wichtigen geschäftlichen Daten im Zug – in diesen und vergleichbaren Situationen sind regelmäßig auch Daten mit Personenbezug betroffen. Der Vorgang an sich ist dann schon ärgerlich genug. Hinzu kommt aber der Umstand, dass man ihn unter bestimmten Voraussetzungen der zuständigen Datenschutzaufsichtsbehörde melden und gegebenenfalls sogar den betroffenen Personen mitteilen muss. In Art. 4 Nr. 12 DSGVO wird eine Verletzung des Schutzes personenbezogener Daten, umgangssprachlich also eine Datenpanne, wie folgt definiert:

> *Verletzung der Sicherheit, die, ob unbeabsichtigt oder unrechtmäßig, zur Vernichtung, zum Verlust, zur Veränderung oder zur unbefugten Offenlegung von beziehungsweise zum unbefugten Zugang zu personenbezogenen Daten führt, die übermittelt, gespeichert oder auf sonstige Weise verarbeitet wurden.*

Es geht also nicht nur um verlorene oder beschädigte bzw. veränderte Daten, sondern auch um Fälle, in denen unbefugte Dritte in irgendeiner Weise Zugang zu Daten erhalten, die eigentlich nicht für sie gedacht sind.

3.6.1 Typische Datenpannen

Typische Datenpannen sind daher die folgenden Situationen:

- Eindringen von Unbekannten in den Unternehmensserver (Hack des IT-Systems)
- Virus im EDV-System
- Verschlüsselung der eigenen Daten durch Malware (Verschlüsselungstrojaner)
- Verlust von Papierunterlagen
- Diebstahl eines mobilen Endgeräts, z. B. Notebook oder Tablet
- Verlust eines Datenträgers, z. B. USB-Stick oder externe Festplatte
- Versand von Unterlagen an falschen Empfänger

- Offenlegen von Daten gegenüber unberechtigten Dritten
- E-Mail mit unbeabsichtigt „offenem“ Verteiler (also verschiedene Empfänger im „cc“- statt im „bcc“-Feld)

In derartigen Fällen muss der Verantwortliche prüfen, ob es sich um eine Verletzung personenbezogener Daten im Sinne der DSGVO handelt und ob diese zu melden ist. Gerade mit Blick auf die Nutzung von KI-Tools kann es schnell dazu kommen, dass Daten mit Personenbezug im Rahmen des Prompts eingegeben werden, ohne dass eine entsprechende Rechtsgrundlage besteht, ohne dass die betroffenen Personen darüber informiert werden, ohne dass die Datenübermittlung an den KI-Anbieter legitimiert ist, ohne dass am Sitz des KI-Anbieters bzw. am Serverstandort ein angemessenes Datenschutzniveau besteht usw. In solchen Fällen ist zu prüfen, ob eine Datenpanne im Sinne der DSGVO vorliegt und ob diese an die Datenschutzaufsichtsbehörde und gegebenenfalls auch an die Betroffenen gemeldet werden muss. Dabei ist man aber leider auf die Mithilfe des KI-Anbieters sowie dessen Informationen zur KI und zu dessen Umgang mit den Daten angewiesen.

Hinweis

Viele datenschutzrechtliche Probleme können zwar vermieden werden, wenn keine KI in Form einer Software-as-a-Service-Lösung genutzt wird, sondern eine KI-Lösung auf einem eigenen, intern gehosteten Rechner zum Einsatz kommt. Allerdings lassen sich dadurch nicht alle Probleme umschiffen, und es können sogar neue Probleme hinzukommen. So sorgt bei einer SaaS-KI-Variante beispielsweise der Anbieter für die Absicherung seiner Systeme – beim Betrieb einer eigenen KI muss selbst dafür Sorge getragen werden, dass der jeweilige Rechner dem Stand der Technik entsprechend abgesichert ist, aktuell gehalten wird etc.

Insbesondere in folgenden Konstellationen kann eine Datenpanne im Sinne der DSGVO angenommen werden:

- Weiterverbreitung oder Veröffentlichung von personenbezogenen Daten durch KI-Systeme und Modelle ohne Wissen und ohne Rechtsgrundlage
- Die KI funktioniert nicht ordnungsgemäß (z. B. Softwarefehler in KI-Lösung verursacht eine unbefugte Offenbarung personenbezogener Daten von Nutzern)
- KI-gesteuerter Hackerangriff auf ein Unternehmen, bei dem personenbezogene Daten z. B. von Kunden oder Beschäftigten kompromittiert werden
- Kompromittierung von personenbezogenen Daten bei Vorgängen ohne menschliche Kontrolle bzw. Interaktion mit direkten rechtlichen Auswirkungen auf betroffene Personen z. B. im Rahmen von automatisierten Entscheidungsfindungen oder KI-gestütztem Scoring

Ob mit oder ohne KI – es muss in jedem Einzelfall individuell geprüft werden, ob eine Datenpanne vorliegt und ob diese meldepflichtig ist.

3.6.2 Risiken

Letztlich ist das mit der konkreten Datenpanne verbundene Risiko einzuschätzen. Die DSGVO nennt zu diesem Zweck verschiedene Kriterien, die berücksichtigt werden sollten. Durch eine Datenpanne kann bei den davon betroffenen Personen grundsätzlich ein physischer, materieller oder immaterieller Schaden entstehen, wie z. B.:

- Verlust der Kontrolle über die eigenen Daten
- Einschränkung ihrer Betroffenenrechte
- Diskriminierung
- Identitätsdiebstahl oder -betrug
- finanzielle Verluste
- unbefugte Aufhebung der Pseudonymisierung
- Rufschädigung
- Verlust der Vertraulichkeit von einem Berufsgeheimnis unterliegenden Daten (z. B. aus einem Mandanten- oder einem Patientenverhältnis)
- andere erhebliche wirtschaftliche oder gesellschaftliche Nachteile für die Betroffenen

Wenn derartige Szenarien drohen, ist von einem Risiko für die Betroffenen auszugehen. Gerade in puncto KI-Einsatz kann es etwa zu Diskriminierung, zur Rufschädigung oder jedenfalls zum Verlust der Kontrolle über die eigenen Daten kommen. Denn es liegt in der Natur der Sache, dass im Rahmen von KI eine Vielzahl von Daten verarbeitet und mit anderen kombiniert wird.

Im Rahmen der Risikobetrachtung sollten folgende Aspekte berücksichtigt werden:

- Art der Datenpanne
- Art und Umfang der Daten
- Identifizierbarkeit der Daten bzw. der Betroffenen
- spezielle Umstände in Bezug auf die Betroffenen (z. B. Kinder als Betroffene)
- spezielle Umstände in Bezug auf den Verantwortlichen (z. B. umfangreiche Verarbeitung von sensiblen Daten gemäß Art. 9 DSGVO)
- Anzahl der Betroffenen
- zu erwartende Konsequenzen der Datenpanne

Unabhängig davon, welche Kriterien bei der Risikoeinstufung berücksichtigt werden oder wie deren Ergebnis ausfällt – sie muss in jedem Fall durchgeführt, begründet und dokumentiert werden.

3.6.3 Meldung an die Aufsichtsbehörde

Kommt die Prüfung zu dem Ergebnis, dass durch die Datenpanne ein Risiko für die Betroffenen vorliegt, ist eine Meldung an die zuständige Datenschutzaufsichtsbehörde unumgänglich (Art. 33 Abs. 1 DSGVO). Nur dann, wenn ein Risiko gänzlich oder nahezu auszuschließen ist, kann von einer Meldung abgesehen werden. Die Meldung an die Behörde muss unverzüglich, spätestens aber binnen 72 Stunden nach Bekanntwerden der Datenpanne erfolgen. Das ist eine sehr „sportliche" Frist, sodass man als verantwortliche Stelle darauf vorbereitet und entsprechend gute interne Abläufe haben sollte. Das heißt auch, dass alle Beschäftigten diesbezüglich geschult und sensibilisiert werden müssen.

Eine Datenpannenmeldung muss zumindest folgende Pflichtinformationen enthalten (Art. 33 Abs. 3 DSGVO):

- eine Beschreibung der Art der Datenpanne, soweit möglich mit Angabe der Kategorien und der ungefähren Zahl der betroffenen Personen, der betroffenen Kategorien und der ungefähren Zahl der betroffenen personenbezogenen Datensätze
- den Namen und die Kontaktdaten des Datenschutzbeauftragten (DSB) oder einer sonstigen Anlaufstelle für weitere Informationen
- eine Beschreibung der wahrscheinlichen Folgen (für die Betroffenen) der Datenpanne
- eine Beschreibung der von Ihnen ergriffenen oder vorgeschlagenen Maßnahmen zur Behebung der Datenpanne und gegebenenfalls Maßnahmen zur Abmilderung ihrer möglichen nachteiligen Auswirkungen

Hinweis

Man kann anhand der gesetzlichen Vorgaben selbst das Meldeschreiben an die Datenschutzaufsichtsbehörde formulieren. Allerdings stellen mittlerweile alle deutschen Aufsichtsbehörden online entsprechende Meldeformulare bereit. Das hat den Vorteil, dass alle erforderlichen Angaben abgefragt werden und dass die Meldung zum richtigen Ansprechpartner gelangt.

3.6.4 Mitteilung an die Betroffenen

Resultiert aus der Datenpanne nicht nur ein „normales", sondern sogar ein hohes Risiko, muss nicht nur eine Meldung an die zuständige Datenschutzaufsichtsbehörde, sondern zusätzlich auch noch eine Mitteilung an alle von der Datenpanne betroffenen Personen erfolgen. Im Zusammenhang mit der Einstufung des Risikos in „minimal", „normal/mittel" oder „hoch" gelten die in puncto DSFA aufgestellten Kriterien. Nach Art. 34 DSGVO muss die Benachrichtigung der betroffenen Person so schnell wie möglich erfolgen, d. h., Sie haben hier also noch nicht einmal eine 72-Stunden-Frist. Zudem muss sie in klarer und einfacher Sprache die Art der Datenpanne beschreiben und zumindest die Pflichtinformationen enthalten, die auch in der Meldung an die zuständige Aufsichtsbehörde enthalten sein müssen (siehe Abschnitt 3.4).

Falls eine der folgenden Bedingungen erfüllt ist, kann die Meldung an die Betroffenen ausnahmsweise entfallen (Art. 34 Abs. 3 DSGVO):

- Es wurden geeignete technische und organisatorische Sicherheitsvorkehrungen getroffen, und diese Vorkehrungen wurden auf die von der Verletzung betroffenen personenbezogenen Daten angewandt, insbesondere solche, durch die die personenbezogenen Daten für alle Personen, die nicht zum Zugang zu den personenbezogenen Daten befugt sind, unzugänglich gemacht werden (z. B. durch Verschlüsselung).
- Durch nachfolgende Maßnahmen ist sichergestellt, dass das hohe Risiko für die Rechte und Freiheiten der betroffenen Personen aller Wahrscheinlichkeit nach nicht mehr besteht.
- Die Benachrichtigung wäre mit einem unverhältnismäßigen Aufwand verbunden. In diesem Fall hat stattdessen eine öffentliche Bekanntmachung oder eine ähnliche Maßnahme zu erfolgen, durch die die betroffenen Personen vergleichbar wirksam informiert werden.

Beispiel

Sofern also beispielsweise ein USB-Stick mit personenbezogenen Daten von Beschäftigten verloren gegangen ist, dieser aber nach dem aktuellen Stand der Technik verschlüsselt war, dann wird dadurch das eigentlich hohe Risiko deutlich reduziert. Vielleicht lässt sich auch das verlorene Smartphone per Fernlöschung für Dritte unbrauchbar machen bzw. die darauf befindlichen Daten vor dem Zugriff durch Dritte retten.

3.6.5 Datenpannen bei KI-Anwendungen

Bei Datenpannen im Zusammenhang mit der Nutzung von KI-Tools gelten grundsätzlich die Regelungen der Art. 33, 34 DSGVO, wie bei „normalen" Datenpannen auch.

Sie weisen allerdings die Besonderheit auf, dass man sie unter Umständen gar nicht als Datenpannen und/oder gar nicht als meldepflichtig im Sinne der DSGVO erkennen kann. Tritt beispielsweise beim Anbieter der eingesetzten Cloud-KI eine Datenpanne auf, ist man als verantwortliche Stelle darauf angewiesen, dass der KI-Anbieter im Rahmen seiner Pflichten als Auftragsverarbeiter unterstützend tätig wird und überhaupt zeitnah mitteilt, dass es zu einer Datenpanne gekommen ist, welche Daten davon betroffen sind usw. Betreibt man eine „Offline-KI" auf einem eigenen Server, hat man alle für eine Meldung erforderlichen Daten vermutlich selbst – oder sollte sie zumindest haben.

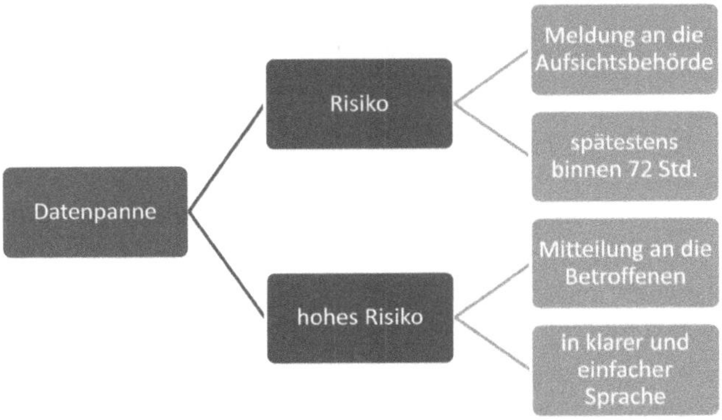

Bild 3.18 Schematische Darstellung der erforderlichen Reaktionen auf Datenpannen (Quelle: eigene Darstellung).

Aber auch dann, wenn man eine Datenpanne und eine damit einhergehende Meldepflicht erkennt, benötigt man innerhalb der 72-Stunden-Frist die wesentlichen Informationen über den Sachverhalt. Was ist passiert? Wann genau? Wodurch? Welche Daten bzw. Datenkategorien sind betroffen? Welche und wie viele Betroffenen gibt es? Um eine sinnvolle Meldung an die Datenschutzaufsichtsbehörde und gegebenenfalls auch an die Betroffenen machen zu können, werden viele Informationen benötigt, die teilweise jedoch nur dem KI-Anbieter bekannt sind. Auch hier ist der Verantwortliche auf die Kooperation des KI-Anbieters angewiesen.

Hinweis

Beim Einsatz eines KI-Tools eines Anbieters mit Sitz in einem Nicht-EU-Staat besteht regelmäßig schon deswegen ein erhöhtes Risiko für die Betroffenen, weil ihre Daten in ein anderes Land außerhalb des Gebiets der Europäischen Union transferiert wurden und sie deswegen regelmäßig ihrer Kontrolle entzogen sind. Nicht zuletzt deswegen empfiehlt sich der Einsatz von KI-Anwendungen, deren Anbieter ihren Sitz in der EU haben. Alternativ ist bei Anbietern aus (unsicheren) Drittstaaten darauf zu achten, dass alle erforderlichen Vereinbarungen (z. B. AV-Vertrag) vorliegen. Im Zweifel sollte bei KI-Tools, die auf Servern in Nicht-EU-Staaten bereitgestellt werden, auf die Verarbeitung von sensiblen Daten, wie z. B. Artikel-9-Daten oder Geschäftsgeheimnisse, verzichtet werden.

Auf jeden Fall sollte die Tatsache, dass KI zum Einsatz kommt und dass es in diesem Zusammenhang zu gegebenenfalls meldepflichtigen Datenpannen kommen kann, in der Organisation des Arbeitsalltages Berücksichtigung finden. Es gilt, sich gut auf „den Fall der Fälle“ vorzubereiten, alle Beschäftigten angemessen zu schulen bzw. zu sensibilisieren und alle für Meldungen nach Art. 33, 34 DSGVO notwendigen Informationen zusammenzustellen.

3.7 Dokumentation

Nach Art. 5 Abs. 2 DSGVO gilt die Nachweispflicht, d. h., der Verantwortliche muss im Zweifel nachweisen können, dass er sich datenschutzkonform verhält. Dieser Nachweis gelingt in der Praxis am besten durch eine gute Datenschutzdokumentation. Herzstück dieser Dokumentation ist das Verzeichnis von Verarbeitungstätigkeiten (VVT) oder kurz: Verarbeitungsverzeichnis. Für das VVT existieren keine genauen Formvorschriften, es kann also z. B. in Form eines Papierformulars oder als Excel-Tabelle geführt werden. Entscheidend ist, dass alle Pflichtangaben gemäß Art. 30 DSGVO enthalten sind. Wie detailliert alles beschrieben werden muss, wird ebenfalls nicht im Gesetz vorgegeben. Das Verzeichnis muss jedoch aus sich heraus verständlich sein.

Hinweis

Im Kern geht es beim VVT darum, die von der verantwortlichen Stelle durchgeführten Verarbeitungen personenbezogener Daten zu erfassen und nachvollziehbar zu dokumentieren. Ein KI-System zählt zwar nicht als Verarbeitungstätigkeit in diesem Sinne, genauso wie Word, Excel, SAP, Datev, Lexoffice oder andere Anwendungsprogramme. Allerdings sollten diese technischen Hilfsmittel, mit denen die Daten letztlich verarbeitet werden, ebenfalls im VVT dokumentiert werden.

Folgende Angaben sind im VVT nach Art. 30 Abs. 1 DSGVO verpflichtend:

- Name und Kontaktdaten des Verantwortlichen
- ggf. Namen und Kontaktdaten des DSB
- ggf. Namen und Kontaktdaten des gemeinsam Verantwortlichen
- ggf. Name und Kontaktdaten des EU-Vertreters (Ansprechpartner eines Verantwortlichen mit Sitz im Nicht-EU-Ausland)
- Zwecke der Verarbeitung
- Kategorien Betroffener
- Kategorien personenbezogener Daten
- ggf. Kategorien von Empfängern
- ggf. Übermittlung an Drittland
- Löschfristen
- allgemeine Beschreibung der technischen und organisatorischen Maßnahmen gemäß Art. 32 DSGVO

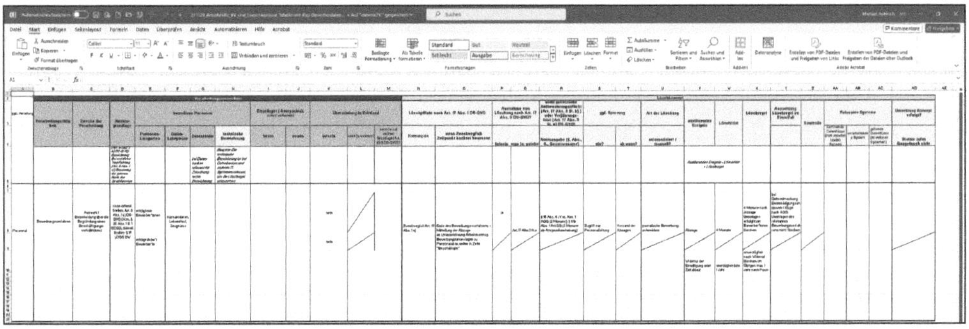

Bild 3.19 Eine gute Vorlage für eine VVT inklusive Löschkonzept stellt der Landesdatenschutzbeauftragte Baden-Württemberg online kostenfrei zur Verfügung (Quelle: *https://www.baden-wuerttemberg.datenschutz.de/praxishilfen/*, 28. 06. 2024, 17:00 Uhr).

Hinweis

Wer Dienstleistungen für Dritte in Form von Auftragsverarbeitungen erbringt, der muss neben dem „normalen" VVT auch noch ein spezielles VVT für alle im Auftrag durchgeführten Verarbeitungstätigkeiten führen (Art. 30 Abs. 2 DSGVO). Darin müssen also pro Kunde bzw. AV-Verhältnis die entsprechenden Tätigkeiten aufgelistet und mit den entsprechenden Pflichtangaben versehen werden.

In der Praxis gestaltet es sich oftmals als schwierig, überhaupt herauszufinden, was eine „Verarbeitungstätigkeit" in diesem Sinne ist. Eine solche bestimmt sich aus dem Zweck und der Rechtsgrundlage einer Datenverarbeitung.

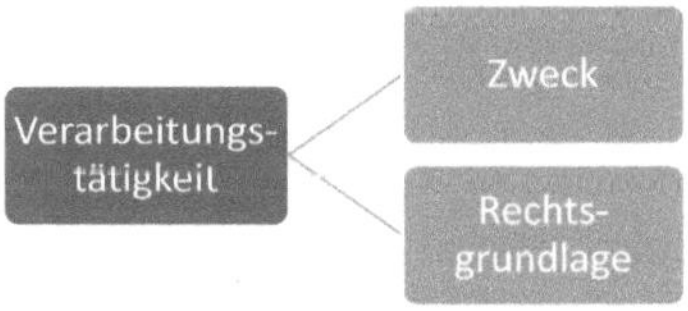

Bild 3.20
Eine Verarbeitungstätigkeit bestimmt sich durch den Zweck und die Rechtsgrundlage (Quelle: eigene Darstellung).

Beispiel

Bei der Verwaltung der Daten von Beschäftigten in der Personalakte ist der Zweck die Durchführung und Organisation des Arbeitsverhältnisses. Dafür wird eine Rechtsgrundlage benötigt (in der Regel Art. 6 Abs. 1 S. 1 lit. b) DSGVO). Die Verarbeitungstätigkeit besteht hier also nicht in der Software, mit der die Beschäftigtendaten gespeichert bzw. verwaltet werden, sondern in der Verarbeitung dieser Daten selbst. Die Software, ob mit oder ohne KI-Unterstützung, kann wechseln, die Verarbeitungstätigkeit bleibt jedoch die gleiche.

Um überhaupt starten zu können, kann man untereinander die verschiedenen, im Unternehmen vorhandenen Abteilungen bzw. Fachbereiche eintragen (z. B. Marketing, IT, Buchhaltung, Personalabteilung).

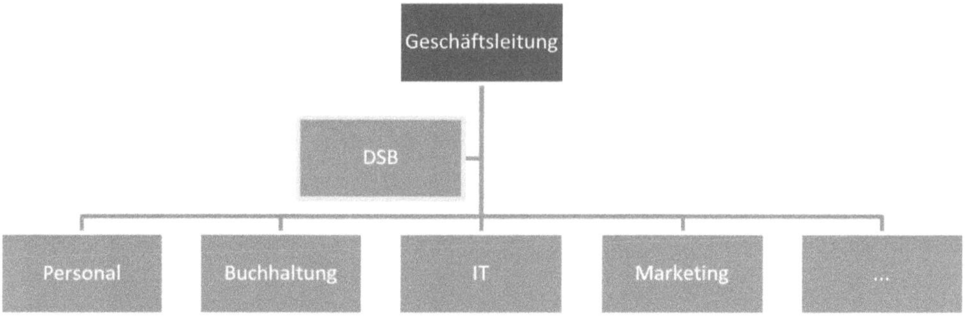

Bild 3.21 So sieht ein typisches Organigramm eines Unternehmens aus (Quelle: eigene Darstellung).

Das ist dann allerdings eine sehr grobe Unterteilung in verschiedene Bereiche. Diesen sollten dann in einem zweiten Schritt die jeweiligen Haupttätigkeiten zugeordnet werden. In der Personalabteilung gibt es beispielsweis folgende Tätigkeiten:

- Führen der Personalakten
- Organisation von Urlaubs- oder sonstigen arbeitsfreien Tagen
- Fortbildungsmanagement
- Bewerbungsmanagement
- Stellenausschreibungen
- Bewerbungsgespräche
- Korrespondenz mit Kandidaten
- Bewerberdatenbank für zukünftige Verwendung

Hinweis
Man muss hier einen guten Mittelweg finden, indem man die Einteilung der Verarbeitungstätigkeiten weder zu grob noch zu feingliedrig vornimmt. Daher sollte man sich zumindest anfangs auf die typischen Tätigkeiten in den einzelnen Abteilungen konzentrieren.

Alle Tätigkeiten aus allen Abteilungen zusammengefasst ergeben den Kern des VVT. Den einzelnen Tätigkeiten müssen dann die Pflichtangaben nach Maßgabe von Art. 30 Abs. 1 DSGVO zugeordnet werden, nämlich:

- Zwecke der Verarbeitung
- Kategorien Betroffener
- Kategorien personenbezogener Daten
- ggf. Kategorien von Empfängern

- ggf. Übermittlung an Drittland
- Löschfristen

Hinzu kommen dann noch die Angaben zur verantwortlichen Stelle, zum DSB etc. sowie eine Beschreibung der technischen und organisatorischen Maßnahmen (Art. 32 DSGVO). Zu diesen Maßnahmen zählen in der Praxis regelmäßig folgende:

1. Zutrittskontrolle
   - Alarmanlage
   - Absicherung von Gebäudeschächten
   - Zugangskontrollsystem
   - Chipkarten-/Transponder-Schließsystem
   - Schließsystem mit Codesperre
   - manuelles Schließsystem
   - biometrische Zugangssperren
   - Videoüberwachung der Zugänge
   - Lichtschranken/Bewegungsmelder
   - Sicherheitsschlösser
   - Schlüsselregelung
   - Personenkontrolle
   - Besucherprotokoll
   - sorgfältige Auswahl des Reinigungspersonals
   - sorgfältige Auswahl des Wachpersonals
   - Tragepflicht von Berechtigungsausweisen
2. Zugangskontrolle
   - Zuordnung von Benutzerrechten
   - Erstellen von Benutzerprofilen
   - Passwortvergabe
   - Authentifikation mit biometrischen Verfahren
   - Authentifikation mit Benutzername/Passwort
   - Zuordnung von Benutzerprofilen zu IT-Systemen
   - Gehäuseverriegelungen
   - Einsatz von VPN-Technologie
   - Sperren von externen Schnittstellen (z. B. USB)
   - Sicherheitsschlösser
   - Schlüsselregelung
   - Personenkontrolle
   - Besucherprotokoll

- sorgfältige Auswahl des Reinigungspersonals
- sorgfältige Auswahl des Wachpersonals
- Tragepflicht von Berechtigungsausweisen
- Einsatz von Intrusion-Detection-Systemen
- Verschlüsselung von mobilen Datenträgern

3. Zugriffskontrolle
   - Einsatz eines Berechtigungskonzepts
   - Verwaltung der Rechte durch Systemadministrator
   - Anzahl der Administratoren auf das Notwendigste reduziert
   - Passwortrichtlinie
   - Protokollierung von Zugriffen auf Anwendungen
   - sichere Aufbewahrung von Datenträgern
   - physische Löschung von Datenträgern vor Wiederverwendung
   - ordnungsgemäße Vernichtung von Datenträgern
   - Einsatz von Aktenvernichtern bzw. Dienstleistern
   - Protokollierung der Vernichtung
   - Verschlüsselung von Datenträgern
4. Weitergabekontrolle
   - Einrichtungen von Standleitungen bzw. VPN-Tunneln
   - Weitergabe von Daten in anonymisierter oder pseudonymisierter Form
   - E-Mail-Verschlüsselung
   - Übersicht von regelmäßigen Abruf- und Übermittlungsvorgängen
   - Dokumentation der Empfänger von Daten und der Zeitspannen der geplanten Überlassung
   - Dokumentation vereinbarter Löschfristen
   - sichere Transportbehälter/-verpackungen
   - sorgfältige Auswahl von Transportpersonal/-fahrzeugen
5. Eingabekontrolle
   - Protokollierung der Eingabe, Änderung und Löschung von Daten
   - Übersicht, aus der sich ergibt, mit welchen Applikationen welche Daten eingegeben, geändert – und gelöscht werden können
   - individuelle Benutzernamen (nicht Benutzergruppen)
   - Aufbewahrung von Formularen, von denen Daten in automatisierte Verarbeitungen übernommen worden sind
   - Berechtigungskonzept
6. Auftragskontrolle
   - sorgfältige Auswahl des Auftragnehmers

- vorherige Prüfung und Dokumentation der beim Auftragnehmer getroffenen Sicherheitsmaßnahmen
- schriftliche Weisungen an den Auftragnehmer
- Verpflichtung der Mitarbeiter des Auftragnehmers auf das Datengeheimnis
- Auftragnehmer hat Datenschutzbeauftragten bestellt
- Sicherstellung der Vernichtung von Daten nach Beendigung des Auftrags
- wirksame Kontrollrechte gegenüber Auftragnehmer vereinbart
- laufende Überprüfung des Auftragnehmers und seiner Tätigkeiten
- vereinbarte Vertragsstrafen bei Verstößen

7. Verfügbarkeitskontrolle
   - unterbrechungsfreie Stromversorgung (USV)
   - Klimaanlage in Serverräumen
   - Geräte zur Überwachung von Temperatur und Feuchtigkeit in Serverräumen
   - Schutzsteckdosenleisten in Serverräumen
   - Feuer- und Rauchmeldeanlagen
   - Feuerlöschgeräte in Serverräumen
   - Alarmmeldung bei unberechtigten Zutritten zu Serverräumen
   - Backup- & Recovery-Konzept
   - Testen von Datenwiederherstellung
   - Notfallplan
   - Aufbewahrung von Datensicherung an sicherem, ausgelagertem Ort
   - Serverräume nicht unter sanitären Anlagen
   - in Hochwassergebieten: Serverräume über der Wassergrenze
8. Trennungsgebot
   - physikalisch getrennte Speicherung auf gesonderten Systemen oder Datenträgern
   - logische Kundendatentrennung (softwareseitig)
   - Berechtigungskonzept
   - Verschlüsselung von Datensätzen, die zu demselben Zweck verarbeitet werden
   - Versehen der Datensätze mit Zweckattributen/Datenfeldern
   - bei pseudonymisierten Daten: Trennung der Zuordnungsdatei und der Aufbewahrung auf einem getrennten, abgesicherten IT-System
   - Festlegung von Datenbankrechten
   - Trennung von Produktiv- und Testsystem

Diese Auflistung ist weder wertend noch abschließend, sie enthält lediglich beispielhaft typische Maßnahmen.

Beispiel

Wenn man eine KI, wie z. B. Microsoft Copilot, den man kostenfrei über die Microsoft-Suchmaschine Bing unter *https://www.bing.com/chat?q=Microsoft+Copilot* erreichen kann, zu den TOM nach Art. 32 DSGVO fragt, erhält man etwa folgende Antwort:

„Technische und organisatorische Maßnahmen (TOMs) sind entscheidend für die Sicherheit der Datenverarbeitung gemäß der Datenschutz-Grundverordnung (DSGVO). Hier sind einige Beispiele:

1. Pseudonymisierung von personenbezogenen Daten: Durch die Verwendung von Pseudonymen werden personenbezogene Daten anonymisiert, um die Identifizierung von Einzelpersonen zu erschweren.
2. Verschlüsselung personenbezogener Daten: Geeignete Verschlüsselungsmethoden schützen Daten vor unbefugtem Zugriff.
3. Vertraulichkeit gewährleisten: Sicherstellen, dass nur autorisierte Personen Zugriff auf sensible Daten haben.
4. Integrität gewährleisten: Überwachen und verhindern, dass Daten unbemerkt verändert werden.
5. Verfügbarkeit sicherstellen: Maßnahmen ergreifen, um den ständigen Zugriff auf Daten zu gewährleisten.
6. Belastbarkeit der Systeme: Sicherstellen, dass Systeme, die mit personenbezogenen Daten arbeiten, stabil und widerstandsfähig sind.
7. Regelmäßige Überprüfung und Evaluierung: Jährliche Tätigkeitsberichte, Prüfung des IT-Sicherheitskonzepts und regelmäßige Passwortänderungen.

Bitte beachten Sie, dass diese Maßnahmen schriftlich dokumentiert und regelmäßig aktualisiert werden sollten. Wenn Sie weitere Informationen benötigen, stehe ich Ihnen gerne zur Verfügung!"

Diese eher allgemeinen Ausführungen zu den DSGVO-Gewährleistungszielen sind natürlich dem Umstand geschuldet, dass der Microsoft Copilot auf einem mit allen möglichen Daten trainierten KI-Modell basiert. Um Information zu konkreten Maßnahmen zu erhalten, bedarf es einer entsprechenden Nachfrage durch einen weiteren Prompt. Dann liefert der Copilot Folgendes:

„Hier sind einige konkrete Maßnahmen, die den Gewährleistungszielen entsprechen:

1. Pseudonymisierung von personenbezogenen Daten:
   - Verwendung von eindeutigen Identifikatoren (Pseudonymen) anstelle von Klarnamen oder anderen direkt identifizierbaren Informationen.
   - Beispiel: Verwendung von Kundennummern anstelle von Klarnamen in einer Kundendatenbank.
2. Verschlüsselung personenbezogener Daten:
   - Verwendung von Verschlüsselungsalgorithmen (z. B. AES, RSA) für die Speicherung und Übertragung von personenbezogenen Daten.
   - Beispiel: Verschlüsselung von E-Mails mit TLS oder S/MIME.
3. Vertraulichkeit gewährleisten:
   - Zugriffsbeschränkungen auf personenbezogene Daten basierend auf Rollen und Berechtigungen.
   - Beispiel: Nur autorisierte Mitarbeiter haben Zugriff auf Gehaltsdaten.

4. Integrität gewährleisten:
   - Implementierung von Hash-Prüfsummen, um Datenintegrität zu überprüfen.
   - Beispiel: Überprüfung der Integrität von Dateien vor dem Hochladen in eine Cloud-Speicherlösung.
5. Verfügbarkeit sicherstellen:
   - Redundante Systeme und regelmäßige Backups, um Datenverfügbarkeit zu gewährleisten.
   - Beispiel: Automatisierte Backups von Kundendatenbanken.
6. Belastbarkeit der Systeme:
   - Überwachung der Systemleistung und proaktive Fehlerbehebung.
   - Beispiel: Skalierung von Serverressourcen bei erhöhtem Datenverkehr.
7. Regelmäßige Überprüfung und Evaluierung:
   - Jährliche Sicherheitsaudits und Penetrationstests.
   - Beispiel: Überprüfung der Zugriffsprotokolle auf verdächtige Aktivitäten.

Bitte beachten Sie, dass diese Maßnahmen je nach Organisation und Kontext angepasst werden sollten. Es ist wichtig, die spezifischen Anforderungen Ihrer Datenverarbeitung zu berücksichtigen."

Fazit: KI ist nicht nur ein Tool, das im Rahmen der eigenen TOMs entsprechend berücksichtigt werde muss. KI kann bei der Erstellung der datenschutzrechtlich geforderten Dokumentation sogar helfen. Allerdings müssen die KI-Ergebnisse in jedem Fall geprüft und den individuellen Anforderungen angepasst werden. Darauf weist die KI inzwischen sogar selbst hin.

Bei der Umsetzung solcher Maßnahmen dürfen und sollen folgende Aspekte berücksichtigt werden:

- Stand der Technik
- Implementierungskosten
- Art der Verarbeitung
- Umfang der Verarbeitung
- Umstände der Verarbeitung
- Zwecke der Verarbeitung
- Eintrittswahrscheinlichkeit und Schwere der mit der Verarbeitung verbundenen Risiken für die Rechte und Freiheiten natürlicher Personen

Es muss also nicht immer „das Neuste vom Neusten" sein. Es sollten vielmehr aktuelle und zugleich bewerte Maßnahmen umgesetzt werden. Bei der Bestimmung, welche konkreten Einzelmaßnahmen ergriffen werden und welche nicht, sollte ein risikobasierter Ansatz verfolgt werden. Welche Daten sind mit einem hohen Risikopotenzial versehen? Wo reichen gegebenenfalls auch weniger gute Sicherungsmaßnahmen aus?

Beispiel

Eine Liste mit Namen und Adressen ist in aller Regel mit einem nur geringen Risikopotenzial versehen, wie etwa die Liste mit Journalisten in der Presseabteilung. Denn dabei handelt es sich nicht um Artikel-9-Daten, zudem sind diese Information regelmäßig ohnehin leicht online auffindbar. Anders sieht die Lage bei einer solchen Auflistung von Namen und Adressen aus, wenn es sich um Angaben über Jugendliche, etwa in einer Kita oder Schule, handelt oder gar um eine Zusammenstellung von Personen im Zeugenschutzprogramm.

Wenn geeignete TOMs zur Reduzierung bzw. Beherrschung des eigenen Risikos ermittelt und in die Praxis umgesetzt wurden, bedeutet das jedoch nicht, dass man sich danach zukünftig nicht mehr darum kümmern muss. Es gilt vielmehr, die eigenen TOMs regelmäßig darauf zu überprüfen, ob sie noch dem Stand der Technik entsprechen, ob eventuelle neue Risiken bestehen, ob neue Verarbeitungstätigkeiten eingeführt wurden usw.

Hinweis

Datenschutz und insbesondere die Einrichtung und Einhaltung der TOMs sind kein Zustand, sondern ein Prozess.

Die TOMs müssen den sogenannten PDCA-Zyklus durchlaufen. Dieser ist in vier Phasen unterteilt:

- **P**lan: Maßnahmen planen
- **D**o: Maßnahmen umsetzen
- **C**heck: Maßnahmen überprüfen
- **A**ct: Maßnahmen ggf. anpassen

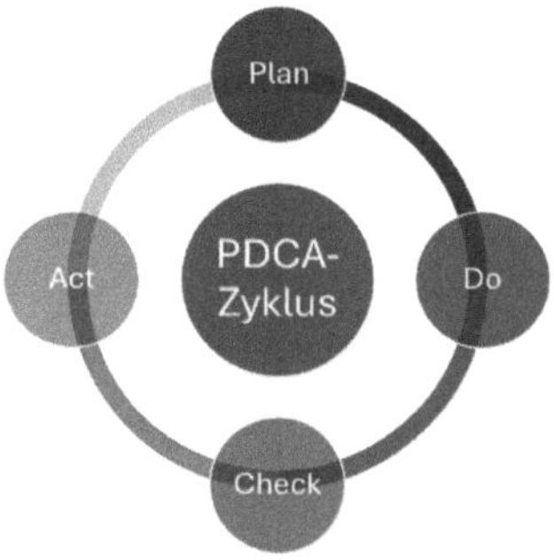

Bild 3.22
Nach dem PDCA-Zyklus müssen die eigenen TOM regelmäßig geprüft und ggf. an geänderte Umstände angepasst werden (Quelle: eigene Darstellung).

Es kann also sein, dass beispielsweise ein Computer, der aktuell noch unter dem Betriebssystem Windows 10 läuft, in absehbarer Zeit auf Windows 11 oder ein anderes aktuelles Betriebssystem umgestellt werden muss, da Windows 10 von Microsoft ab Ende 2025 nicht mehr mit Sicherheitsupdates unterstützt wird.

Im Grunde empfiehlt sich folgende Dreiteilung bei der Gliederung des VVT:

1. „Deckblatt“
2. Hauptteil (Aufstellung aller Verarbeitungstätigkeiten inklusive Pflichtangaben)
3. Beschreibung der technischen und organisatorischen Maßnahmen (TOMs)

Was auffällt, ist, dass die Software und insbesondere auch die Rechtsgrundlage jeweils nicht für die Verarbeitungstätigkeiten angegeben werden. Art. 30 Abs. 1 DSGVO verlangt dies schlichtweg nicht. Eine gute Idee, beides im VVT anzugeben, ist es dennoch. Denn gerade beim Einsatz von KI-Tools ergeben sich zahlreiche datenschutzrechtliche Fragestellungen. Nicht selten liegt im Zusammenhang mit der KI-Nutzung ein erhöhtes Risiko vor, sodass zumindest entsprechende technische und/oder organisatorische Maßnahmen umzusetzen sind und oftmals sogar eine DSFA durchgeführt werden muss (siehe Kapitel 3.4). Daher sollten folgende Angaben zusätzlich in das eigene VVT aufgenommen werden, auch wenn dafür keine gesetzlich verankerte Pflicht besteht:

- Rechtsgrundlage
- eingesetzte Software/KI-Anwendung
- Risikoeinschätzung

Tabelle 3.3 Inhaltliche Aufteilung des VVT

„Deckblatt“	Hauptteil	TOMs
Name und Kontaktdaten des Verantwortlichen	Zwecke der Verarbeitung	allgemeine Beschreibung der technischen und organisatorischen Maßnahmen gemäß Art. 32 DSGVO
Name und Kontaktdaten des DSB	Kategorien Betroffener	
ggf. Namen und Kontaktdaten des gemeinsam Verantwortlichen	Kategorien personenbezogener Daten	
ggf. Name und Kontaktdaten des EU-Vertreters	ggf. Kategorien von Empfängern	
	ggf. Infos zur Übermittlung an ein Drittland	
	Löschfristen	
	Rechtsgrundlage	
	eingesetzte Software/KI	
	Risikoeinschätzung	

Eine saubere Dokumentation ist im Bereich Datenschutz nicht nur gesetzlich vorgeschrieben. Sie unterstützt zudem gerade bei rechtlich anspruchsvollen Fragestellungen rund um die künstliche Intelligenz. Die Dokumentation einer Verarbeitungstätigkeit inklusive eingesetzter KI-Anwendung und Risikoeinstufung kann exemplarisch wie folgt erfasst werden:

Tabelle 3.4 Beispiel für die Dokumentation einer Verarbeitungstätigkeit, die mithilfe von KI durchgeführt wird

Angaben Verarbeitungstätigkeit	Informationen
Verarbeitungstätigkeit	Bewerbungsverfahren
Beschreibung/Zweck	Auswahl bzw. Entscheidung über die Begründung eines Beschäftigungsverhältnisses
Kategorien Betroffener	Bewerber
Kategorien personenbezogener Daten	Kontaktdaten, Lebenslauf, Zeugnisse
Kategorien von Empfängern	Mustermann HR-KI GmbH (Anbieter HR-KI-Tool), Sitz und Serverstandort in Deutschland
Übermittlung an ein Drittland	–
Löschfristen	Daten erfolgreicher Bewerber: Übernahme der Bewerbungsdaten in die Personalakte Daten abgelehnter Bewerber: 6 Monate nach Besetzung der Stelle
Rechtsgrundlage	Art. 6 Abs. 1 S. 1 lit. b) DSGVO
eingesetzte Software/KI	HR-KI zur Verwaltung und Weiterleitung eingehender Bewerbungsunterlagen
Risikoeinschätzung	„normales" Risiko, insbesondere durch Einsatz eines Dienstleisters mit Sitz in Deutschland, abgeschlossenen AV-Vertrag, Verschlüsselung der Bewerberdaten; es werden regelmäßig keine sensiblen Daten gemäß Art. 9 Abs. 1 DSGVO verarbeitet.

Bei diesem Beispiel wurden bewusst das „Deckblatt" sowie die allgemeine Beschreibung der TOMs weggelassen, um sich auf den Hauptteil des VVT zu konzentrieren und den Rahmen an dieser Stelle nicht zu sprengen.

3.8 Hilfestellungen von Datenschutzaufsichtsbehörden

Da im geschäftlichen Alltag vielfach Daten mit Personenbezug verarbeitet werden, gibt es inzwischen auch Stellungnahmen bzw. Hilfestellungen einiger Datenschutzaufsichtsbehörden.

Die Datenschutzkonferenz (DSK) hat sich bereits in ihrer sogenannten „Hambacher Erklärung zur Künstlichen Intelligenz“ vom 3. April 2019 zu KI geäußert. In diesem Papier stellt die DSK folgende Forderungen an KI:

- KI darf Menschen nicht zum Objekt machen.
- KI darf nur für verfassungsrechtlich legitimierte Zwecke eingesetzt werden und das Zweckbindungsgebot nicht aufheben.
- KI muss transparent, nachvollziehbar und erklärbar sein.
- KI muss Diskriminierungen vermeiden.
- Für KI gilt der Grundsatz der Datenminimierung.
- KI braucht Verantwortlichkeit.
- KI benötigt technische und organisatorische Standards.
- Die Entwicklung von KI bedarf der Steuerung.

DSK
DATENSCHUTZKONFERENZ

Entschließung der 97. Konferenz der unabhängigen
Datenschutzaufsichtsbehörden des Bundes und der Länder
Hambacher Schloss
3. April 2019

Hambacher Erklärung zur Künstlichen Intelligenz

Sieben datenschutzrechtliche Anforderungen

Systeme der Künstlichen Intelligenz (KI) stellen eine substanzielle Herausforderung für Freiheit und Demokratie in unserer Rechtsordnung dar. Entwicklungen und Anwendungen von KI müssen in demokratisch-rechtsstaatlicher Weise den Grundrechten entsprechen. Nicht alles, was technisch möglich und ökonomisch erwünscht ist, darf in der Realität umgesetzt werden. Das gilt in besonderem Maße für den Einsatz von selbstlernenden Systemen, die massenhaft Daten verarbeiten und durch automatisierte Einzelentscheidungen in Rechte und Freiheiten Betroffener eingreifen. Die Wahrung der Grundrechte ist Aufgabe aller staatlichen Instanzen. Wesentliche Rahmenbedingungen für den Einsatz von KI sind vom Gesetzgeber vorzugeben und durch die Aufsichtsbehörden zu vollziehen. Nur wenn der Grundrechtsschutz und der Datenschutz mit dem Prozess der Digitalisierung Schritt halten, ist eine Zukunft möglich, in der am Ende Menschen und nicht Maschinen über Menschen entscheiden.

I. Künstliche Intelligenz und Datenschutz

„Künstliche Intelligenz“ (auch „KI“ oder „Artificial Intelligence“ – „AI“) wird derzeit intensiv diskutiert, da sie neue Wertschöpfung in vielen Bereichen von Wirtschaft und Gesellschaft verspricht. Die Bundesregierung hat eine KI-Strategie veröffentlicht, mit dem Ziel, Deutschland an die Weltspitze der Entwicklung von KI zu bringen. „AI made in Germany“ soll gleichzeitig dafür sorgen, dass auch bei weitreichendem Einsatz Künstlicher Intelligenz die Grundwerte und Freiheitsrechte, die in Deutschland und der EU gelten, weiterhin die prägende Rolle für unser Zusammenleben spielen. Die unabhängigen Datenschutzaufsichtsbehörden des Bundes und der Länder begrüßen diesen Ansatz der grundrechtsverträglichen Gestaltung von KI ausdrücklich.

Bild 3.23
Die Hambacher Erklärung der DSK aus dem Jahr 2019 (Quelle: *https://www.datenschutzkonferenz-online.de/media/en/20190405_hambacher_erklaerung.pdf*, 29. 06. 2024, 13:00 Uhr).

Die „Checkliste zum Einsatz LLM-basierter Chatbots" des Hamburgischen Beauftragten für Datenschutz und Informationssicherheit (Stand: 13. November 2023) enthält zum Thema KI beispielsweise folgende Punkte:

- Compliance-Regelungen vorgeben
- Datenschutzbeauftragte (DSB) einbinden
- Bereitstellung eines Funktions-Accounts
- Sichere Authentifizierung
- Keine Eingabe personenbezogener Daten
- Keine Ausgabe personenbezogener Daten
- Vorsicht bei personenbeziehbaren Daten
- Opt-out des KI-Trainings
- Opt-out der History
- Ergebnisse auf Richtigkeit prüfen
- Ergebnisse auf Diskriminierung überprüfen
- Keine automatisierte Letztentscheidung
- Beschäftigte sensibilisieren
- Datenschutz ist nicht alles
- Weitere Entwicklung verfolgen

Zu den einzelnen Punkten finden sich jeweils noch weitergehende Informationen sowie einzelne Praxisbeispiele.

Im Dokument „Datenschutzkonforme Künstliche Intelligenz", eine Checkliste des Bayerischen Landesamts für Datenschutzaufsicht (Stand: 24. Januar 2024), werden hingegen folgende Punkte behandelt:

- Festlegung und Dokumentation, welche Art von Anwendung mittels KI-Technologie realisiert werden soll (z. B. Verwendung eines großen Sprachmodells zur Erstellung eines Chatbots einer Bank oder für die Bewertung der Kritikalität einer Kundenbeschwerde bei einem Versandhändler).
- Festlegung, ob ein eigenes KI-Modell in einer eigenen KI-Anwendung betrieben werden soll (möglicherweise auf Hardware eines Dienstleisters) oder ob eine KI-Anwendung bei einem KI-Anbieter (mittels Weboberfläche oder Schnittstelle) genutzt wird, der die vollständige Kontrolle über das KI-Modell, die Vor- und Nachverarbeitung sowie die Filtersysteme besitzt.
- Festlegung, ob das KI-Modell (das eigene oder das des KI-Anbieters) an sich personenbeziehbar ist. Falls ja, muss die Rechtsgrundlage für die Verarbeitung auf dem KI-Modell geprüft werden (in der Regel wird eine Interessenabwägung nach Art. 6 Abs. 1 lit. f) DSGVO anwendbar sein).

Der Hamburgische Beauftragte für Datenschutz und Informationsfreiheit

13.11.2023

Checkliste zum Einsatz LLM-basierter Chatbots

Generative KI in Form von Chatbots bietet die Möglichkeit, schnell und unkompliziert Inhalte zu erstellen. Bekannte Large Language Models (LLM) sind ChatGPT, Luminous oder Bard. In vielen Einrichtungen sind die Tools mittlerweile Teil des Arbeitsalltags geworden, oft jedoch ohne verbindliche Vorgaben zur Nutzung. Dass die Sprachmodelle üblicherweise in einer Cloud betrieben werden, birgt verschiedene Datenschutzrisiken. Zum einen ist der Schutz vertraulicher Daten gefährdet, weil viele Unternehmen mit demselben LLM-Modell cloudbasiert arbeiten, Eingaben für das weitere Training der Modelle genutzt und ihnen dadurch möglicherweise Geschäftsgeheimnisse und persönliche Daten übermittelt werden. Zum anderen besteht die Gefahr, personenbezogene Daten aufgrund unrichtiger Ergebnisse unzulässig zu verarbeiten, gerade bei besonders schützenswerten Datenkategorien. Die folgende Checkliste dient Unternehmen und Behörden als Leitfaden zur datenschutzkonformen Nutzung von Chatbots.

1. Compliance-Regelungen vorgeben

Formulieren Sie klare und dokumentierte interne Weisungen, ob, beziehungsweise unter welchen Voraussetzungen welche Tools infrage kommen. Konkrete Beispiele der zugelassenen und der untersagten Einsatzszenarien helfen bei der Verdeutlichung.

Wer keine internen Regelungen vorgibt, ob und wie generative KI im Arbeitsalltag eingesetzt werden darf, kann davon ausgehen, dass sich Beschäftigte und andere Angehörige der Organisationen eigenmächtig und unkontrolliert der neuartigen Hilfsmittel bedienen. Unter Umständen haftet für diese Handlungen die arbeitgebende Einrichtung.

Bild 3.24
KI-Checkliste des Landesdatenschutzbeauftragten Hamburg (Quelle: *https://datenschutz-hamburg.de/fileadmin/user_upload/HmbBfDI/Datenschutz/Informationen/20231113_Checkliste_LLM_Chatbots_DE.pdf*, 28. 06. 2024, 15:00 Uhr).

- Aufnahme des Einsatzes einer KI-Anwendung in das Verzeichnis der Verarbeitungstätigkeiten (VVT) nach Art. 30 DSGVO. Bei Verwendung eines KI-Systems zu mehreren Zwecken (und ggf. auch bei verschiedenen verwendeten Betroffenenkategorien) empfiehlt es sich, jeweils einen eigenen Eintrag aufzunehmen.
- Prüfung und Dokumentation, ob eine DSFA nach Art. 35 DSGVO durchgeführt werden muss (ggf. einige der in diesem Abschnitt benannten Checkpunkte im Rahmen der DSFA bearbeiten).
- Festlegung und Dokumentation, welche Kategorien an personenbezogenen Daten als Eingabedaten in eine KI-Anwendung gegeben werden sollen. Dazu Festlegung und Dokumentation einer Rechtsgrundlage.
- Bei der Eingabe von besonderen personenbezogenen Daten nach Art. 9 DSGVO in eine KI-Anwendung ist eine Einwilligung einzuholen (oder die Ausnahmen des Art. 9 Abs. 2 DSGVO prüfen).
- Erstellung eines Risikomodells, mit dem die Datenschutzrisiken im spezifischen Einsatzszenario der KI-Anwendung abgebildet und nachgewiesen werden können.
- Berechnung und Dokumentation von Metriken aus dem Risikomodell, mit denen eine angemessene Eindämmung der Datenschutzrisiken bei Verwendung üblicher Eingabedaten und der daraus resultierenden Ausgabedaten nachgewiesen werden kann (Art. 5 Abs. 2 DSGVO). Die Suche nach geeigneten Kennzahlen ist momentan (auch) noch aktueller Forschungsstand, es sollten aber hierbei zumindest einige Testläufe durchgeführt, bewertet und dokumentiert werden.

- Festlegung und Dokumentation des Umgangs mit Risiken aus dem Risikomodell, die sich insbesondere aus der fehlerhaften Verlässlichkeit ergeben (z. B. sogenannte Halluzinationen bei großen Sprachmodellen oder auch die Ein-aus-1-Million-Ereignissen bei autonomen Fahrzeugen im Straßeneinsatz) und die sich mitunter auch nicht durch die Verwendung geeigneter Metriken (mittels Testläufen von Ein- und Ausgaben) ermitteln lassen, im Echtbetrieb dennoch sporadisch auftreten können.
- Umsetzung der Informationspflichten nach Art. 12 ff. DSGVO (auch dann, wenn ein KI-as-a-Service Dienst verwendet wird).
- Sicherstellung, dass Auskunftsersuchen nach Art. 15 DSGVO auch bei Anfragen zum Einsatz von KI-Anwendungen im Datenschutzmanagement berücksichtigt werden. Dabei insbesondere der Einsatz von konkreten KI-Nutzungsszenarien bei personenbezogenen Daten, die anfragende Person betreffen, zu berücksichtigen.
- Bei konkretem Auskunftsersuchen nach Art. 15 DSGVO in Bezug auf ein personenbeziehbares KI-Modell wird – je nach KI-Technologie – geprüft, ob personenbezogene Daten im KI-Modell direkt ermittelbar sind oder ob diese evtl. nur mit Zusatzinformationen (z. B. konkreter Prompt bei großem Sprachmodell) aus einem KI-Modell abgeleitet werden können. Diese Zusatzinformationen sind im Zweifel vom Betroffenen dann anzufordern.
- Sicherstellung, dass Betroffenenrechte zur Berichtigung nach Art. 16 DSGVO, zur Löschung nach Art. 17 DSGVO, nach Einschränkung der Verarbeitung nach Art. 18 DSGVO, nach Datenübertragbarkeit nach Art. 20 DSGVO und des Widerspruchs nach Art. 21 DSGVO in Bezug auf KI auch im Datenschutzmanagement berücksichtigt werden. Rückmeldefristen an Antragsteller sind hierbei zu beachten.
- Bei einem Löschersuchen nach Art. 17 DSGVO in Bezug auf ein personenbeziehbares KI-Modell wird – je nach KI-Technologie – geprüft, ob personenbezogene Daten im KI-Modell direkt ermittelbar sind oder ob diese eventuell nur mit Zusatzinformationen (z. B. konkreter Prompt bei großem Sprachmodell) auf einem KI-Modell abgeleitet werden können. Sofern eine Löschung in einem KI-Modell technisch ohne Beeinträchtigung des Gesamtmodells möglich ist, ist der Löschvorgang auch durchzuführen. Sollten andererseits personenbezogene Daten nur mittels Zusatzinformationen (z. B. Prompts) aus einem KI-Modell ermittelbar sein, dann besteht eine Möglichkeit des technischen Löschens darin, mittels Nachtraining die spezifisch zu löschende personenbezogene KI-Ausgabe mittels Anpassung der internen (Wahrscheinlichkeits-)Parameter umzusetzen.
- Sicherstellen, dass der Datenempfänger eines KI-as-a-Service-Szenarios mögliche Eingabedaten als auch Ausgabedaten von KI-Modellen und KI-Anwendungen nicht für eigene Zwecke verwendet (z. B. Nachtraining, Filterverbesserung, Marketing ...) oder zumindest bei einer Zweckänderung geeignete Rechtsgrundlagen und Informationspflichten eingehalten werden (ggf. sind KI-Anwendungen diesbezüglich speziell zu beauftragen oder zu konfigurieren).

- Bei Verpflichtung der Durchführung einer DSFA nach Art. 35 DSGVO: Der betriebliche Datenschutzbeauftragte ist einzubinden. (Rest-)Risikobeurteilung anhand des Risikomodells und ggf. Konsultation der zuständigen Datenschutzaufsichtsbehörde nach Art. 36 DSGVO bei weiterhin hohen Risiken für die Rechte und Freiheiten der vom Training betroffenen Personen.
- Vor Einsatz einer KI-Anwendung findet ein Freigabetest statt. Dieser ist zu dokumentieren.
- Der Einsatz von KI-Anwendungen wird in das Schulungsprogramm zum Datenschutz aufgenommen.
- Der Einsatz von KI-Anwendungen ist zum Nachweis einer angemessenen Risikoeindämmung zu protokollieren. Hierbei sind je nach Risikomodell sowohl Eingabe- als auch Ausgabedaten unter strenger Berücksichtigung der Zweckbindung auf einem gesicherten Protokollserver mit Zeitstempeln zu speichern.
- Bei der Protokollierung der Nutzung von KI-Anwendungen sind personenbezogene Daten, die einen Rückschluss auf einen konkreten Mitarbeiter schließen lassen, nur in pseudonymer Form mit gesicherten Identifikationsverfahren gespeichert.
- Findet eine Anpassung des KI-Modells im laufenden Betrieb einer KI-Anwendung (z. B. durch Einbindung mancher tagesaktuellen Webseiten) statt, dann ist dies bei einer Risikobeurteilung und bei Freigabetests besonders zu berücksichtigen.
- Der Einsatz von KI-Anwendungen samt Datenschutz-Risikomodell ist zu dokumentieren und regelmäßig unter Berücksichtigung des Verzeichnisses der Verarbeitungstätigkeiten nach Art. 30 DSGVO auf Aktualität und Vollständigkeit zu prüfen.

Bild 3.25
KI-Checkliste des Bayerischen Landesamtes für Datenschutz (Quelle: *https://www.lda.bayern.de/media/ki_checkliste.pdf*, 28. 06. 2024, 15:00 Uhr).

Im Diskussionspapier „Rechtsgrundlagen im Datenschutz beim Einsatz von Künstlicher Intelligenz“ des Landesbeauftragten für Datenschutz und Informationsfreiheit Baden-Württemberg (Stand: 7. November 2023) findet sich u. a. folgende Kurz-Checkliste:

1. Welche Phase der Verarbeitung von Daten im Zusammenhang mit KI unterliegt der rechtlichen Bewertung?
2. Werden personenbezogene Daten im Anwendungsbereich der DSGVO verarbeitet? Oder werden anonyme Daten verarbeitet, die zu personenbezogenen Daten werden können?
3. Wer ist der Verantwortliche der Datenverarbeitung?
4. Ist eine Rechtsgrundlage im Datenschutzrecht vorhanden? Werden besondere Kategorien personenbezogener Daten nach Art. 9 Abs. 1 DSGVO verarbeitet, die eine Rechtsgrundlage nach Art. 9 Abs. 2 DSGVO bedürfen?
5. Rechtsfolge: Grundsätzlich ist die Verarbeitung möglich. Jedoch müssen die übrigen Pflichten eingehalten werden, z. B. die Grundsätze der DSGVO (Art. 5 DSGVO), die Beachtung der Betroffenenrechte (Art. 12 ff. DSGVO), die Umsetzung der technischen und organisatorischen Maßnahmen und Garantien (Art. 24 ff. und Art. 89 Abs. 1 DSGVO) und ggf. die Anfertigung einer Datenschutz-Folgenabschätzung (Art. 35 DSGVO).

Die Orientierungshilfe der DSK „Künstliche Intelligenz und Datenschutz“ (Stand: 6. Mai 2024) enthält zusammengefasst folgende Prüffragen bzw. Aussagen:

- Einsatzfelder und Zwecke bestimmt?
- Einsatzfelder rechtmäßig?
- Einsatzfelder ohne personenbezogene Daten?
- Datenschutzkonformes Training von KI-Anwendungen?
- Rechtsgrundlage für die Datenverarbeitung?
- Keine automatisierte Letztentscheidung?
- Geschlossenes oder offenes System?
- Transparenz und Wahlmöglichkeit hinsichtlich KI-Training?
- Transparenz und Wahlmöglichkeit hinsichtlich Eingabehistorie?
- Berichtigung, Löschung und weitere Betroffenenrechte?
- Datenschutzbeauftragte (DSB) und Beschäftigtenvertretung eingebunden?
- Verantwortlichkeit festgelegt?
- Interne Zuständigkeiten geregelt?

Bild 3.26 Übersicht über die Rechtsgrundlagen im Datenschutz beim Einsatz künstlicher Intelligenz (Quelle: *https://www.baden-wuerttemberg.datenschutz.de/rechtsgrundlagen-datenschutz-ki/*, 28. 06. 2024, 15:00 Uhr).

- Datenschutz-Folgenabschätzung geprüft bzw. durchgeführt?
- Betriebliche Accounts eingerichtet?
- Datensicherheit gewährleistet?
- Beschäftigte sensibilisiert?
- Weitere Entwicklungen verfolgen!
- Vorsicht bei Eingabe und Ausgabe personenbezogener Daten!
- Besondere Vorsicht bei besonderen Kategorien personenbezogener Daten!
- Ergebnisse auf Richtigkeit prüfen!
- Ergebnisse und Verfahren auf Diskriminierung prüfen!

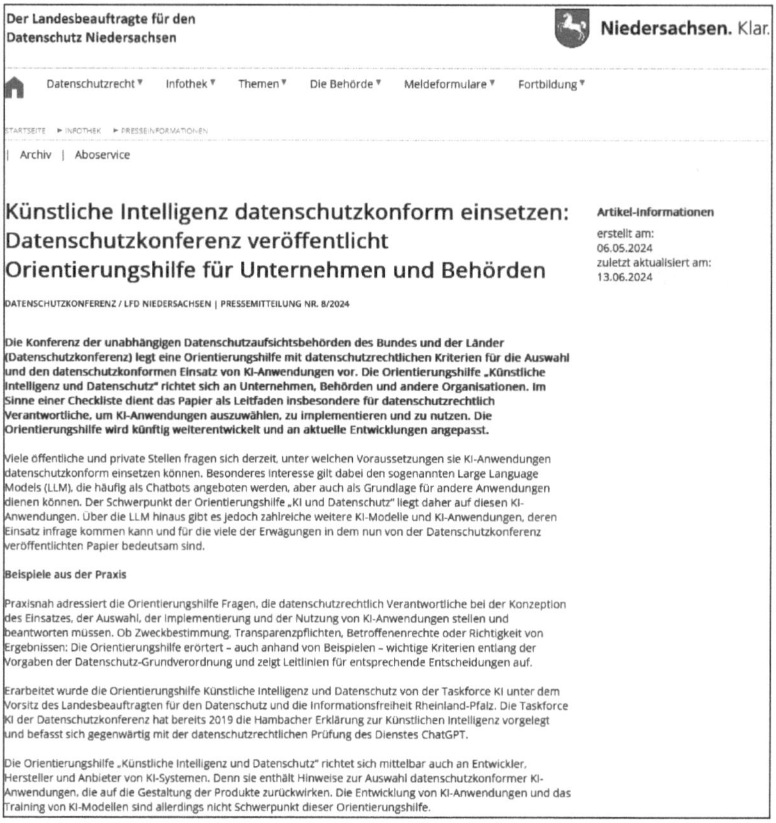

Der Landesbeauftragte für den Datenschutz Niedersachsen

Niedersachsen. Klar.

Datenschutzrecht ▾ Infothek ▾ Themen ▾ Die Behörde ▾ Meldeformulare ▾ Fortbildung ▾

STARTSEITE ▸ INFOTHEK ▸ PRESSEINFORMATIONEN

| Archiv | Aboservice

Künstliche Intelligenz datenschutzkonform einsetzen: Datenschutzkonferenz veröffentlicht Orientierungshilfe für Unternehmen und Behörden

Artikel-Informationen

erstellt am:
06.05.2024
zuletzt aktualisiert am:
13.06.2024

DATENSCHUTZKONFERENZ / LFD NIEDERSACHSEN | PRESSEMITTEILUNG NR. 8/2024

Die Konferenz der unabhängigen Datenschutzaufsichtsbehörden des Bundes und der Länder (Datenschutzkonferenz) legt eine Orientierungshilfe mit datenschutzrechtlichen Kriterien für die Auswahl und den datenschutzkonformen Einsatz von KI-Anwendungen vor. Die Orientierungshilfe „Künstliche Intelligenz und Datenschutz" richtet sich an Unternehmen, Behörden und andere Organisationen. Im Sinne einer Checkliste dient das Papier als Leitfaden insbesondere für datenschutzrechtlich Verantwortliche, um KI-Anwendungen auszuwählen, zu implementieren und zu nutzen. Die Orientierungshilfe wird künftig weiterentwickelt und an aktuelle Entwicklungen angepasst.

Viele öffentliche und private Stellen fragen sich derzeit, unter welchen Voraussetzungen sie KI-Anwendungen datenschutzkonform einsetzen können. Besonderes Interesse gilt dabei den sogenannten Large Language Models (LLM), die häufig als Chatbots angeboten werden, aber auch als Grundlage für andere Anwendungen dienen können. Der Schwerpunkt der Orientierungshilfe „KI und Datenschutz" liegt daher auf diesen KI-Anwendungen. Über die LLM hinaus gibt es jedoch zahlreiche weitere KI-Modelle und KI-Anwendungen, deren Einsatz infrage kommen kann und für die viele der Erwägungen in dem nun von der Datenschutzkonferenz veröffentlichten Papier bedeutsam sind.

Beispiele aus der Praxis

Praxisnah adressiert die Orientierungshilfe Fragen, die datenschutzrechtlich Verantwortliche bei der Konzeption des Einsatzes, der Auswahl, der Implementierung und der Nutzung von KI-Anwendungen stellen und beantworten müssen. Ob Zweckbestimmung, Transparenzpflichten, Betroffenenrechte oder Richtigkeit von Ergebnissen: Die Orientierungshilfe erörtert – auch anhand von Beispielen – wichtige Kriterien entlang der Vorgaben der Datenschutz-Grundverordnung und zeigt Leitlinien für entsprechende Entscheidungen auf.

Erarbeitet wurde die Orientierungshilfe Künstliche Intelligenz und Datenschutz von der Taskforce KI unter dem Vorsitz des Landesbeauftragten für den Datenschutz und die Informationsfreiheit Rheinland-Pfalz. Die Taskforce KI der Datenschutzkonferenz hat bereits 2019 die Hambacher Erklärung zur Künstlichen Intelligenz vorgelegt und befasst sich gegenwärtig mit der datenschutzrechtlichen Prüfung des Dienstes ChatGPT.

Die Orientierungshilfe „Künstliche Intelligenz und Datenschutz" richtet sich mittelbar auch an Entwickler, Hersteller und Anbieter von KI-Systemen. Denn sie enthält Hinweise zur Auswahl datenschutzkonformer KI-Anwendungen, die auf die Gestaltung der Produkte zurückwirken. Die Entwicklung von KI-Anwendungen und das Training von KI-Modellen sind allerdings nicht Schwerpunkt dieser Orientierungshilfe.

Bild 3.27 DSK-Orientierungshilfe zum datenschutzkonformen Einsatz künstlicher Intelligenz (Quelle: *https://www.lfd.niedersachsen.de/startseite/infothek/presseinformationen/kunstliche-intelligenz-datenschutzkonform-einsetzen-orientierungshilfe-fur-unternehmen-und-behorden-231889.html*, 28. 06. 2024, 15:10 Uhr).

Insgesamt bieten alle der hier genannten Dokumente der Datenschutzaufsichtsbehörden wertvolle Hilfestellungen im Hinblick auf die datenschutzrechtlichen Fragen rund um den Einsatz von künstlicher Intelligenz. Leider finden sich aber auch dort längst nicht auf alle Praxisprobleme zufriedenstellende Antworten.

Auch der Bitkom e. V., Branchenverband der deutschen Informations- und Telekommunikationsbranche, hat einen „Praxisleitfaden KI & Datenschutz" herausgebracht. Er enthält zahlreiche wertvolle Hilfestellungen, u. a. eine Checkliste, die in zwei Teile („Training von KI-Modellen und -Systemen" sowie „Nutzung von KI-Systemen") untergliedert ist. Der Part „Training eigener KI-Modelle und Systeme" enthält u. a. folgende Punkte:

- Festlegung und Beschreibung der KI-Technologie und Anlage entsprechender Dokumentation

- Klassifizierung der Trainingsdaten, Beurteilung der Personenbeziehbarkeit und Bewertung, ob das Training unter die DSGVO fällt
- ggf. Einbindung des Datenschutzbeauftragten (DSB)
- Beurteilung der Rechtsgrundlage für die Verarbeitung personenbezogener Daten in Hinblick auf die verfolgten Verarbeitungszwecke
- Beurteilung der besonderen Voraussetzungen im Fall von besonderen Kategorien personenbezogener Daten (Art. 9 DSGVO)
- Prüfung der Datenqualität (Datenrichtigkeit) auch in Hinblick auf Voreingenommenheit (Bias) und Diskriminierungspotenzial
- Beurteilung der Risiken für die Rechte und Freiheiten der Betroffenen
- Beurteilung besonderer Anforderungen an den besonderen Schutzbedarf von Kindern und Jugendlichen
- ggf. Durchführung einer Datenschutz-Folgenabschätzung (Art. 35 DSGVO)
- Festlegung und Sicherstellung angemessener technischer und organisatorischer Maßnahmen (einschließlich Zugriffs-, Berechtigungs- und Löschkonzept) nach Art. 32 DSGVO
- Aufnahme in das Verzeichnis der Verarbeitungstätigkeiten (VVT) und Dokumentation zur Erfüllung der Rechenschaftspflicht unter Angabe insbesondere von Datenquelle bzw. Herkunft der Daten, Rechtsgrundlage sowie Erfüllung der Transparenzanforderungen
- Bei Inanspruchnahme von (externen) Dienstleistern: Sorgfältige Auswahl unter Berücksichtigung der besonderen Eignung des Dienstleisters, Festlegung des Verantwortungsbereichs des Dienstleisters einschließlich der Verarbeitungszwecke, Abschluss notwendiger Verträge unter Vorgabe entsprechender Leistungsanforderungen bzw. Weisungen
- Bewertung und Validierung des trainierten KI-Modells bzw. KI-Systems in Hinblick auf ggf. vorhandene Personenbezüge
- Implementierung notwendiger Prozesse zur Erfüllung von Betroffenenrechten

In Bezug auf Nutzung von KI- Modellen und KI-Systemen will der Bitkom e. V. insbesondere folgende Punkte berücksichtigt wissen:

- Festlegung und Beschreibung der KI-Technologie und Anlage entsprechender Dokumentation unter Berücksichtigung der Inhaberschaft und Verantwortlichkeit hinsichtlich des KI-Modells bzw. -Systems sowie der verwendeten KI-Umgebung bzw. KI-Anwendung
- ggf. Einbindung des Datenschutzbeauftragten (DSB)

- Bei Inanspruchnahme eines (externen) Dienstleisters: Sorgfältige Auswahl unter Berücksichtigung der besonderen Eignung des Dienstleisters, Festlegung des Verantwortungsbereichs des Dienstleisters einschließlich der Verarbeitungszwecke, Abschluss notwendiger Verträge unter Vorgabe entsprechender Leistungsanforderungen bzw. Weisungen
- Beurteilung der Risiken für die Rechte und Freiheiten der Betroffenen
- ggf. Durchführung einer Datenschutz-Folgenabschätzung (Art. 35 DSGVO)
- Aufnahme in das Verzeichnis der Verarbeitungstätigkeiten (VVT) und Dokumentation zur Erfüllung der Rechenschaftspflicht unter Angabe insbesondere von Rechtsgrundlage sowie Erfüllung der Transparenzanforderungen
- Entwicklung und Implementierung verbindlicher Verhaltensregeln hinsichtlich der Eingabe personenbezogener Daten (Prompt), insbesondere unter Berücksichtigung besonderer Kategorien personenbezogener Daten (Art. 9 DSGVO), und der Verwendung der Ergebnisse (Output)
- Angebote zur Sensibilisierung der Beschäftigten zum Umgang mit KI
- Implementierung notwendiger Prozesse zur Erfüllung von Betroffenenrechten

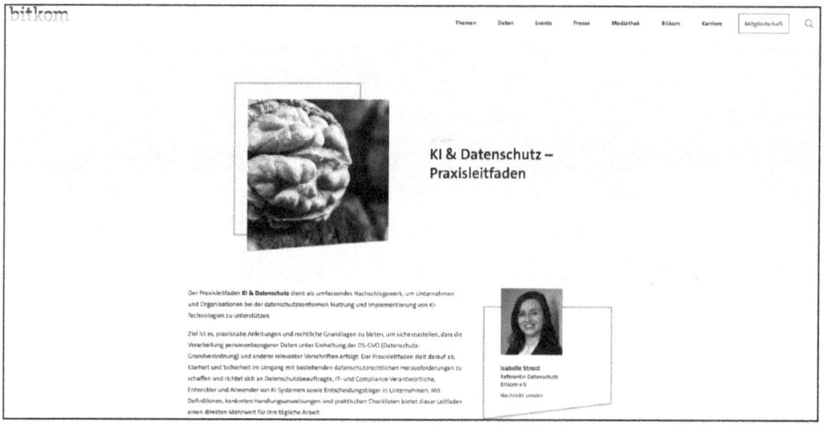

Bild 3.28 Der Bitkom e. V. hat einen „Praxisleitfaden KI & Datenschutz" mit guten Tipps veröffentlicht (Quelle: *https://www.bitkom.org/Bitkom/Publikationen/KI-Datenschutz-Praxisleitfaden*, 14. 07. 2024, 15:40 Uhr).

Um solche Stellungnahmen bzw. Orientierungshilfen verschiedener Institutionen zu ordnen und übersichtlich darzustellen, hat der Landesbeauftragte für Datenschutz und Informationsfreiheit Baden-Württemberg den „Orientierungshilfen-Navigator KI & Datenschutz" (ONKIDA) initiiert. Dieser kann kostenfrei auf dessen Website abgerufen werden. Das ONKIDA-Projekt ist im Kern eine tabellarische Aufstellung verschiedener Orientierungshilfen und ähnlicher Dokumente, die von anderen Datenschutzaufsichtsbehörden bislang veröffentlicht worden sind (u. a. auch die hier zitierten Papiere der DSK oder des Bayerischen Landesamtes für Datenschutz).

Orientierungshilfen-Navigator KI & Datenschutz (ONKIDA)

Fundstellenübersicht zu zehn zentralen Vorgaben des Datenschutzrechts in aufsichtsbehördlichen Orientierungshilfen zu „Künstlicher Intelligenz"
Stand Juli 2024. Die Tabelle als PDF (200 kB).

Wobei hilft ONKIDA? Werden bei KI-Anwendungen personenbezogene Daten verarbeitet, ist die DS-GVO anwendbar. Beginnend bei der Frage, wann und an welcher Stelle des Verarbeitungsprozesses man es mit personenbezogenen Daten (pbD) zu tun hat, gibt es zahlreiche weitere datenschutzrechtliche Implikationen. Namentlich, wie Verantwortliche der Maßgabe der Zweckbindung oder Ansprüchen auf Löschung sowie Auskunft bei KI-Systemen nachkommen können – und ab wann sie überhaupt datenschutzrechtlich verantwortlich sind. Zu den datenschutzrechtlichen Fragen, die sich beim Einsatz von KI stellen, gibt es inzwischen zahlreiche Handreichungen von Aufsichtsbehörden, um Verantwortlichen Hilfestellung zu liefern. Dabei zeigt sich ein grundsätzlich sehr einheitliches Bild in der Auslegung, auch wenn im Einzelnen unterschiedliche Schwerpunkte gesetzt werden. ONKIDA gibt hier einen ersten Überblick und versteht sich als Hilfestellung für die Arbeit mit diesen Orientierungshilfen, indem ein schnellerer Zugang zu Einzelaspekten zentraler datenschutzrechtlicher Vorgaben ermöglicht wird.

Anwendung: In der linken Spalte (senkrechte Linie) sind zentrale datenschutzrechtliche Vorgaben zu finden („TopTen Datenschutz und KI"), die regelmäßig bei KI-Anwendungen mit pbD eine Rolle spielen. In der obersten Zeile (waagerechte Reihe) findet sich eine Auswahl von Orientierungshilfen verschiedener Aufsichtsbehörden bzw. kooperierender Gremien zu Schnittstellen von DS-GVO und KI, die jeweils verlinkt sind zu den Originaldokumenten. Für jedes Dokument gibt ONKIDA dann in den einzelnen Feldern an, ob und wenn ja an welcher Stelle (Seite, Randnummer) das jeweilige Papier Aussagen zu den Vorgaben in der linken Spalte enthält.

	A. EDPS Guidelines on generative AI and the EUDPR (2024, PDF) *Datenverarbeitung durch EU-Organe*	B. Report der EDSA Taskforce ChatGPT (2024, PDF)	C. DSK: Orientierungshilfe zu KI und Datenschutz (2024, PDF)	D. LfDI BW: Rechtsgrundlagen zum Einsatz von KI (2023)	E. BayLDA: Checkliste Datenschutzkonforme KI (2024, PDF)	F. Hamburger BfDI: Checkliste zum Einsatz LLM-basierter Chatbots (2023, PDF)	G. CNIL: Recommendations on the development of AI systems („How-to sheets") (2024)	H. DSB Österreich: FAQ KI und Datenschutz (2024)	I. DSK: Positionspapier zu TOM bei Entwicklung und Betrieb von KI-Systemen (2019, PDF)	J. DSK: Hambacher Erklärung zur KI (2019, PDF)
1. Grundsatz der Datenrichtigkeit Art. 5 I lit. d) DSGVO	(+) S. 15 f. (Art. 4 I lit. d) VO 2018/1725)	(+) Rn. 29 ff. sowie im Fragebogen im Annex, S. 11	(+/−) Recht auf Berichtigung Rn. 27, Überprüfung der Richtigkeit der Ergebnisse Rn. 64 f.	(−)	(+/−) Recht auf Berichtigung, S. 6, 10	(+/−) Überprüfung der Richtigkeit des Ergebnisses S. 4	(+/−) „data cleaning", „monitoring and updating" Sheet 7	(+)	(−)	(−)
2. Grundsatz der Datenminimierung Art. 5 I lit. c) DSGVO **Zweckbindungsgrundsatz** Art. 5 I lit. b) DSGVO	(+) Datenminimierung, S. 14 (Art. 4 I lit. c) VO 2018/1725) (+/−) Zweckbindung, nur sehr indirekt („consistent with original purpose"), S. 12	(+/−) nur im Rahmen des Fragebogens im Annex, S. 10	(+) Zweckbindung Rn. 1 f.	(+/−) Berücksichtigung Datenminimierung bei Art. 6 I lit. f DSGVO (S. 17) u. § 13 LDSG BW (S. 26) (+) Zweckänderung S. 15	(+/−) Zweckbindung nur eher indirekt S. 6, 8, 11 (Checkliste)	(−)	(+) Sheet 2, Datenminimierung auch Sheet 6, Zweckkompatibilität auch Sheet 4 (2/2)	(+)	(+) Datenminimierung S. 9, 14, 17 (+) Zweckbindung S. 6 f., 7 (Fragebogen), 8, 9, 14, 17	(+) Datenminimierung, S. 4 (+) Zweckbindung S. 3,
3. Personenbezug Art. 4 Nr. 1 DSGVO	(+) S. 7 (Art. 3 Nr. 1 VO 2018/1725)	(−)	(+) Rn. 4 ff., 7 f., 48 ff.	(+) insbes. S. 6	(+) S. 4, 6, 9, 10, 11 (Checklisten)	(+) S. 2 f. *vgl. auch Hamburger Thesen zum Personenbezug in Large Language Models v. 15.7.2024*	(+) Introduction	(−)	(+) S. 15 kurzer Satz im Zusammenhang mit Vertraulichkeit beim Training	(−)
4. Rechtsgrundlagen für die Datenverarbeitung Art. 6 I u. 9 II DSGVO	(+) S. 11 ff. (Art. 5 und 10 II VO 2018/1725)	(+) Rn. 13 ff., ebenso im Fragebogen S. 12 f.	(+) Rn. 9 ff. (zudem Verweis auf Positionspapier LfDI BW), Rn. 62 (im Zusammenhang mit sensiblen Daten)	(+) insbes. S. 11 ff.	(+) S. 4 und 9 (Checklisten)	(+) S. 2 (indirekt im Zusammenhang mit Personenbezug) und S. 4 (im Zusammenhang mit Diskriminierung)	(+) Sheet 4 (1/2 und 2/2), Sheet 6 (in consultation)	(+/−) nur allgemeine Bezugnahme	(+/−) vereinzelt kurze Bezugnahmen, dass es einer Rechtsgrundlage bedarf	(−)
5. (Mit-)Verantwortlichkeit Art. 26 (und 28) DSGVO	(+) S. 6	(+/−) Rn. 23 ff. in Zusammenhang mit Fairness-Prinzip, „Abwälzung" der Verantwortlichkeit auf betroffene Personen, im Rahmen des Fragebogens S. 14	(+) Rn. 32 ff.	(+) S. 9 ff.	(+) S. 9	(−)	(+) Sheet 3	(−)	(+/−) indirekt: Klärung der Zugriffsmöglichkeiten von Cloud-Anbietern S. 15, „Rollen- und Berechtigungskonzept" S. 15, 18, 19	(+/−) S. 4 (nur knappe Bezugnahme auf Ermittlung der Verantwortlichkeit)
6. Transparenzgebot und Informationspflichten Art. 5 I lit. a und 12 ff. DSGVO	(+) S. 17 (Art. 14 VO 2018/1725)	(+) Rn. 27 f., ebenso im Fragebogen S. 13	(+) Rn. 21 ff.	(+) S. 12 (im Zusammenhang mit informierter Einwilligung)	(+) Transparenz S. 7 (als Teil des „Datenschutz-Risikomodells") (+) Infopflichten S. 5 (Checkliste)	(−)	(+) Sheet 2, Dokumentation in Sheet 7	(+)	(+) S. 5, 11 ff., 16 f.	(+) S. 3

Bild 3.29 Das Projekt ONKIDA des Landesbeauftragten für Datenschutz und Informationsfreiheit Baden-Württemberg liefert einen guten Überblick über verschiedene Orientierungshilfen (Quelle: *https://www.baden-wuerttemberg.datenschutz.de/onkida/*, 20. 07. 2024, 11:20 Uhr).

Für jedes der aufgeführten Dokumente referenziert ONKIDA anhand von zehn wichtigen Aspekten des Datenschutzrechts Angaben, ob dazu jeweils Aussagen getroffen wurden, und gegebenenfalls die entsprechenden Fundstellen. ONKIDA nennt hier die folgenden Aspekte:

- Grundsatz der Datenrichtigkeit, Art. 5 Abs. 1 lit. d) DSGVO
- Grundsatz der Datenminimierung, Art. 5 Abs. 1 lit. c) DSGVO
- Zweckbindungsgrundsatz, Art. 5 Abs. 1 lit. b) DSGVO
- Personenbezug, Art. 4 Nr. 1 DSGVO
- Rechtsgrundlagen für die Datenverarbeitung, Art. 6 Abs. 1, Art. 9 Abs. 2 DSGVO
- (Mit-)Verantwortlichkeit, Art. 26 (und 28) DSGVO
- Transparenzgebot und Informationspflichten, Art. 5 Abs. 1 lit. a), Art. 12 ff. DSGVO
- Auskunftsanspruch, Art. 15 DSGVO
- Recht auf Löschung, Art. 17 DSGVO
- Automatisierte Entscheidungen und Profiling, Art. 22 DSGVO

- Datenschutz durch Technikgestaltung und datenschutzfreundliche Voreinstellungen, Art. 25 DSGVO
- Datenschutz-Folgenabschätzung, Art. 35 DSGVO

Wer also Aussagen von Datenschutzinstitutionen zu einem der genannten Themen sucht, der wird mithilfe von ONKIDA schnell fündig. Zudem hilft dieses Projekt dabei, den Überblick zu behalten.

4 KI und Allgemeines Persönlichkeitsrecht

4.1 Einführung

Das Allgemeine Persönlichkeitsrecht (APR) – ein Begriff, den viele sicherlich schon einmal gehört oder gelesen haben, aber nicht so richtig einordnen können. Beim APR handelt es sich um ein Bündel aus verschiedenen Einzelrechten, die eng mit der Persönlichkeit eines Menschen zusammenhängen und unter diesem Oberbegriff zusammengefasst werden. Das APR resultiert aus Art. 1 und 2 des deutschen Grundgesetzes (GG). Art. 1 Abs. 1 GG lautet:

> *„Die Würde des Menschen ist unantastbar. Sie zu achten und zu schützen ist Verpflichtung aller staatlichen Gewalt."*

Ergänzend hierzu formuliert Art. 2 Abs. 1 GG Folgendes:

> *„Jeder hat das Recht auf die freie Entfaltung seiner Persönlichkeit, soweit er nicht die Rechte anderer verletzt und nicht gegen die verfassungsmäßige Ordnung oder das Sittengesetz verstößt."*

Diese Grundregeln unseres Zusammenlebens sind immens wichtig, aber natürlich sehr allgemein formuliert. Daher hat das Bundesverfassungsgericht das APR entwickelt. Es gibt Teilbereiche des APR, wie etwa das Recht am eigenen Bild, die sind sehr bekannt, andere hingegen fristen eher ein Schattendasein. Die Frage, welche konkreten Einzelrechte zum „nebulösen" Feld APR gehören, muss regelmäßig das Bundesverfassungsgericht beantworten. Es existieren bislang beispielsweise Entscheidungen zu folgenden Aspekten:

- Recht der **Selbstbestimmung:** z. B. Recht auf Kenntnis der eigenen Abstammung, Recht auf Bestimmung des eigenen Geschlechts, Recht am eigenen Namen, Recht von Straftätern auf Resozialisierung

- Recht der **Selbstbewahrung:** z. B. Schutz des Tagebuchs, Vertraulichkeit des eigenen Gesundheitszustandes, Vertraulichkeit der persönlichen Vermögensverhältnisse, Recht auf Rückzug an abgeschiedene Orte
- Recht der **Selbstdarstellung:** z. B. Recht am eigenen Wort, Recht am eigenen Bild, Recht an der eigenen Stimme, Recht auf Gegendarstellung, Schutz der persönlichen Ehre, postmortales Persönlichkeitsrecht
- Recht auf **informationelle Selbstbestimmung**

Im KI-Kontext sind insbesondere drei Bereiche des APR von besonderem Interesse, nämlich das Recht am eigenen Bild, das Recht an der eigenen Stimme sowie das Recht auf informationelle Selbstbestimmung. Auf letztgenanntem fußt unser heutiges Verständnis des Datenschutzrechts. Es wurde vom Bundesverfassungsgericht in seinem berühmten „Volkszählungsurteil" entwickelt. Im Frühjahr 1983 sollte in Deutschland eine Volkszählung durchgeführt werden, wogegen Verfassungsbeschwerde eingelegt worden war. In seiner Entscheidung führten die Karlsruher Richter u. a. aus:

> *„Unter den Bedingungen der modernen Datenverarbeitung wird der Schutz des Einzelnen gegen unbegrenzte Erhebung, Speicherung, Verwendung und Weitergabe seiner persönlichen Daten von dem allgemeinen Persönlichkeitsrecht des GG Art. 2 Abs. 1 in Verbindung mit GG Art. 1 Abs. 1 umfaßt. Das Grundrecht gewährleistet insoweit die Befugnis des Einzelnen, grundsätzlich selbst über die Preisgabe und Verwendung seiner persönlichen Daten zu bestimmen."*

Zu den Details des Datenschutzrechts finden sich an anderer Stelle bereits ausführliche Hinweise (siehe Kapitel 3). Hier zeigt sich jedoch der enge Zusammenhang zwischen dem Datenschutzrecht und dem APR. Es ist insbesondere anerkannt, dass ein Foto, auf dem ein Mensch erkennbar abgebildet ist, als personenbezogenes Datum im Sinne der DSGVO gilt. Das Gleiche gilt dem Grunde nach auch für eine Aufzeichnung der Stimme eines Menschen. Denn die Stimme bildet die physiologischen und genetischen Anlagen eines Individuums ab und stellt zugleich ein biometrisches Merkmal dar. Aufgrund einer Bild- bzw. Tonaufnahme eines Menschen kann man diesen oftmals also nicht nur „ziemlich sicher" erkennen, sondern ihn häufig sogar eindeutig identifizieren. Beide Rechtspositionen (eigenes Bild, eigene Stimme) umfassen regelmäßig Daten mit Bezug zu einer identifizierten oder jedenfalls identifizierbaren Person. Parallel dazu sind sie Teil des APR. Mit den modernen, am Massenmarkt zum Teil sogar kostenfrei verfügbaren KI-Tools lässt sich einfach und schnell Bild- und Tonmaterial erstellen, in dem Fotos mit Darstellungen von Menschen und/oder menschliche Stimmen enthalten sind. Bisweilen handelt es sich dabei – ob absichtlich oder unabsichtlich – um Abbildungen bzw. Stimmen von real existierenden Menschen. In diesen Fällen spricht man auch von „Deepfakes".

Bild 4.1 Berühmte Deepfakes mit Darstellungen des Papstes und von Donald Trump (Quelle: per KI erzeugte Deepfakes)

Solche per KI erzeugte Aufnahmen, die wie realistische Fotos von tatsächlichen Ereignissen aussehen, können mitunter so täuschend echt wirken, dass sie nur schwer und zum Teil auch nur unter Verwendung technischer Hilfsmittel als Fälschung zu erkennen sind. Insofern können solche Deepfakes ein Verstoß gegen das APR darstellen. Daher findet sich in der EU-KI-Verordnung (KI-VO) nicht nur eine Definition des Begriffs „Deepfake“, sondern auch eine Transparenzpflicht für Betreiber bestimmter KI-Systeme. Nach Art. 3 Nr. 60 KI-VO handelt es sich bei einem Deepfake um einen durch KI erzeugten oder manipulierten Bild-, Ton- oder Videoinhalt, der wirklichen Personen, Gegenständen, Orten, Einrichtungen oder Ereignissen ähnelt und einer Person fälschlicherweise als echt oder wahrheitsgemäß erscheinen würde. Art. 50 Abs. 4 S. 1–3 KI-VO regelt dazu Folgendes:

> *Betreiber eines KI-Systems, das Bild-, Ton- oder Videoinhalte erzeugt oder manipuliert, die ein Deepfake sind, müssen offenlegen, dass die Inhalte künstlich erzeugt oder manipuliert wurden. Diese Pflicht gilt nicht, wenn die Verwendung zur Aufdeckung, Verhütung, Ermittlung oder Verfolgung von Straftaten gesetzlich zugelassen ist. Ist der Inhalt Teil eines offensichtlich künstlerischen, kreativen, satirischen, fiktionalen oder analogen Werks oder Programms, so beschränken sich die in diesem Absatz festgelegten Transparenzpflichten darauf, das Vorhandensein solcher erzeugten oder manipulierten Inhalte in geeigneter Weise offenzulegen, die die Darstellung oder den Genuss des Werks nicht beeinträchtigt.*

Diese recht lange Norm verlangt in ihrem ersten Satz, dass Betreiber eines KI-Systems, das Deepfakes in Form von Bild-, Ton- oder Videoinhalten erzeugen oder manipulieren kann, dies offenlegen müssen. Die entsprechenden Informationen müssen spätestens zum Zeitpunkt der ersten Interaktion in klarer und eindeutiger Weise bereitgestellt werden sowie den geltenden Barrierefreiheitsanforderungen entsprechen

(Art. 50 Abs. 5 KI-VO). Eine Ausnahme von dieser Transparenzpflicht existiert für gesetzlich zugelassene Nutzung solcher KI-Systeme zur Aufdeckung, Verhütung, Ermittlung oder Verfolgung von Straftaten. Außerdem dürfen die Informationen über Deepfakes, die Teil eines künstlerischen, kreativen, satirischen, fiktionalen oder analogen Werks oder Programms sind, in „geeigneter Weise" offengelegt werden, die die Darstellung oder den Genuss des Werks nicht beeinträchtigt.

Übrigens: In der gleichen Norm ist parallel zur Transparenzpflicht für Deepfakes auch eine solche für „Fake News" geregelt. Denn auch durch solche Falschinformationen kann ein Eingriff in das APR eines Menschen erfolgen. Daher regelt Art. 50 Abs. 4 S. 4–5 KI-VO Folgendes:

> *Betreiber eines KI-Systems, das Text erzeugt oder manipuliert, der veröffentlicht wird, um die Öffentlichkeit über Angelegenheiten von öffentlichem Interesse zu informieren, müssen offenlegen, dass der Text künstlich erzeugt oder manipuliert wurde. Diese Pflicht gilt nicht, wenn die Verwendung zur Aufdeckung, Verhütung, Ermittlung oder Verfolgung von Straftaten gesetzlich zugelassen ist oder wenn die durch KI erzeugten Inhalte einem Verfahren der menschlichen Überprüfung oder einer redaktionellen Kontrolle unterzogen wurden und wenn eine natürliche oder juristische Person die redaktionelle Verantwortung für die Veröffentlichung der Inhalte trägt.*

In Bezug auf sogenannte „Fake News" gilt also ebenfalls eine Pflicht zur Offenlegung durch klare und eindeutige Informationen. Und auch hierbei gibt es eine Ausnahme zur Aufdeckung, Verhütung, Ermittlung oder Verfolgung von Straftaten. Ebenso besteht keine Transparenzpflicht für die Fälle, in denen eine redaktionelle Kontrolle der KI-Inhalte sowie eine redaktionelle Verantwortung für diese durch einen Menschen oder ein Unternehmen existiert.

Abgesehen von diesen Transparenzpflichten stellt sich vorher schon die Frage, ob solche Deepfakes oder ähnliche Werke überhaupt erstellt werden dürfen. Denn nicht nur prominenten Personen wie dem Papst oder Donald Trump steht das APR zu. Auch „Menschen wie du und ich" können sich auf ihr Recht am eigenen Bild bzw. an der eigenen Stimme berufen. Aufgrund des hohen Missbrauchspotenzials besteht zudem verstärkter Regelungs- und auch Handlungsbedarf.

Beispiel

In der Buchhaltungsabteilung eines Unternehmens meldet sich telefonisch eine Person, die in einer dringlichen Vertragsangelegenheit um sofortige Überweisung eines größeren Geldbetrages bittet, weil der potenzielle Kunde ansonsten nicht gewonnen werden kann. Weil sich die anrufende Person als Geschäftsführer des Unternehmens ausgibt und der Buchhaltungsmitarbeiter auch dessen Stimme erkennt, wird die Überweisung veranlasst.

Dieses auch als „CEO-Fraud" bekannte Vorgehen funktioniert zwar nur dann, wenn die Betrüger ausreichende Informationen über das ins Visier genommene Unternehmen haben und zudem die Stimme des Geschäftsführers „klonen" oder zumindest täuschend echt nachahmen können. Ist diese Hürde aber erst einmal genommen, handelt es sich bei diesem Angriff um ein äußerst perfides und zugleich wirkungsvolles Vorgehen. Dies belegen diverse Vorfälle, die zukünftig wohl zahlenmäßig noch zunehmen dürften.

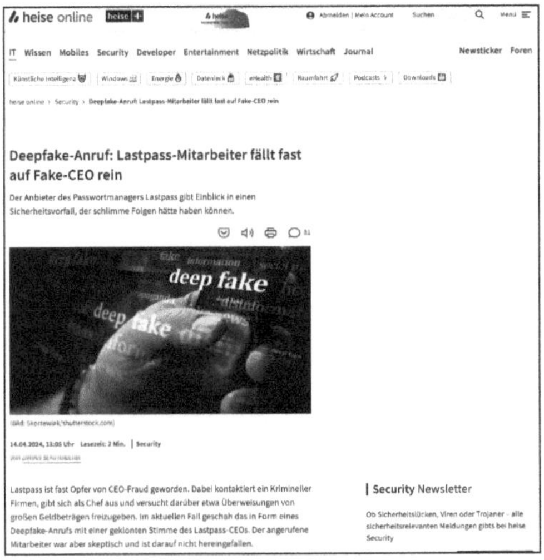
heise online

IT Wissen Mobiles Security Developer Entertainment Netzpolitik Wirtschaft Journal Newsticker Foren

Künstliche Intelligenz | Windows | Energie | Datenleck | eHealth | Raumfahrt | Podcasts | Downloads

heise online > Security > Deepfake-Anruf: Lastpass-Mitarbeiter fällt fast auf Fake-CEO rein

Deepfake-Anruf: Lastpass-Mitarbeiter fällt fast auf Fake-CEO rein

Der Anbieter des Passwortmanagers Lastpass gibt Einblick in einen Sicherheitsvorfall, der schlimme Folgen hätte haben können.

(Bild: Skorzewiak/shutterstock.com)

14.04.2024, 13:05 Uhr Lesezeit: 2 Min. | Security

Lastpass ist fast Opfer von CEO-Fraud geworden. Dabei kontaktiert ein Krimineller Firmen, gibt sich als Chef aus und versucht darüber etwa Überweisungen von großen Geldbeträgen freizugeben. Im aktuellen Fall geschah das in Form eines Deepfake-Anrufs mit einer geklonten Stimme des Lastpass-CEOs. Der angerufene Mitarbeiter war aber skeptisch und ist darauf nicht hereingefallen.

| Security Newsletter

Ob Sicherheitslücken, Viren oder Trojaner – alle sicherheitsrelevanten Meldungen gibts bei heise Security

Bild 4.2
Bericht über einen Betrugsversuch mittels „CEO-Fraud" (Quelle: *https://www.heise.de/news/Deepfake-Anruf-Lastpass-Mitarbeiter-faellt-fast-auf-Fake-CEO-rein-9684594.html*, 14. 06. 2024, 15:06 Uhr).

Ein weiteres Level erreicht diese Betrugsmasche, indem nicht nur die Stimme, sondern auch das Bildnis des Geschäftsführers per KI digital nachgeahmt wird. So lässt sich dann beispielsweise auch ein Videocall mit einem virtuellen Abbild des Geschäftsführers durchführen, und das sogar in Echtzeit – die modernen technischen Hilfsmittel lassen es jedenfalls zu.

Blick

DE | FR

DIGITAL

Wegen KI-Kleidung im Videocall aufgeflogen

Bund warnt vor neuer CEO-Betrugsmasche

Schweizer Vereine und Firmen im Visier: Cyberkriminelle setzen künstliche Intelligenz ein, um in Videocalls aufzutreten. So wollen sie Geld ergaunern.

MEISTGELESEN

1 Explosion in Nussbaumen AG
Polizei vermutet Feuerwerk als Ursache

2 USA stoppen Kriegsnachschub
Diese Sanktionen tun Putin endlich weh

3 «Es war eine Sauerei»
Kate Winslet über «Titanic»-Kuss mit DiCaprio

1/5 Achtung! Cyberkriminelle nutzen jetzt künstliche Intelligenz (KI), um dich auszutricksen.

Bild 4.3
In den Medien wird vor den neuen KI-unterstützten Betrugsmaschinen berichtet (Quelle: *https://www.blick.ch/digital/wegen-ki-kleidung-im-videocall-aufgeflogen-bund-warnt-vor-neuer-ceo-betrugsmasche-id19622744.html*, 14. 06. 2024, 15:16 Uhr).

Nicht zuletzt deswegen ist es wichtig, die rechtlichen Grundlagen zu beleuchten.

4.2 Recht am eigenen Bild

Das Recht am eigenen Bild als Teil des APR wird nicht nur durch entsprechende Gerichtsentscheidungen geregelt, es existiert sogar ein eigenständiges Gesetz – das Gesetz betreffend das Urheberrecht an Werken der bildenden Künste und der Fotografie, kurz: Kunsturhebergesetz (KUG).

Bild 4.4
Bild eines fiktiven Politikers während einer Rede (Quelle: KI-Bild, eigene Darstellung).

Würde der (fiktive) Politiker in diesem KI-generierten Bild beispielsweise die Gesichtszüge einer real existierenden Person aufweisen, könnte dessen Recht am eigenen Bild berührt sein und er könnte seine Rechtsposition aus dem KUG geltend machen. Zugleich wäre das Datenschutzrecht einschlägig.

4.2.1 Das Kunsturhebergesetz

Das KUG ist bereits über hundert Jahre alt und über die Jahrzehnte mehrfach überarbeitet worden. Der Kern, nämlich die §§ 22, 23 KUG, gilt aber noch heute. Entstanden ist das KUG ursprünglich aufgrund des ersten „Presseskandals" in Deutschland. Otto von Bismarck verstarb am Abend des 30. Juli 1898. Am folgenden Tag verschafften sich zwei Personen Zugang zum Sterbezimmer, fotografierten den toten Bismarck auf seinem Sterbebett und verkauften die Aufnahme anschließend. Die beiden Täter wurden zwar geschnappt und angeklagt, allerdings konnte man sie „nur" wegen Hausfriedensbruchs verurteilen. Die Familie Bismarck initiierte daraufhin einen Diskurs über eine gesetzliche Neuregelung, um die Aspekte des Rechts am eigenen Bild und auch das postmortale Persönlichkeitsrecht neu zu regeln. Infolgedessen trat am 9. Januar 1907 das KUG in Kraft. Die Geschehnisse rund um das Foto des verstorbenen Otto von Bismarck spiegeln sich in § 22 KUG wider:

Bildnisse dürfen nur mit Einwilligung des Abgebildeten verbreitet oder öffentlich zur Schau gestellt werden. Die Einwilligung gilt im Zweifel als erteilt, wenn der Abgebildete dafür, daß er sich abbilden ließ, eine Entlohnung erhielt. Nach dem Tode des Abgebildeten bedarf es bis zum Ablaufe von zehn Jahren der Einwilligung der Angehörigen des Abgebildeten. Angehörige im Sinne dieses Gesetzes sind der überlebende Ehegatte oder Lebenspartner und die Kinder des Abgebildeten und, wenn weder ein Ehegatte oder Lebenspartner noch Kinder vorhanden sind, die Eltern des Abgebildeten.

In Bezug auf das Recht am eigenen Bild gilt also der Einwilligungsgrundsatz. Das bedeutet konkret, dass jeder Mensch gefragt werden muss, bevor sein „Bildnis" verbreitet oder veröffentlicht wird. Das Gesetz geht hier also von mehreren Aspekten aus:

1. Ein Bildnis ist nicht gleichzusetzen mit „Fotografie", sondern kann auch noch in anderer Form vorliegen (z. B. in Form eines Videos oder einer Zeichnung).
2. Das Bildnis ist bereits entstanden, d. h., es liegt bereits in verkörperter Form, z. B. als Foto oder als Videoaufnahme, vor.
3. Die Zustimmung gilt als erteilt, wenn die abgebildete Person dafür ein Entgelt erhalten hat (z. B. Modells).
4. Auch verstorbenen Personen steht das Recht am eigenen Bild zu, welches bis zu zehn Jahre nach dem Tod durch die Angehörigen geltend gemacht werden kann.

Die Regelung des § 22 KUG ist vor über hundert Jahren entstanden, sodass man sie im Lichte der modernen Zeit auslegen muss. Der (etwas reduziert formulierte) Grundsatz „kein Foto ohne Einwilligung" gilt zwar auch heute unverändert; allerdings existieren von diesem Grundsatz auch Ausnahmen. Der rechtliche Rahmen des KUG gilt bis heute, und zwar für Bildnisse unterschiedlicher Form, also für Fotos, Videos, Zeichnungen usw.

4.2.2 Die Datenschutzgrundverordnung

Am 25. Mai 2018 ist noch die DSGVO hinzugekommen. In dieser ist der Grundsatz „keine Verarbeitung personenbezogener Daten ohne Rechtsgrundlage" verankert. Und da Foto- bzw. Videoaufnahmen und andere Bildnisse als Daten mit Personenbezug in diesem Sinne gelten, sofern die abgebildete Person erkennbar ist, müssen sowohl DSGVO als auch KUG gleichermaßen Beachtung finden. Sie setzen allerdings zu unterschiedlichen Zeitpunkten an, nämlich einerseits vor Anfertigung der Aufnahme (DSGVO) und nach der Anfertigung im Falle der Verbreitung bzw. Veröffentlichung (KUG).

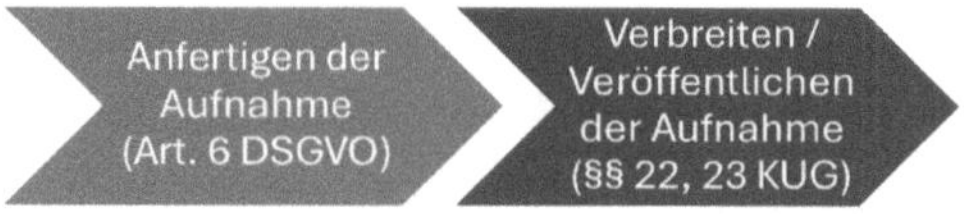

Bild 4.5 Für die Anfertigung und für die Nutzung von Personenaufnahmen ist jeweils eine Rechtsgrundlage notwendig (Quelle: eigene Darstellung).

Dreh- und Angelpunkt sowohl bei der DSGVO als auch beim KUG ist die Frage, ob eine abgebildete Person „erkennbar" im Rechtssinne ist. Dabei kommt es nicht darauf an, dass sie durch bestimmte Personen (z. B. Familie oder Freunde) erkannt werden kann, sondern darauf, ob sie generell erkennbar ist. Ob eine abgebildete Person erkennbar ist oder nicht, muss anhand verschiedener Aspekte beurteilt werden. Wenn die Person direkt in die Kamera schaut, ist die Erkennbarkeit natürlich gegeben (sofern sie keine Maske oder Ähnliches trägt). Dies ist jedoch nicht das einzige Kriterium, auf das es ankommt. Die Erkennbarkeit kann sich u. a. aufgrund von Begleitpersonen, durch auffällige Tattoos oder schlicht aus der Bildunterschrift ergeben.

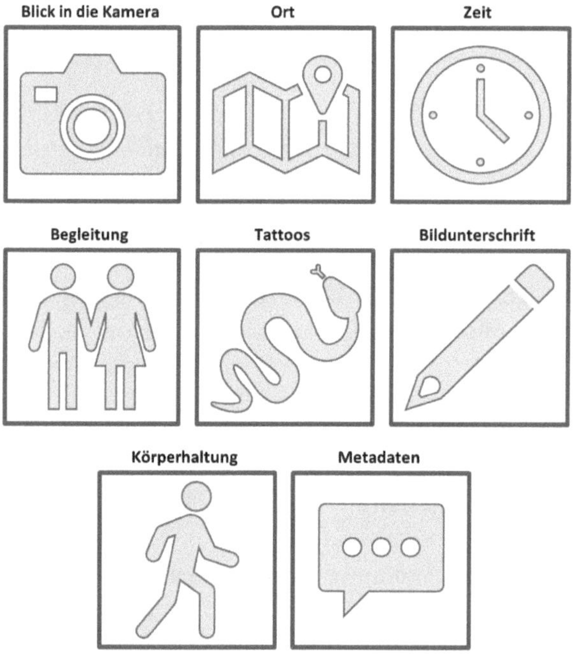

Bild 4.6 Es gibt verschiedene Kriterien, die zu einer Erkennbarkeit von auf Fotos abgebildeten Personen führen können (Quelle: eigene Darstellung).

Als Faustregel kann man sich merken: Im Zweifel sollte man davon ausgehen, dass eine Erkennbarkeit gegeben ist. Nur dann, wenn die betreffende Person nur schemenhaft, nur in weiter Entfernung, nur mit Maskerade etc. abgebildet ist, kann eine Erkennbarkeit verneint werden.

4.2.3 Rechtsgrundlagen

Beide Gesetze, DSGVO und KUG, verlangen eine Rechtsgrundlage, und in beiden Fällen läuft es in der Praxis nicht selten auf eine Einwilligung der betreffenden Person hinaus. Es gibt selbstverständlich noch andere Möglichkeiten der rechtskonformen Anfertigung von Foto- oder Videoaufnahmen. So kann beispielsweise eine vertragliche Regelung in Betracht kommen, wie man es von Fotomodellen oder Schauspielern kennt. Wenn es jedoch um Alltagsaufnahmen geht, z. B. um die Fotos auf der nächsten Weihnachtsfeier oder Videos vom Stadtfest, dann bleibt in vielen Fällen oft nur die Einwilligung. Die hat leider einen Haken, genauer gesagt sogar zwei. Der erste Haken besteht darin, dass die Einwilligung vergleichsweise hohe Voraussetzungen hat, die erfüllt werden müssen. Denn dies richtet sich nach den datenschutzrechtlichen Vorgaben. In Art. 4 Nr. 11 DSGVO ist die Einwilligung wie folgt definiert:

> *Jede freiwillig für den bestimmten Fall, in informierter Weise und unmissverständlich abgegebene Willensbekundung in Form einer Erklärung oder einer sonstigen eindeutigen bestätigenden Handlung, mit der die betroffene Person zu verstehen gibt, dass sie mit der Verarbeitung der sie betreffenden personenbezogenen Daten einverstanden ist.*

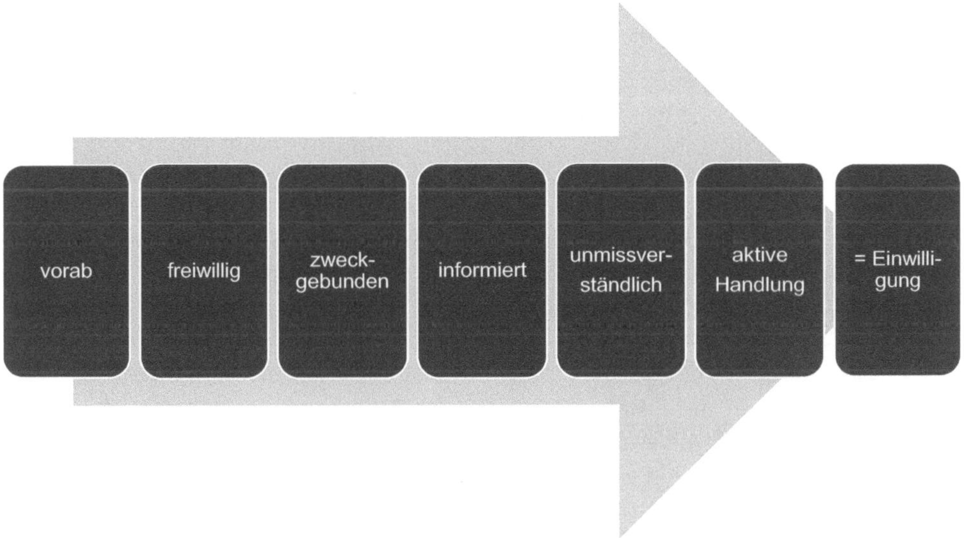

Bild 4.7 Eine rechtskonforme Einwilligungserklärung muss bestimmte Voraussetzungen erfüllen (Quelle: eigene Darstellung).

Die Einwilligung muss also schon vor Anfertigung der Aufnahmen vorliegen und darf nicht erst im Nachhinein erfragt werden. Zudem muss sie durch eine aktive Handlung erfolgen.

Beispiel

Eine vorformulierte Einwilligung in eine Fotoaufnahme kann etwa folgendermaßen formuliert werden: „Wenn Sie mit der Aufnahme einverstanden sind, dann klicken Sie bitte hier: ..." Wer jedoch die Einwilligung wie folgt einholen möchte, der hat eher schlechte Karten: „Wenn Sie sich nicht melden, gehen wir davon aus, dass Sie mit der Aufnahme einverstanden sind." Denn in der letztgenannten Variante muss die betroffene Person tätig werden, um ihre „Einwilligung" zu widerrufen. Nur mit der erstgenannten Formulierung wird korrekterweise eine aktive Handlung durch die betroffene Person eingefordert.

Der Punkt der Freiwilligkeit ist regelmäßig kein Problem, jedenfalls wenn die Aufnahmen offen angefertigt werden und nicht heimlich bzw. mit versteckter Kamera erfolgen. Allerdings gibt es eine praktische bedeutsame Ausnahme, nämlich für Beschäftigungsverhältnisse. Dem Gesetzgeber ist bewusst, dass Arbeitnehmer sich in einem wirtschaftlichen Abhängigkeitsverhältnis zum Arbeitgeber befinden, wir es dort also mit einem Über-Unterordnungsverhältnis zu tun haben. Deshalb regelt § 26 Abs. 2 S. 1, 2 BDSG Folgendes:

> *Erfolgt die Verarbeitung personenbezogener Daten von Beschäftigten auf der Grundlage einer Einwilligung, so sind für die Beurteilung der Freiwilligkeit der Einwilligung insbesondere die im Beschäftigungsverhältnis bestehende Abhängigkeit der beschäftigten Person sowie die Umstände, unter denen die Einwilligung erteilt worden ist, zu berücksichtigen. Freiwilligkeit kann insbesondere vorliegen, wenn für die beschäftigte Person ein rechtlicher oder wirtschaftlicher Vorteil erreicht wird oder Arbeitgeber und beschäftigte Person gleichgelagerte Interessen verfolgen.*

Im Zweifel muss also der Nachweis erfolgen, dass die Zustimmung zur Aufnahme freiwillig erfolgt ist. Außerdem muss die ansonsten formfrei mögliche Erteilung der Einwilligung im Rahmen eines Beschäftigungsverhältnisses regelmäßig schriftlich oder elektronisch erfolgen (Art. 26 Abs. 2 S. 3 BDSG). Ein weiteres Problem entsteht in der Praxis häufig mit dem Kriterium der Informiertheit. Denn spätestens zum Zeitpunkt der Einholung der Einwilligung muss der Betroffene alle erforderlichen Informationen bekommen, die er benötigt, um die Tragweite seiner Zustimmung bzw. deren Ablehnung abschätzen zu können. Diese Informationen können sich aus dem Kontext ergeben, im Zweifel sind sie jedoch klar und eindeutig anzugeben.

Beispiel

Wenn auf dem internen Sommerfest eines Unternehmens Fotos angefertigt und später im Intranet für alle Beschäftigten zur Verfügung gestellt werden sollen, dann ergeben sich viele Informationen aus den Umständen. Den meisten Beschäftigten wird schon aus einer „betrieblichen Übung" klar sein, dass Fotos gemacht werden, wozu diese dienen und wie bzw. wo sie später eingesehen werden können. Sofern aber Aspekte eine Rolle spielen, die nicht aufgrund von „Ach ja, war in den letzten Jahren ja auch schon so" allgemein bekannt sind, müssen diese z. B. in Textform vorab per E-Mail oder als Aushang kommuniziert werden.

Und insbesondere muss der Hinweis darauf, dass und wie die Einwilligung widerrufen werden kann und welche Rechtsfolgen sich daraus ergeben, erfolgen.

Der zweite Haken besteht darin, dass eine Einwilligung jederzeit ohne Angaben von Gründen widerrufen werden kann (Art. 7 Abs. 3 S. 1 DSGVO). Damit entfällt nicht rückwirkend die Rechtsgrundlage für die Datenverarbeitung, sondern mit Wirkung für die Zukunft. Ab dem Erhalt des Widerrufs darf also keine weitere Verarbeitung der Daten erfolgen.

Es gibt aber auch bestimmte Konstellationen, in denen ausnahmsweise doch keine Einwilligung eingeholt werden muss. Jedenfalls sieht § 23 Abs. 1 KUG folgende Ausnahmeregelungen vor:

> *Ohne die nach § 22 erforderliche Einwilligung dürfen verbreitet und zur Schau gestellt werden:*
> *1. Bildnisse aus dem Bereich der Zeitgeschichte;*
> *2. Bilder, auf denen die Personen nur als Beiwerk neben einer Landschaft oder sonstigen Örtlichkeit erscheinen;*
> *3. Bilder von Versammlungen, Aufzügen und ähnlichen Vorgängen, an denen die dargestellten Personen teilgenommen haben;*
> *4. Bildnisse, die nicht auf Bestellung angefertigt sind, sofern die Verbreitung oder Schaustellung einem höheren Interesse der Kunst dient.*

Der Begriff „Zeitgeschichte" ist weit auszulegen, sodass davon nicht nur historische oder politische Ereignisse erfasst werden, sondern auch viele weitere Aspekte von allgemeinem gesellschaftlichem Interesse. Diese Regelung dient letztlich dem Interessenausgleich zwischen dem Recht am eigenen Bild und dem Recht auf Meinungs- und Informationsfreiheit, auf Kunst- oder auch auf Pressefreiheit. Wenn ein Bild zeitgeschichtliche Vorgänge oder Ereignisse veranschaulicht, dann wird von einem Interesse der Öffentlichkeit daran ausgegangen. Letztlich kann die Frage, ob ein Bild Zeitgeschichte wiedergibt, nur nachträglich, nämlich anhand des konkreten Bildes bestimmt werden. Als Faustregel kann man sich vielleicht merken: Je bekannter die abgebildeten Personen sind, desto eher ist von einem Bildnis der Zeitgeschichte auszugehen. Das bedeutet aber auch, dass bekannte Persönlichkeiten, also Personen des öffentlichen Lebens oder auf Neudeutsch: Promis, es hinnehmen müssen, dass sie ohne ihre Einwilligung fotografiert bzw. gefilmt werden dürfen. Das gilt jedenfalls dann, wenn sie sich in der Öffentlichkeit befinden. Ziehen sie sich in private Räumlichkeiten zurück, muss allerdings der Einwilligungsgrundsatz beachtet werden. Hierbei sind drei Bereiche zu unterscheiden: Die Sozial- bzw. Öffentlichkeitssphäre, die Privatsphäre und die Intimsphäre. Aufnahmen von Promis dürfen in der Öffentlichkeit angefertigt werden, auch ohne deren Einwilligung. Privat- und Intimsphäre sind hingegen tabu, hier darf keine Aufnahme ohne Einwilligung erfolgen. Das gilt sowohl für Promis als auch für „Menschen wie du und ich".

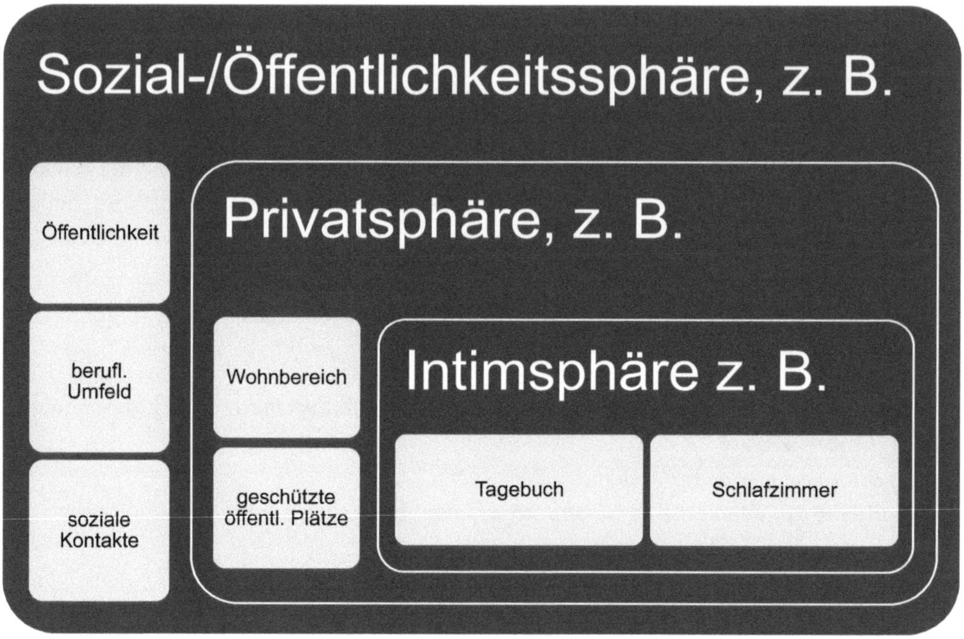

Bild 4.8 Drei-Sphären-Modell: Sozial-, Privat- und Intimsphäre (Quelle: eigene Darstellung).

Personen werden dann als Beiwerk im Sinne von § 23 Abs. 1 Nr. 2 KUG angesehen, wenn sie sich vor oder neben einem Bauwerk befinden, das den eigentlichen Fokus bildet. Wenn also die abgebildete Person weggedacht werden kann, ohne dass sich die Bildaussage bzw. der Bildschwerpunkt entscheidend ändert, dann handelt es sich bei der betreffenden Person um ein Beiwerk (z. B. Touristen vor dem Kölner Dom).

Wer als erwachsener Mensch an einer öffentlich zugänglichen Versammlung teilnimmt, der muss – gerade in der heutigen Zeit, in der Smartphones oder andere Kameras allgegenwärtig sind – damit rechnen, dass er auf einem Foto oder Video landet. Denn bei Fußballspielen, Theateraufführungen, Konzerten oder in Freizeitparks werden nun einmal vielfältige Aufnahmen gemacht, um diese dann auf der Website, in der örtlichen Tageszeitung oder in den sozialen Medien im Rahmen von Berichten über die Veranstaltung zu veröffentlichen. Aber Achtung: Die Regelung des § 23 Abs. 1 Nr. 3 KUG gilt nicht für nicht öffentliche Veranstaltungen, also etwa die Betriebsweihnachtsfeier, zu der nur Beschäftigte eingeladen werden.

Die Verbreitung oder Schaustellung eines Bildnisses dient dann einem Interesse der Kunst, wenn sie zu einem der Kunstfreiheit unterfallenden Zweck erfolgt. Dies ist z. B. der Fall, wenn es zur Illustration von wissenschaftlichen oder künstlerischen Texten dient.

Liegt eine der hier genannten vier Alternativen vor, muss zur Verwendung des Bildnisses ausnahmsweise keine Einwilligung der abgebildeten Person eingeholt werden. Diese Ausnahmeregelung erfährt jedoch dann eine Einschränkung, soweit berechtigte Interessen der abgebildeten Person verletzt werden (§ 23 Abs. 2 KUG). Wenn also beispielsweise ein Liebespaar eng umschlungen auf einem Foto als „Beiwerk" neben einer Kirche zu sehen ist, dann können die Abgebildeten einen Anspruch auf Unterlassung der Weiterverwendung haben, wenn die beiden zufällig beim „Fremdgehen" fotografiert wurden.

Neben der Einwilligung oder einem Vertrag sieht das Datenschutzecht auch die Rechtsgrundlage der „berechtigten Interessen" vor (Art. 6 Abs. 1 S. 1 lit. f) DSGVO). Wenn also die Interessen desjenigen, der die Aufnahmen anfertigen und gegebenenfalls später weiterverwenden möchte (der Verantwortliche), die Interessen der Personen überwiegen, die auf den Aufnahmen erkennbar abgebildet werden sollen (der Betroffene), dann kann dies als taugliche Rechtsgrundlage dienen. Dies gilt natürlich nur dann, wenn die gesetzlich normierten Voraussetzungen erfüllt werden:

1. Es muss ein legitimes Interesse zur Anfertigung der Aufnahmen bestehen (z. B. zu Werbezwecken oder zu Zwecken der Dokumentation einer Veranstaltung).
2. Die Aufnahmen müssen zur Erreichung des angestrebten Zwecks erforderlich sein, d. h., es darf kein gleichsam wirksames, aber „milderes" Mittel bestehen (z. B. ein per KI erzeugtes Symbolbild mit einer fiktiven Person).
3. Die Aufnahmen müssen angemessen sein, d. h., die Interessen des Betroffenen überwiegen nicht die Interessen des Verantwortlichen.

Diese Drei-Schritt-Interessenabwägung kann und muss die für Weiterverwendung der Aufnahmen und damit auch für die Verarbeitung der Daten verantwortliche Stelle selbst vornehmen. Sie muss begründet und zu Nachweiszwecken dokumentiert werden.

Achtung: Je schützenswerter die Betroffenen sind, desto eher überwiegen auch deren Interessen, sodass Art. 6 Abs. 1 S. 1 lit. f) DSGVO als Rechtsgrundlage ausscheidet. Beispielsweise sind Kinder auch in datenschutzrechtlicher Hinsicht als verletzlich einzustufen, sodass die Anfertigung sowie auch die weitere Verwendung von Aufnahmen mit erkennbar abgebildeten Minderjährigen regelmäßig nur auf Basis einer Einwilligung erfolgen kann. Und diese Einwilligung sollte bei unter 18-jährigen Personen in erster Linie von den Erziehungsberechtigten eingeholt werden. Allerdings sieht die DSGVO schon ab einem Alter von 16 Jahren Einwilligungsfähigkeit vor (Art. 8 Abs. 1 S. 2 DSGVO), sodass Jugendliche in diesem Alter selbst ihre Einwilligung erteilen können. In der Zeitspanne zwischen 16 und 18 Jahren müssen also sowohl die Einwilligungserklärung der abgebildeten (minderjährigen) Personen selbst sowie auch von deren Erziehungsberechtigten eingeholt werden.

4.2.4 Auswirkungen auf die KI-Nutzung

Im Rahmen des Einsatzes bildgenerierender KI-Tools, wie etwa DALL-E, Midjourney, Stable Diffusion & Co, kann es in unterschiedlichen Phasen zu Berührungspunkten mit dem Recht am eigenen Bild kommen. Das gilt einerseits für die Trainingsphase, insbesondere wenn die Daten für das KI-Training alle aus frei im Internet verfügbaren Quellen stammen. Dann sind potenzielle Verstöße gegen fremde Bildrechte nicht auszuschließen. Mit dieser Problematik muss man sich weniger als KI-Nutzer, sondern eher als KI-Hersteller oder -Betreiber auseinandersetzen. Andererseits muss das Recht am eigenen Bild aber auch in der Anwendungsphase berücksichtigt werden, und zwar sowohl bei der Eingabe eines Prompts als auch bei der Ausgabe. Auf letztere hat man als Nutzer einer KI-Anwendung zwar nur bedingt Einfluss, aber man steht immer für die Nutzung der KI-Erzeugnisse in der Verantwortung. Kreiert ein KI-Tool, ob vom Nutzer gewollt oder ungewollt, ein Bildnis, das einer real existierenden Person gleicht oder zumindest sehr stark ähnelt, kann dies als Eingriff in das Recht am eigenen Bild zu werten sein.

Schon für die Erstellung hätte dann also eine Rechtsgrundlage aus dem Datenschutzrecht vorliegen müssen. Und in puncto Verwendung des Erzeugnisses kommt dann das KUG ins Spiel. Unter dem Strich heißt das: In den allermeisten Fällen bedarf es einer Einwilligung der betreffenden Person. Das gilt für die Nutzung eines fremden Bildnisses, etwa eines Fotos oder einer Videoaufnahme, natürlich ebenfalls. Insbesondere dann, wenn ein KI-Tool „aus der Cloud“, also ein SaaS-Angebot, zum Einsatz kommt, muss nicht nur die Verarbeitung der Aufnahme an sich, sondern auch die Datenübermittlung an den KI-Anbieter datenschutzrechtlich legitimiert sein. Hinzu kommen die weiteren DSGVO-Pflichten, beispielsweise Informations- und Dokumentationspflichten (siehe Abschnitt 3.7).

Bild 4.9
Wäre auf diesem per KI erzeugtem Bild nicht die Mona Lisa, sondern eine reale, heute noch existieren Person abgebildet, könnte es sich um einen Eingriff in das APR dieser Person handeln (Quelle: KI-generiert, eigene Darstellung).

4.3 Recht an der eigenen Stimme

In Bezug auf das Recht an der eigenen Stimme besteht leider keine mit dem Recht am eigenen Bild vergleichbare Situation, d.h., es existiert kein Gesetz, das ähnlich wie das KUG dieses spezielle Persönlichkeitsrecht regelt. Es gibt genau genommen nicht eine einzige Vorschrift in der deutschen Rechtsordnung, die diesbezügliche Regelungen enthält.

Hinweis

Es gibt in verschiedenen Bereichen, wie etwa dem Strafrecht, zwar durchaus Vorschriften, die die menschliche Stimme regeln. Dabei geht es allerdings eher um die gesprochenen Inhalte als um die Stimme an sich. So ist es beispielsweise unter Strafe gestellt, unbefugt das nicht öffentlich gesprochene Wort eines anderen auf einen Tonträger aufzunehmen (§ 201 StGB). Hier geht es jedoch um die Vertraulichkeit von Inhalten und nicht um die Stimme, mit der die Inhalte gesprochen werden.

Auch in der Rechtsprechung muss man sehr lange suchen, bis man auf Entscheidungen stößt, die das Recht an der eigenen Stimme überhaupt erwähnen. Es existieren im Wesentlichen zwei Entscheidungen zu dieser Thematik, die leider inzwischen auch schon etwas älter sind:

1. Die sogenannte „Marlene-Dietrich-Entscheidung“ (BGH, Urteil vom 1. Dezember 1999, Aktenzeichen: I ZR 49/97). Darin führt das Gericht u.a. Folgendes aus:

   Darüber hinaus schützen das allgemeine Persönlichkeitsrecht und seine besonderen Ausprägungen aber auch vermögenswerte Interessen der Person. Der Abbildung, dem Namen sowie sonstigen Merkmalen der Persönlichkeit wie etwa der Stimme kann ein beträchtlicher wirtschaftlicher Wert zukommen, der im allgemeinen auf der Bekanntheit und dem Ansehen der Person in der Öffentlichkeit – meist durch besondere Leistungen etwa auf sportlichem oder künstlerischem Gebiet erworben – beruht.

2. Die sogenannte „Heinz-Erhardt-Entscheidung“ (OLG Hamburg, Beschluss vom 8. Mai 1989, Aktenzeichen: 3 W 45/89). Darin ist Folgendes zu lesen:

   Das fortwirkende Persönlichkeitsrecht eines durch sprachliche Darstellung in Wort und Stimmklang bundesweit bekannt gewordenen Schauspielers umfasst auch das Recht, einer Verwendung dieser künstlerischen Eigenart in der Werbung mit Hilfe eines Sprachimitators entgegenzutreten.

Beide Entscheidungen beziehen sich auf bekannte Persönlichkeiten, daher können deren Erkenntnisse nicht so einfach auf „Otto Normalbürger“ übertragen werden. Es muss also schon eine starke Beeinträchtigung vorliegen, um einen Verstoß gegen das Recht an der eigenen Stimme annehmen zu können. Zudem dürfte eine bloße Ähnlichkeit nicht ausreichen, höchstens bei „A-Promis", wie z. B. der Schauspielerin Scarlett Johansson. Da eine KI-Stimme in ChatGPT ihrer stark ähnelte, wollte OpenAI es nicht auf einen Rechtsstreit ankommen lassen und entfernte die Stimme vorsorglich aus ihrem System.

SPIEGEL Netzwelt

Künstliche Intelligenz

Ähnlichkeit mit Scarlett Johansson – OpenAI lässt ChatGPT-Stimme pausieren

Eine der Stimmen von ChatGPT erinnert stark an Schauspielerin Scarlett Johansson. Tatsächlich steckt laut OpenAI eine andere Sprecherin dahinter. Dennoch stoppt das Unternehmen die Nutzung vorerst.

21.05.2024, 16.21 Uhr

Artikel zum Hören • 2 Min Anhören

Scarlett Johansson (2023): Zahlreiche Nutzer wiesen in sozialen Netzwerken auf starke Ähnlichkeit zwischen den Stimmen von Scarlett Johansson und Sky hin

Bild 4.10
OpenAI entfernt eine Stimme aufgrund der Ähnlichkeit zur Stimme des Filmstars Scarlett Johansson (Quelle: *https://www.spiegel.de/netzwelt/ki-aehnlichkeit-mit-scarlett-johansson-openai-laesst-chatgpt-stimme-pausieren-a-65113391-8e00-4132-a424-d1c186eba1e8*, 14.06.2024, 14.50 Uhr).

Einerseits gibt es also nur sehr überschaubare juristische „Werkzeuge", um den Schutz der eigenen Stimme durchsetzen zu können. Andererseits sind die heutigen technischen Möglichkeiten enorm leistungsstark. Moderne KI-Tools können auf Basis von nur wenigen Sekunden Audiomaterial und mit geringem Aufwand eine menschliche Stimme klonen.

Konkret bedeutet das: Die Aufnahme einer Stimme, z. B. aus einer WhatsApp-Sprachnachricht oder aus einem Instagram-Video, reicht als Quelle, um per KI ein digitales Abbild des entsprechenden Sprach- und Stimmmusters zu erstellen. Die Stimme liegt dann sozusagen in Dateiform vor, und man kann per Texteingabe bestimmen, was diese Stimme sagen soll. Es ist nachvollziehbar, dass dies nur mit der ausdrücklichen Einwilligung der betreffenden Person oder auf Basis einer anderen Rechtsgrundlage (z. B. einem Vertrag) erfolgen darf. Denn das Fehlerpotenzial und auch die Missbrauchsgefahr liegen sowohl in der Trainings- als auch in der Anwendungsphase einer KI. Juristisch gilt hier also nichts anderes als beim Recht am eigenen Bild auch – mit dem Unterschied, dass es leider kein „KUG" für Stimmen gibt.

golem.de
IT-NEWS FÜR PROFIS

HOME TICKER PODCAST NEWSLETTER GOLEM PLUS FORUM E-PAPER-SHOP ANMELDEN

Mehr lesen mit Golem Plus

KARRIEREWELT JOBS IT-FACHTRAININGS COACHINGS SPRACHKURSE KARRIERESERVICES | GOLEM PC TECHNIK RATGEBER DEALS

STIMME PER KI

Pumuckl klingt wieder wie Hans Clarin

Für die neue Serie Neue Geschichten vom Pumuckl greift die Produktionsfirma auf KI-Unterstützung zurück.

In Pocket speichern merken

14. Juni 2023, 13:05 Uhr, Peter Osteried

In den 1980er Jahren gab es zwei Staffeln von Meister Eder und sein Pumuckl, bald gibt mit Neue Geschichten vom Pumuckl eine neue Serie. Premiere hat sie am 24. Juni 2023 auf dem Kinderfilmfest in München, Ende des Jahres wird sie bei RTL+, RTL und Super RTL zu sehen sein. Dabei wird in den 13 Folgen der Serie eine bekannte Stimme wieder zu hören sein: die von Hans Clarin, allerdings KI-generiert.

In der 80er-Jahre-Serie wurde Meister Eder von Gustl Bayrhammer gespielt, der 2005 verstorbene Hans Clarin lieh dem Kobold die Stimme – so wie beide es auch schon bei den Hörspielen getan hatten. Für die neue Serie übernimmt Florian Brückner die Rolle des Meister Eder. Er spielt aber nicht das Original, sondern den Neffen des alten Meister Eder, der die Schreinerwerkstatt im Hinterhof übernimmt. Gleich am ersten Tag bleibt Pumuckl am Leim kleben und wird sichtbar. Das führt zu neuen Abenteuern in einem München, das sich in den letzten Jahrzehnten stark verändert hat.

Stellenmarkt

Data Scientist (w/m/d)
Statistisches Bundesamt, Wiesbaden

Machine Learning Engineer (m/w/d)
Jobware GmbH, Paderborn

Detailsuche

Bild 4.11
Der Pumuckl bekommt dank KI auch in den neuen Folgen der Fernsehserie seine gewohnte Stimme wieder (Quelle: *https://www.golem.de/news/stimme-per-ki-pumuckl-klingt-wieder-wie-hans-clarin-2306-174935.html*, 20. 06. 2024, 12.20 Uhr).

5 KI-Regulierung

Die Europäische Union hat fast schon in Rekordzeit nicht nur einen, sondern gleich zwei Rechtsakte zur Regulierung von künstlicher Intelligenz auf den Weg gebracht. Dabei handelt es sich einerseits um die KI-Verordnung (engl.: AI Act) und andererseits um die KI-Haftungsrichtlinie (engl.: AI Liability Directive). Während die KI-Verordnung (KI-VO) in finaler Fassung verabschiedet und am 13. Juni 2024 vom Präsidenten des Europäischen Parlaments sowie vom Präsidenten des Europäischen Rats unterzeichnet wurde, steckt die KI-Haftungsrichtlinie (KI-Haftungs-RL) noch mitten im Gesetzgebungsprozess. Das Inkrafttreten der KI-VO erfolgte zwanzig Tage nach der Veröffentlichung im Amtsblatt der Europäischen Union, also am 1. August 2024. Allerdings ist die KI-VO seit diesem Zeitpunkt noch nicht vollumfänglich anwendbar, denn sie sieht verschiedene Übergangsfristen vor:

- **6 Monate** nach dem Inkrafttreten (ab 2. Februar 2025): Geltung der Vorschriften über verbotene KI-Systeme (Einstellung der Nutzung solcher Systeme)
- **24 Monate** nach Inkrafttreten (ab 2. August 2026): Geltung der übrigen Vorgaben der KI-VO (z. B. der Transparenzpflichten)
- **36 Monate** nach Inkrafttreten (ab 2. August 2027): Geltung der Pflichten in Bezug auf Hochrisiko-KI-Systeme.

Natürlich können Hersteller bzw. Betreiber von KI-Systemen auch schon vor diesen Stichtagen die Vorgaben der KI-VO beachten, es besteht dazu aber keine gesetzliche Pflicht.

Der Unterschied zwischen KI-VO und KI-Haftungs-RL ist der, dass die KI-VO Vorschriften zur Produktregulierung enthält. Sie setzt also zu einem frühen Zeitpunkt der Entwicklung, des Vertriebs und des Betriebs von KI an. Die KI-Haftungs-RL greift hingegen zeitlich nachgelagert, nämlich dann, wenn es durch KI oder im Zusammenhang mit dem Einsatz von KI zu Schäden gekommen ist. Sie ergänzt insbesondere das bestehende Prozessrecht um Vorschriften, die es den Geschädigten erleichtern, ihre Ansprüche auf Entschädigung gerichtlich durchzusetzen.

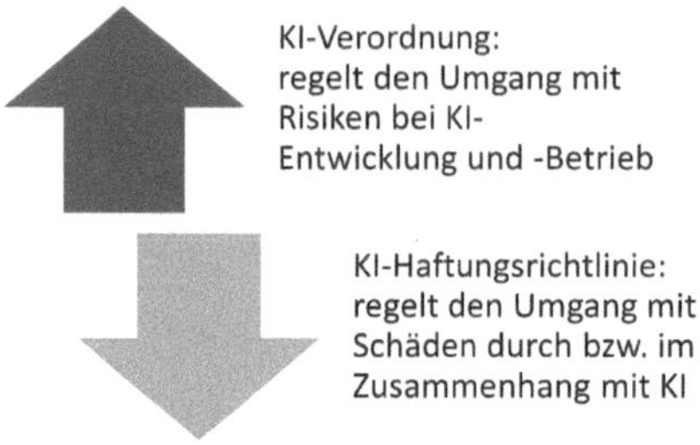

Bild 5.1
Die KI-Verordnung und die KI-Haftungsrichtlinie dienen beide der Regulierung von künstlicher Intelligenz, haben aber unterschiedliche Regelungsinhalte (Quelle: eigene Darstellung).

Auch wenn beide Rechtsakte primär auf KI-Hersteller und -Betreiber abzielen, so enthalten sie doch diverse Vorschriften, die auch für KI-Anwender interessant sein können.

5.1 KI-Verordnung

Die KI-VO ist weder das erste noch einzige gesetzliche Regelwerk, das künstliche Intelligenz reguliert. So existieren beispielsweise in China bereits seit Mitte August 2023 „Vorläufige Maßnahmen für die Verwaltung von Diensten der generativen künstlichen Intelligenz" sowie inzwischen auch „Bestimmungen über die Verwaltung von algorithmischen Empfehlungen in Internet-Informationsdiensten" und „Bestimmungen über die Verwaltung der Deep-Synthesis-Internet-Informationsdienste". Der Blick über den Tellerrand Deutschlands zeigt, dass man dort ebenfalls nicht untätig war. Außer in China gibt es in folgenden Staaten ebenfalls Gesetze in Bezug auf KI:

- Brasilien
- Chile
- Großbritannien
- Indonesien
- Kanada
- Mexiko
- Peru
- Südkorea
- USA

Und selbst im kleinen Bundesland Schleswig-Holstein gibt es das „Gesetz über die Möglichkeit des Einsatzes von datengetriebenen Informationstechnologien bei öffentlich-rechtlicher Verwaltungstätigkeit" (kurz: IT-Einsatz-Gesetz, ITEG), und zwar schon seit dem 16. März 2022. Dieses Gesetz gilt für die öffentlich-rechtliche Verwaltungstätigkeit der Träger der öffentlichen Verwaltung im Lande Schleswig-Holstein und soll den Einsatz von datengetriebenen Informationstechnologien ermöglichen.

Das Hauptziel der KI-VO besteht darin, ethische Standards festzulegen und sicherzustellen, dass KI-Systeme sicher und vertrauenswürdig sind. Dazu definiert sie verschiedene KI-Kategorien, die unterschiedlichen Regeln und Anforderungen unterliegen. Eine der wichtigsten Bestimmungen ist die Pflicht zur Risikobewertung und Dokumentation für Hochrisiko-KI-Systeme. Außerdem wird geregelt, dass bestimmte KI-Anwendungen einer vorherigen Genehmigung unterliegen, bevor sie auf den Markt gebracht werden dürfen.

Um ihre Ziele zu erreichen, sind folgende Prinzipien in der KI-VO verankert:

- Menschliches Handeln bzw. menschliche Aufsicht
- Technische Robustheit und Sicherheit
- Privatsphäre
- Daten-Governance
- Transparenz/Informationspflichten
- Vielfalt
- Nichtdiskriminierung/Fairness
- Soziales und ökologisches Wohlergehen
- Technische Dokumentation
- Rechenschaftspflicht

Diese Prinzipien liegen der KI-VO zugrunde und spiegeln sich in vielen ihrer Vorschriften wider.

Nicht alle der großen Sprachmodelle, wie GPT, Claude oder Llama, halten sich bislang voll umfänglich an die Vorgaben der KI-VO. Dies kann sich in Zukunft allerdings noch ändern.

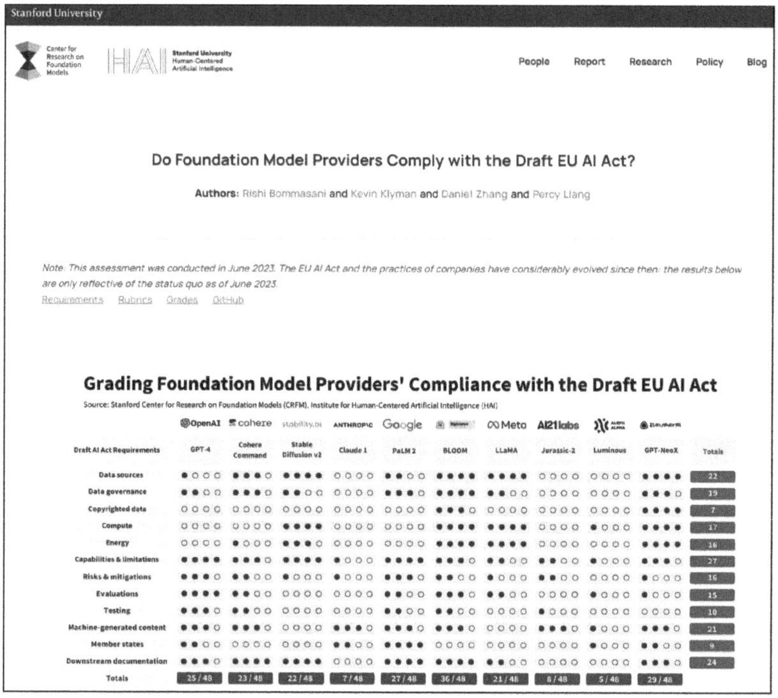

Draft AI Act Requirements	GPT-4	Cohere Command	Stable Diffusion v2	Claude 1	PaLM 2	BLOOM	LLaMA	Jurassic-2	Luminous	GPT-NeoX	Totals
Data sources	●○○○	●●●○	●●●●	○○○○	●●○○	●●●●	●●●●	○○○○	○○○○	●●●●	22
Data governance	●●○○	●●●○	●●○○	○○○○	●●●○	●●●●	●●○○	○○○○	○○○○	●●●○	19
Copyrighted data	○○○○	○○○○	○○○○	○○○○	○○○○	●●●○	○○○○	○○○○	○○○○	●●●●	7
Compute	○○○○	○○○○	●●●●	○○○○	○○○○	●●●●	●●●●	○○○○	●○○○	●●●●	17
Energy	○○○○	●○○○	●●●○	○○○○	○○○○	●●●●	●●●●	○○○○	○○○○	●●●●	16
Capabilities & limitations	●●●●	●●●○	●●●●	●○○○	●●●●	●●●○	●●○○	●●○○	●○○○	●●●○	27
Risks & mitigations	●●●○	●●○○	●○○○	●○○○	●●●○	●●○○	●○○○	●●○○	○○○○	●○○○	16
Evaluations	●●●●	●●○○	○○○○	○○○○	●●○○	●●●○	●●○○	○○○○	●○○○	●○○○	15
Testing	●●●○	●●○○	○○○○	○○○○	●●○○	●●○○	○○○○	●○○○	○○○○	○○○○	10
Machine-generated content	●●●○	●●●○	○○○○	●●●○	●●●○	●●●○	○○○○	●●●○	●○○○	●●●○	21
Member states	●●○○	○○○○	○○○○	●●○○	●●●●	○○○○	○○○○	○○○○	●○○○	●●○○	9
Downstream documentation	●●●○	●●●●	●●●●	○○○○	●●●●	●●●●	●●○○	○○○○	○○○○	●●●○	24
Totals	25 / 48	23 / 48	22 / 48	7 / 48	27 / 48	36 / 48	21 / 48	8 / 48	5 / 48	29 / 48	

Bild 5.2 Die Universität Stanford hat im Jahr 2023 eine umfassende Analyse der gängigen großen Sprachmodelle gemacht und dadurch ermittelt, dass damals keines der KI-Modelle alle Anforderungen der KI-VO erfüllen konnte (Quelle: *https://crfm.stanford.edu/2023/06/15/eu-ai-act.html*, 14. 07. 2024, 15:45 Uhr).

5.1.1 Risikoklassen

Insgesamt verfolgt die KI-VO einen risikobasierten Ansatz. Sie unterscheidet insgesamt vier verschiedene Risikoklassen:

- unannehmbares Risiko (**verbotene KI-Systeme**), Art. 5 KI-VO
- **hohes** Risiko (stark regulierter Bereich), Art. 6 KI-VO
- **begrenztes** Risiko, Art. 50 KI-VO
- **minimales** Risiko, Art. 4, 95 KI-VO

Außerdem kennt die KI-VO auch noch KI-Modelle bzw. KI-Systeme mit **allgemeinem Verwendungszweck** (engl.: General Purpose AI, kurz: GPAI), Art. 51–56 KI-VO. Ein solches KI-Modell wird wie folgt definiert (Art. 3 Nr. 63 KI-VO):

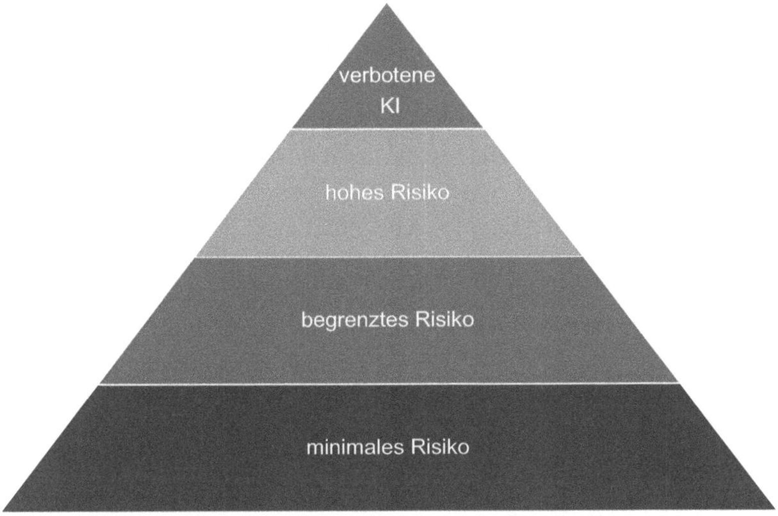

Bild 5.3 Die Risikopyramide der KI-Verordnung (Quelle: eigene Darstellung).

> *Ein KI-Modell – einschließlich der Fälle, in denen ein solches KI-Modell mit einer großen Datenmenge unter umfassender Selbstüberwachung trainiert wird –, das eine erhebliche allgemeine Verwendbarkeit aufweist und in der Lage ist, unabhängig von der Art und Weise seines Inverkehrbringens ein breites Spektrum unterschiedlicher Aufgaben kompetent zu erfüllen, und das in eine Vielzahl nachgelagerter Systeme oder Anwendungen integriert werden kann, ausgenommen KI-Modelle, die vor ihrem Inverkehrbringen für Forschungs- und Entwicklungstätigkeiten oder die Konzipierung von Prototypen eingesetzt werden.*

Ein KI-Modell ist also auch in diesem speziellen Fall die abstrakte Repräsentation des gelernten Wissens (z. B. OpenAI GPT). Im Unterschied dazu liest sich die Definition für ein KI-System mit allgemeinem Verwendungszweck in Art. 3 Nr. 66 KI-VO wie folgt:

> *Ein KI-System, das auf einem KI-Modell mit allgemeinem Verwendungszweck beruht und in der Lage ist, einer Vielzahl von Zwecken sowohl für die direkte Verwendung als auch für die Integration in andere KI-Systeme zu dienen.*

Ein KI-System stellt folglich die konkrete Anwendung zur Lösung praktischer Aufgaben dar (z. B. ChatGPT).

Da KI-Modelle bzw. -Systeme mit allgemeinem Verwendungszweck kein spezifisches Einsatzgebiet haben, werden sie in der KI-VO auch anhand des ihnen innewohnenden Risikos unterteilt, nämlich in GPAI mit und ohne systemisches Risiko. Besteht bei GPAI ein systemisches Risiko, muss es der EU-Kommission gemeldet werden. Diese veröffentlicht eine Liste mit solchen GPAI-Modellen. Zusätzlich bestehen verschiedene Pflichten für GPAI-Anbieter (Art. 53 KI-VO), insbesondere das Erstellen einer technischen Dokumentation. GPAI mit systemischem Risiko haben einen erweiterten Pflichtenkatalog zu erfüllen (Art. 55 KI-VO), denn sie müssen zusätzlich beispielsweise eine dem Stand der Technik entsprechende Bewertung ihres KI-Modells durchführen, Informationen über schwerwiegende Vorfälle erfassen oder die Cybersicherheit gewährleisten.

Ein unannehmbares Risiko wird bei folgenden KI-Techniken angenommen:

- unterschwellige Beeinflussung
- Ausnutzung der Schwäche oder Schutzbedürftigkeit von Personen
- biometrische Kategorisierung
- Bewertung des sozialen Verhaltens
- biometrische Echtzeit-Fernidentifizierungssysteme
- Risikobeurteilung von natürlichen Personen
- Datenbanken zur Gesichtserkennung
- Ableitung von Emotionen natürlicher Personen
- Analyse von aufgezeichnetem Bildmaterial

Diese Auflistung enthält somit verbotene KI-Anwendungen (Art. 5 KI-VO).

Beispiel

Ein KI-System, das in einer Schule eingesetzt und mit dem Schüler überwacht werden sollen, ob sie z. B. während des Unterrichts aufmerksam sind, würde unter die Kategorie „Bewertung des sozialen Verhaltens" fallen und damit als verbotene KI eingestuft werden.

Zum Hochrisiko-Bereich (Art. 6, Anhang I & III KI-VO) zählen hingegen die folgenden KI-Systeme:

- Biometrische Identifizierung
- Verwaltung und Betrieb kritischer Infrastrukturen (KRITIS)
- Allgemeine und berufliche Bildung
- Beschäftigung, Personalmanagement und Zugang zur Selbstständigkeit
- Zugänglichkeit und Inanspruchnahme grundlegender privater und öffentlicher Dienste und Leistungen (z. B. Wohnen, Strom, Heizung, Internet, Ärzte ...)
- Strafverfolgung
- Migration, Asyl und Grenzkontrolle
- Rechtspflege und demokratische Prozesse

> **Beispiel**
> Ein KI-System, das Bewerber auf Basis ihrer persönlichen Informationen (Lebensläufe, Bewerbungsschreiben, Zeugnisse etc.) in verschiedene Kategorien einstuft (z. B. „einstellen", „ablehnen", „vormerken" etc.), würde als Hochrisikosystem behandelt. Der Betreiber eines solchen KI-Systems dürfte dieses betreiben, müsste aber die dementsprechenden Pflichten erfüllen.

Hierzu ist allerdings zu sagen, dass bei dieser Liste einerseits sehr auf die Details geachtet werden muss. Andererseits existieren auch diverse Ausnahmen, etwa in den Fällen, in denen es kein erhebliches Risiko der Beeinträchtigung in Bezug auf die Gesundheit, Sicherheit oder Grundrechte natürlicher Personen gibt, weil z. B. das Ergebnis der Entscheidungsfindung nicht wesentlich beeinflusst wird.

Ein KI-System, das aus Lerninhalten Erklärvideos mit virtuellen Personen, Hintergründen usw. erzeugt, würde eher als ein begrenztes Risiko angesehen, weshalb der Betreiber dieses Systems lediglich transparent darüber informieren müsste, dass die Videoinhalte per KI erzeugt worden sind. Hingegen fallen beispielsweise Spam-Filter mit KI-Unterstützung in die Kategorie „minimales Risiko".

5.1.2 Pflichten

Wenn ein KI-System in die Hochrisikoklasse fällt, muss es folgende Vorgaben erfüllen:

- Stand der Technik (Art. 8 KI-VO)
- Risikomanagementsystem/Qualitätsmanagementsystem (Art. 9, 17 KI-VO)
- Resilienz/Cyber-Security (Art. 15 KI-VO)
- Testverfahren/regelmäßige Tests (Art. 16 KI-VO)
- EU-Konformitätserklärung und CE-Kennzeichnung (Art. 16 KI-VO)
- Zusammenarbeit mit den zuständigen Behörden (Art. 21 KI-VO)
- Korrekturmaßnahmen/Informationspflichten (Art. 20 KI-VO)
- technische Dokumentation/Aufbewahrungspflichten (Art. 11, 18 KI-VO)
- Transparenz (Art. 13 KI-VO)
- Protokollierung von Funktionsmerkmalen (Art. 12 KI-VO)
- Beobachtung nach Markteinführung (Art. 71 KI-VO)
- Meldung von „schwerwiegenden Vorfällen" (Art. 73 KI-VO)
- Durchführung einer Grundrechte-Folgenabschätzung (Art. 27 KI-VO)
- Entwicklung mit Trainingsdaten, die eine bestimmte Qualität aufweisen (sogenannte Daten-Governance, Art. 10 KI-VO)

- Registrierung (Art. 49 KI-VO)
- menschliche Aufsicht (Art. 14 KI-VO)
- Maßnahmen zur Barrierefreiheit (Art. 16 KI-VO)

Aber auch KI-Systeme mit geringerem Risiko oder solche mit allgemeinem Verwendungszweck haben diverse Pflichten zu erfüllen. Aber hier gilt: Je geringer das Risiko, desto geringer die Anzahl der Pflichten.

Tabelle 5.1 Übersicht KI-Pflichten

Pflicht	hohes Risiko	GPAI mit systemischem Risiko	GPAI ohne systemisches Risiko	begrenztes Risiko	minimales Risiko
KI-Kompetenz	x	x	x	x	x
Transparenz gegenüber nachfolgenden Akteuren	x	x	x	x	
Daten-Governance	x	x	x		
technische Dokumentation	x	x	x		
Zusammenarbeit mit Aufsichts-behörden	x	x	x		
ggf. EU-Bevollmächtigter	x	x	x		
Risikomanagementsystem	x	x			
Robustheit/Cybersicherheit	x	x			
Registrierung bzw. Mitteilung	x	x			
Meldung an Behörde	x	x			
Aufzeichnung von Störungen u. a. Ereignissen	x				
menschliche Überwachung	x				
Kennzeichnung	x				
Barrierefreiheit	x				
Qualitätsmanagement-System	x				
Aufbewahrung	x				
Korrekturmaßnahmen	x				
Konformitätsbewertung bzw. CE-Kennzeichen	x				

Die Überwachung dieser und der sonstigen Pflichten aus der KI-VO übernimmt auf EU-Ebene das neu geschaffene Europäische KI-Büro (engl.: AI Office). Dieses ist Teil der Europäischen Kommission und hat folgende Aufgaben:

- Beitrag zur Anwendung der KI-VO in den EU-Mitgliedsstaaten, einschließlich der Errichtung von Beratungsgremien auf EU-Ebene, um die Unterstützung und den Informationsaustausch zu erleichtern.
- Entwicklung von Instrumenten, Methoden und Benchmarks zur Bewertung von Fähigkeiten und Reichweite von KI-Modellen für allgemeine Zwecke und Klassifizierung von Modellen mit systemischen Risiken.
- Erstellung von Kodizes zur Festlegung von Regeln in Zusammenarbeit mit führenden KI-Entwicklern, der wissenschaftlichen Gemeinschaft und anderen Experten.
- Untersuchung möglicher Verstöße gegen gesetzliche Vorgaben, einschließlich Evaluierungen zur Bewertung von Modellfähigkeiten, und Aufforderung der Anbieter, Abhilfemaßnahmen zu ergreifen.
- Ausarbeitung von Leitlinien, Durchführungs- und delegierten Rechtsakten sowie anderer Instrumente zur Unterstützung der wirksamen Umsetzung der KI-VO und zur Überwachung der Einhaltung der Verordnung.

In den einzelnen EU-Mitgliedsstaaten sollen jeweils eigene nationale Behörden die Aufsicht gemäß KI-VO übernehmen. Derzeit ist noch nicht bekannt, wem in Deutschland diese Aufgabe zukommen wird. Sinnvoll wäre die KI-Aufsicht sicherlich bei den Datenschutzaufsichtsbehörden der Länder und des Bundes angesiedelt.

5.1.3 Akteure

Die KI-VO sieht verschiedene Akteure als Verpflichtete vor, welche die verschiedenen Anforderungen an KI einhalten müssen. Dazu zählen insbesondere die folgenden:

- **„Anbieter"** (Art. 3 Nr. 3 KI-VO): Eine natürliche oder juristische Person, Behörde, Einrichtung oder sonstige Stelle, die ein KI-System oder ein KI-Modell mit allgemeinem Verwendungszweck entwickelt oder entwickeln lässt und es unter ihrem eigenen Namen oder ihrer Handelsmarke in Verkehr bringt oder das KI-System unter ihrem eigenen Namen oder ihrer Handelsmarke in Betrieb nimmt, sei es entgeltlich oder unentgeltlich. Man könnte den Anbieter also auch als Hersteller bezeichnen (z. B. OpenAI, Google, Meta, Anthropic).
- **„Betreiber"** (Art. 3 Nr. 4 KI-VO): Eine natürliche oder juristische Person, Behörde, Einrichtung oder sonstige Stelle, die ein KI-System in eigener Verantwortung verwendet, es sei denn, das KI-System wird im Rahmen einer persönlichen und nicht beruflichen Tätigkeit verwendet. Es geht also im weitesten Sinne um KI-Nutzer, z. B. Unternehmen, das seinen Beschäftigten ein angepasstes KI-System bereitstellt.

- **„Bevollmächtigter“** (Art. 3 Nr. 5 KI-VO): Eine in der Union ansässige oder niedergelassene natürliche oder juristische Person, die vom Anbieter eines KI-Systems oder eines KI-Modells mit allgemeinem Verwendungszweck schriftlich dazu bevollmächtigt wurde und sich damit einverstanden erklärt hat, in seinem Namen die in dieser Verordnung festgelegten Pflichten zu erfüllen bzw. Verfahren durchzuführen.
- **„Einführer“** (Art. 3 Nr. 6 KI-VO): Eine in der Union ansässige oder niedergelassene natürliche oder juristische Person, die ein KI-System, das den Namen oder die Handelsmarke einer in einem Drittland niedergelassenen natürlichen oder juristischen Person trägt, in Verkehr bringt. Dies stellt also auf den KI-Importeur ab.
- **„Händler“** (Art. 3 Nr. 7 KI-VO): Eine natürliche oder juristische Person in der Lieferkette, die ein KI-System auf dem Unionsmarkt bereitstellt, mit Ausnahme des Anbieters oder des Einführers. Dazu zählen etwa KI-Zwischen- oder -Großhändler.

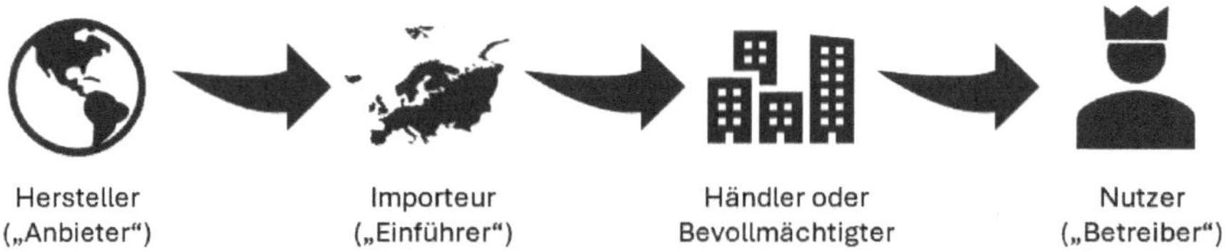

Bild 5.4 Die verschiedenen Akteure aus der KI-Verordnung (Quelle: eigene Darstellung).

Je nach Risikoklasse und Rolle des Akteurs treffen diesen verschiedene Pflichten aus der KI-VO. Dazu muss in jeder Vorschrift genau hingeschaut werden, denn manchmal ist z. B. „nur“ der Anbieter verpflichtet, manchmal trifft es zusätzlich noch den Betreiber etc.

Neben diesen in Art. 3 KI-VO definierten Rollen tauchen in manchen Vorschriften der KI-VO noch weitere Akteure auf, insbesondere der Nutzer sowie der Produkthersteller (vgl. Art. 3 Nr. 8 KI-VO). Als Produkthersteller in diesem Sinne gilt man z. B. dann, wenn man ein KI-System in ein eigenes Produkt einbindet.

> **Beispiel**
>
> Der Anbieter eines Lernmanagementsystems will KI-Tools in sein Produkt einbinden, um seinen Kunden eine automatisierte Übersetzungsfunktion für die Lerninhalte zu bieten.

Nutzer sind alle diejenigen, die KI einsetzen, die also beispielsweise mithilfe von ChatGPT Marketingtexte erstellen oder in Midjourney Bilder erzeugen lassen.

5.1.4 Transparenzpflichten

Die meisten Pflichten erlegt die KI-VO den Hochrisiko-KI-Systemen auf. Andere, mit weniger Risikopotenzial, haben in erster Linie Transparenzpflichten zu erfüllen. Diese sind zentral in Art. 50 KI-VO geregelt. So enthält Art. 50 Abs. 1 KI-VO beispielsweise Kennzeichnungspflichten für Anbieter von KI-Chatbots:

> *Die Anbieter stellen sicher, dass KI-Systeme, die für die direkte Interaktion mit natürlichen Personen bestimmt sind, so konzipiert und entwickelt werden, dass die betreffenden natürlichen Personen informiert werden, dass sie mit einem KI-System interagieren, es sei denn, dies ist aus Sicht einer angemessen informierten, aufmerksamen und verständigen natürlichen Person aufgrund der Umstände und des Kontexts der Nutzung offensichtlich. Diese Pflicht gilt nicht für gesetzlich zur Aufdeckung, Verhütung, Ermittlung oder Verfolgung von Straftaten zugelassene KI-Systeme, wenn geeignete Schutzvorkehrungen für die Rechte und Freiheiten Dritter bestehen, es sei denn, diese Systeme stehen der Öffentlichkeit zur Anzeige einer Straftat zur Verfügung.*

In dieser Norm wird also grundsätzlich eine Kennzeichnung von KI-Chatbots verlangt. Ausnahme: Der Umstand, dass nicht mit einem Menschen, sondern mit einer Maschine interagiert wird, ergibt sich für einen „angemessen informierten, aufmerksamen und verständigen" Menschen aus den Umständen. Außerdem müssen KI-Systeme zur Aufdeckung, Verhütung, Ermittlung oder Verfolgung von Straftaten selbstverständlich keine solche Transparenzpflichten erfüllen.

In Art. 50 Abs. 2 KI-VO wird darüber hinaus eine Kennzeichnungspflicht für solche KI-Systeme festgelegt, mit denen man Audio-, Bild-, Video- oder Textinhalte erstellen kann, also u. a. ChatGPT, DALL-E, Midjourney, Sora & Co. Dazu sagt diese Norm Folgendes:

> *Anbieter von KI-Systemen, einschließlich KI-Systemen mit allgemeinem Verwendungszweck, die synthetische Audio-, Bild-, Video- oder Textinhalte erzeugen, stellen sicher, dass die Ausgaben des KI-Systems in einem maschinenlesbaren Format gekennzeichnet und als künstlich erzeugt oder manipuliert erkennbar sind. Die Anbieter sorgen dafür, dass – soweit technisch möglich – ihre technischen Lösungen wirksam, interoperabel, belastbar und zuverlässig sind, und berücksichtigen dabei die Besonderheiten und Beschränkungen der verschiedenen Arten von Inhalten, die Umsetzungskosten und den allgemein anerkannten Stand der Technik, wie er in den einschlägigen technischen Normen zum Ausdruck kommen kann. Diese Pflicht gilt nicht, soweit die KI-Systeme eine unterstützende Funktion für die Standardbearbeitung ausführen oder die vom Betreiber bereitgestellten Eingabedaten oder deren Semantik nicht wesentlich verändern oder wenn sie zur Aufdeckung, Verhütung, Ermittlung oder Verfolgung von Straftaten gesetzlich zugelassen sind.*

Die Anbieter solcher KI-Systeme müssen also sicherstellen, dass die mit ihren Anwendungen erzeugten Inhalte in einem maschinenlesbaren Format gekennzeichnet werden, damit später nachvollzogen werden kann, dass es sich um KI-Content handelt. Diese Kennzeichnungen müssen „wirksam, interoperabel, belastbar und zuverlässig“ sein. Ob, wann und welche tatsächlich fälschungs- bzw. manipulationssicheren Lösungen in die Praxis umgesetzt werden können, wird sich zeigen. Erste Ansätze wurden bereits durch Anbieter wie Digimarc, Amazon, Meta, Google oder Adobe vorgestellt.

SPIEGEL Netzwelt

Digitale Wasserzeichen

Techunternehmen sagen Kennzeichnung von KI-generierten Inhalten zu

Amazon, Google, Meta, Microsoft, OpenAI und andere KI-Unternehmen haben der US-Regierung versprochen, ihre KI-Systeme besser vor Missbrauch zu schützen. Sie kommen damit einer gesetzlichen Regelung zuvor.

21.07.2023, 15.25 Uhr

Artikel zum Hören • 3 Min Anhören

Chatbot-Anwendungen: »Entscheidender Schritt zur Entwicklung verantwortungsvoller KI«

Bild 5.5
Die großen Digitalkonzerne, wie Amazon, Google, Meta & Co, wollen die mit ihren KI-Tools erzeugten Inhalte kennzeichnen (Quelle: *https://www.spiegel.de/netzwelt/web/amazon-google-und-co-techunternehmen-sagen-kennzeichnung-von-ki-generierten-inhalten-zu-a-fdd59a51-1e7c-445c-9eb8-5adb1cb5be8a*, 22. 06. 2024, 11:05 Uhr).

Der Grafiksoftware-Hersteller Adobe geht sogar noch einen Schritt weiter. In den Einstellungen seiner KI-Anwendungen lässt sich nicht nur ein Hinweis auf eine KI als Quelle der erzeugten Inhalte hinzufügen. Ebenso kann ein Hinweis darauf erfolgen, dass auf Bildern eventuell abgebildete Menschen und Gebäude fiktional sind.

Die Idee einer KI-seitigen Kennzeichnung der entsprechenden Inhalte ist grundsätzlich gut, ebenso der Umstand, dass eine solche Kennzeichnung automatisiert erfolgen kann. Allerdings muss das dann auch zuverlässig erfolgen. Zumindest Meta hat teilweise Probleme damit und kennzeichnet einerseits fälschlicherweise echten Content als angeblich „KI-generiert“ und andererseits KI-Inhalte nicht als solche.

Betreiber von Emotionserkennungssystemen oder von Systemen zur biometrischen Kategorisierung müssen die davon betroffenen Menschen über den Betrieb eines solchen Systems und die damit verarbeiteten personenbezogenen Daten informieren (Art. 50 Abs. 3 KI-VO). Auch hier sieht das Gesetz wieder eine Ausnahmeregelung für zur Aufdeckung, Verhütung oder Ermittlung von Straftaten zugelassene KI-Systeme vor.

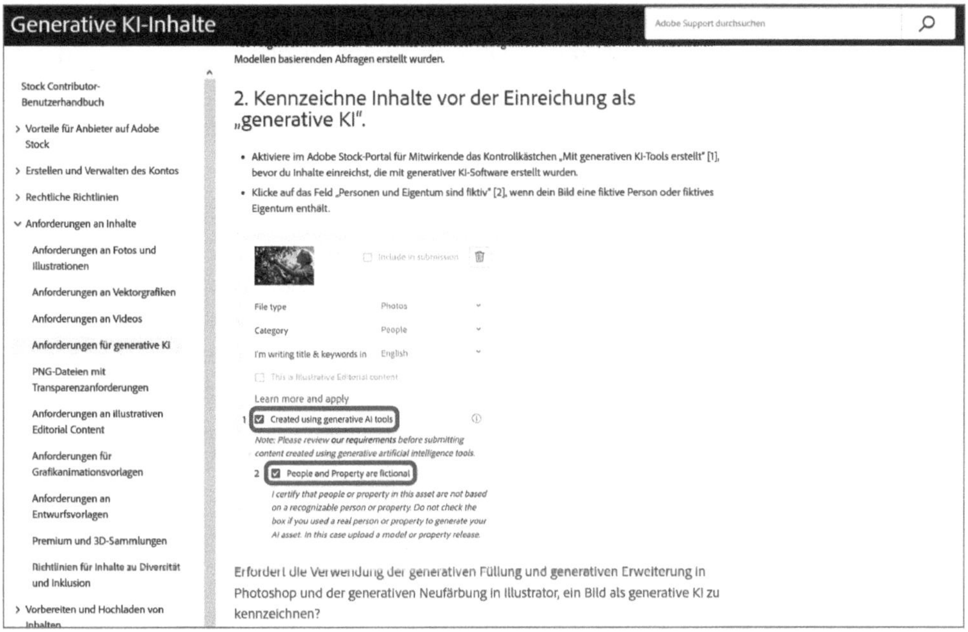

Bild 5.6 Adobe stellt Einstellungsmöglichkeiten zur Kennzeichnung per KI-Tool erzeugten Inhalten zur Verfügung (Quelle: *https://helpx.adobe.com/de/stock/contributor/help/generative-ai-content.html*, 22. 06. 2024, 11:05 Uhr).

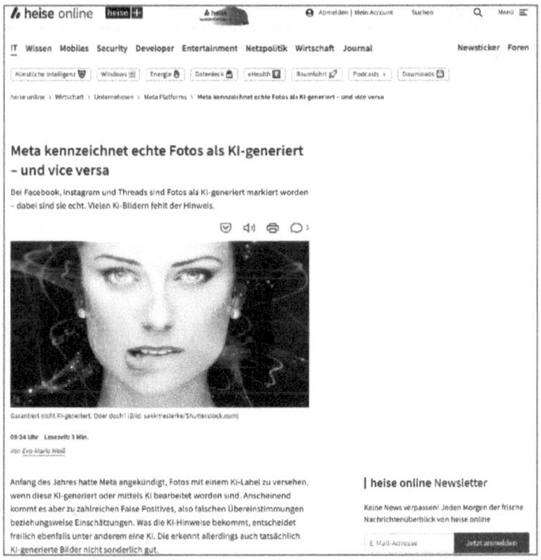

Bild 5.7
Bei Meta scheint es Probleme mit der korrekten Kennzeichnung von KI-Inhalten zu geben (Quelle: *https://www.heise.de/news/Meta-kennzeichnet-echte-Fotos-als-KI-generiert-und-vice-versa-9776687.html*, 25. 06. 2024, 11:40 Uhr).

Des Weiteren bestehen Transparenzpflichten auch im Hinblick auf Deepfakes sowie auf per KI erzeugte bzw. manipulierte Texte oder auch „Fake News". Unter Deepfakes versteht Art. 3 Nr. 60 KI-VO einen durch KI erzeugten oder manipulierten Bild-, Ton- oder Videoinhalt, der wirklichen Personen, Gegenständen, Orten, Einrichtungen oder

Ereignissen ähnelt und einer Person fälschlicherweise als echt oder wahrheitsgemäß erscheinen würde. Der Begriff der „Fake News" wird in der KI-VO nicht definiert, aber es ist sicherlich auch so klar, was darunter zu verstehen ist. Es geht um manipulierte oder gar frei erfundene Informationen. In Art. 50 Abs. 4 S. 1–3 KI-VO findet sich folgende Regelung:

> *Betreiber eines KI-Systems, das Bild-, Ton- oder Videoinhalte erzeugt oder manipuliert, die ein Deepfake sind, müssen offenlegen, dass die Inhalte künstlich erzeugt oder manipuliert wurden. Diese Pflicht gilt nicht, wenn die Verwendung zur Aufdeckung, Verhütung, Ermittlung oder Verfolgung von Straftaten gesetzlich zugelassen ist. Ist der Inhalt Teil eines offensichtlich künstlerischen, kreativen, satirischen, fiktionalen oder analogen Werks oder Programms, so beschränken sich die in diesem Absatz festgelegten Transparenzpflichten darauf, das Vorhandensein solcher erzeugten oder manipulierten Inhalte in geeigneter Weise offenzulegen, die die Darstellung oder den Genuss des Werks nicht beeinträchtigt.*

Diese Pflicht richtet sich an Betreiber von KI-Systemen, mit denen Deepfakes erzeugt werden können. Diese müssen offenlegen, dass es sich um künstlich erzeugte oder manipulierte Inhalte handelt. Ausnahmen bestehen einerseits für die von Strafverfolgungsbehörden eingesetzten KI-Systeme. Andererseits müssen Deepfake-Inhalte im Rahmen von künstlerischen, kreativen, satirischen, fiktionalen oder analogen Werken in „geeigneter Weise" gekennzeichnet werden, damit die Darstellung oder „der Genuss des Werks" nicht beeinträchtigt wird. Dies schafft einen Ausgleich mit der grundgesetzlich verankerten Kunst- und Satirefreiheit (Art. 5 GG).

Betreiber von KI-Systemen, mit denen etwa Texte manipuliert oder auch sogenannte „Fake News" erzeugt werden können, haben ebenfalls eine entsprechende Pflicht zur Offenlegung der Tatsache, dass die betreffenden Inhalte künstlich erzeugt oder manipuliert wurden. Art. 50 Abs. 4 S. 4–5 KI-VO regelt hierzu Folgendes:

> *Betreiber eines KI-Systems, das Text erzeugt oder manipuliert, der veröffentlicht wird, um die Öffentlichkeit über Angelegenheiten von öffentlichem Interesse zu informieren, müssen offenlegen, dass der Text künstlich erzeugt oder manipuliert wurde. Diese Pflicht gilt nicht, wenn die Verwendung zur Aufdeckung, Verhütung, Ermittlung oder Verfolgung von Straftaten gesetzlich zugelassen ist oder wenn die durch KI erzeugten Inhalte einem Verfahren der menschlichen Überprüfung oder redaktionellen Kontrolle unterzogen wurden und wenn eine natürliche oder juristische Person die redaktionelle Verantwortung für die Veröffentlichung der Inhalte trägt.*

Auch hier existiert wieder die bekannte Ausnahme im Rahmen von Strafverfolgungsmaßnahmen. Außerdem muss eine Kennzeichnung solcher Inhalte dann nicht erfolgen, wenn die KI-generierten Inhalte „einem Verfahren der menschlichen Überprüfung oder redaktionellen Kontrolle" unterliegen und ein Mensch die Letztverantwortung für die Veröffentlichung trägt. Letzteres ist ohnehin keine schlechte Idee, unabhängig von der hier geforderten Transparenzpflicht. Denn die juristische Verantwortlichkeit liegt stets bei dem Menschen, der mittels KI erzeugte Inhalte verwendet. Er kann etwaige Fehler nicht auf den KI-Betreiber oder gar die KI selbst abwälzen.

Die in Art. 50 KI-VO vorgesehenen Transparenz- bzw. Kennzeichnungspflichten müssen so umgesetzt werden, dass die Informationen den betreffenden Personen spätestens zum Zeitpunkt der ersten Interaktion oder Aussetzung in klarer und eindeutiger Weise bereitgestellt. Zudem müssen die Informationen den geltenden Barrierefreiheitsanforderungen entsprechen.

5.1.5 KI-Kompetenz

Spätestens dann, wenn in einem Unternehmen ein KI-System eingeführt werden soll, sollte es mindestens eine Person im Unternehmen geben, die das notwendige Fachwissen rund um die KI-Technologie besitzt, sowohl aus technischer und Anwender-, als auch aus juristischer Sicht. Idealerweise gibt es ein interdisziplinäres „KI-Kompetenz-Team". Dies kann natürlich nur in größeren Einheiten realisiert werden. Aber auch in kleineren Unternehmen sollte man nicht „einfach so" KI einführen, weil es die Konkurrenz auch tut. Es muss vorab überlegt werden, welche realistischen Anwendungsfälle es überhaupt gibt. Zudem muss KI-Fachwissen im Unternehmen aufgebaut und gebündelt werden. Dies sagt nicht nur der vernünftige Menschenverstand, sondern auch das Gesetz selbst. In Art. 4 KI-VO heißt es:

> *Die Anbieter und Betreiber von KI-Systemen ergreifen Maßnahmen, um nach besten Kräften sicherzustellen, dass ihr Personal und andere Personen, die in ihrem Auftrag mit dem Betrieb und der Nutzung von KI-Systemen befasst sind, über ein ausreichendes Maß an KI-Kompetenz verfügen, wobei ihre technischen Kenntnisse, ihre Erfahrung, ihre Ausbildung und Schulung und der Kontext, in dem die KI-Systeme eingesetzt werden sollen, sowie die Personen oder Personengruppen, bei denen die KI-Systeme eingesetzt werden sollen, zu berücksichtigen sind.*

Also werden jedenfalls Anbieter und Betreiber von KI-Systemen gesetzlich dazu verpflichtet, ihrem Personal und anderen mit ihnen bzw. für sie tätigen Personen ein ausreichendes Maß an KI-Kompetenz zu vermitteln bzw. vermitteln zu lassen. Dies ist dem EU-Gesetzgeber sogar so wichtig, dass er den Begriff „KI-Kompetenz" definiert. Nach Art. 3 Nr. 56 KI-VO ist darunter Folgendes zu verstehen:

> *Die Fähigkeiten, die Kenntnisse und das Verständnis, die es Anbietern, Betreibern und Betroffenen unter Berücksichtigung ihrer jeweiligen Rechte und Pflichten im Rahmen dieser Verordnung ermöglichen, KI-Systeme sachkundig einzusetzen sowie sich der Chancen und Risiken von KI und möglicher Schäden, die sie verursachen kann, bewusst zu werden.*

Damit ist in der KI-VO faktisch eine gesetzliche Fortbildungspflicht verankert. Abgesehen davon ist es aber ohnehin eine gute Idee, das erforderliche Fachwissen aufzubauen und aktuell zu halten, wenn man neue Technologien im Unternehmen einführen will. Die Vermittlung dieses Fachwissens muss nicht zwingend in Form von kostenpflichtigen Präsenzveranstaltungen stattfinden, die es natürlich auch in Hülle und Fülle bei diversen Anbietern gibt, wie etwa der Beck Akademie, dem Otto Schmidt Verlag, der Heise Akademie, der Haufe Akademie oder auch der Bitkom Akademie. Es gibt diverse, teilweise sogar kostenfreie Inhalte im Internet, z. B. auf Videoplattformen (YouTube, Vimeo etc.), als Podcast oder auch auf speziellen Plattformen (z. B. KI-Campus.org).

Bild 5.8 Das Online-Angebot von „KI-Campus" enthält zahlreiche kostenfreie Inhalte rund um das Thema KI, u. a. Videos, Onlinekurse oder auch Podcasts (Quelle: *https://ki-campus.org/*, 17. 07. 2024, 17:40 Uhr).

5.1.6 Sanktionen

Bei Verstößen gegen die Regelungen der KI-VO drohen zum Teil sehr heftige Sanktionen. Diese müssen „wirksam, verhältnismäßig und abschreckend" sein (Art. 99 Abs. 1 S. 2 KI-VO). Aber sie müssen auch insbesondere die Interessen von kleinen und mittleren Unternehmen (KMU-Bereich) und Start-ups sowie deren wirtschaftliches Überleben berücksichtigen. Je nach Verstoß drohen Geldbußen bis zu 35 Mio. Euro oder bis zu 7 % des weltweit erzielten Vorjahresumsatzes – je nachdem, welcher der beiden Beträge höher ist.

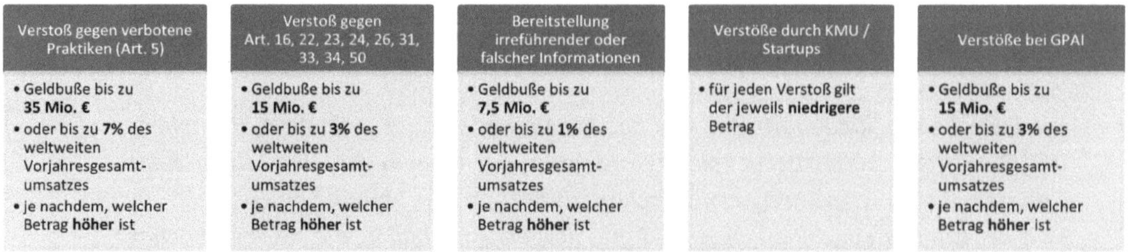

Bild 5.9 Die verschiedenen Bußgelder gemäß KI-Verordnung (Quelle: eigene Darstellung).

Hierzu wird es Leitlinien der EU-Kommission geben, die eine einheitliche Anwendung der Sanktionen gewährleisten sollen.

In Art. 99 Abs. 7 KI-VO finden sich die Kriterien zur Festlegung der Bußgeldhöhe. Dabei sollen folgende Aspekte Berücksichtigung finden:

- Art, Schwere und Dauer des Verstoßes und seiner Folgen, unter Berücksichtigung des Zwecks des KI-Systems sowie gegebenenfalls der Zahl der betroffenen Personen und des Ausmaßes des von ihnen erlittenen Schadens
- ob demselben Akteur bereits von anderen Marktüberwachungsbehörden für denselben Verstoß Geldbußen auferlegt wurden
- ob demselben Akteur bereits von anderen Behörden für Verstöße gegen das Unionsrecht oder das nationale Recht Geldbußen auferlegt wurden, wenn diese Verstöße auf dieselbe Handlung oder Unterlassung zurückzuführen sind, die einen einschlägigen Verstoß gegen die KI-VO darstellt
- Größe, Jahresumsatz und Marktanteil des Akteurs, der den Verstoß begangen hat
- jegliche anderen erschwerenden oder mildernden Umstände im jeweiligen Fall, wie etwa unmittelbar oder mittelbar durch den Verstoß erlangte finanzielle Vorteile oder vermiedene Verluste
- Grad der Zusammenarbeit mit den zuständigen nationalen Behörden, um den Verstoß abzustellen und die möglichen nachteiligen Auswirkungen des Verstoßes abzumildern
- Grad an Verantwortung des Akteurs unter Berücksichtigung der von ihm ergriffenen technischen und organisatorischen Maßnahmen
- Art und Weise, wie der Verstoß den zuständigen nationalen Behörden bekannt wurde, insbesondere ob und gegebenenfalls in welchem Umfang der Akteur den Verstoß gemeldet hat
- Vorsätzlichkeit oder Fahrlässigkeit des Verstoßes
- alle Maßnahmen, die der Akteur ergriffen hat, um den Schaden, der den betroffenen Personen zugefügt wird, zu mindern

Sowohl diese Kriterien als auch die Forderung, dass die Sanktionen „wirksam, verhältnismäßig und abschreckend“ sein sollen, finden sich nahezu wortgleich auch schon in der DSGVO und haben im Bereich Datenschutz zu teilweise recht empfindlichen Bußgeldern geführt. Allerdings sind Geldbußen in aller Regel nicht das erste, sondern das letzte Mittel der Wahl seitens der Aufsichtsbehörden. Zuvor kann es z. B. zu Anordnungen oder (kostenfreien) Verwarnungen kommen.

Übrigens: Wenn es zu Verstößen gegen die KI-VO im Zusammenhang mit der Verarbeitung personenbezogener Daten kommt, drohen zusätzliche Sanktionen durch den Europäischen Datenschutzbeauftragten (Art. 100 KI-VO).

5.1.7 Checkliste KI-Compliance

Um die Anforderungen der KI-VO erfüllen zu können, sollte zunächst geprüft werden, ob man überhaupt in den Anwendungsbereich der KI-VO fällt. Wenn dies nicht der Fall ist, müssen deren Vorgaben natürlich auch nicht beachtet werden. Für den ersten Einstieg sollte man folgende Aspekte klären:

Tabelle 5.2 Übersicht Kontrollfragen zur Anwendbarkeit der KI-VO

Bereich	Fragen
KI	Liegt überhaupt ein KI-System im Sinne von Art. 3 Nr. 1 KI-VO vor? Geht es tatsächlich um eine KI-System oder um ein KI-Modell?
Akteur	Ist man ein Akteur im Sinne der KI-VO, also ein „Anbieter" (Art. 3 Nr. 3 KI-VO), ein „Betreiber" (Art. 3 Nr. 4 KI-VO), ein „Bevollmächtigter" (Art. 3 Nr. 5 KI-VO), ein „Einführer" (Art. 3 Nr. 6 KI-VO) oder ein „Händler" (Art. 3 Nr. 7 KI-VO)?
Risikoklasse	Wenn ein KI-System vorliegt und man auch ein Akteur im Sinne der KI-VO ist, in welcher Risikoklasse wird das KI-System eingestuft (inakzeptables, hohes, begrenztes oder minimales Risko)? Bei KI-Modellen mit allgemeinem Verwendungszweck: Besteht ein systemisches Risiko?
Einsatzbereich	Wird das KI-System ausschließlich im Rahmen einer persönlichen und nicht beruflichen Tätigkeit verwendet? Falls ja, scheidet eine Anwendbarkeit der KI-VO aus (vgl. Art. 3 Nr. 4 KI-VO).
Anwendung/ Zweck	Welchen Zweck erfüllt die KI (speziell bei KI-Modellen mit allgemeinem Verwendungszweck)?

Mit Blick auf den Zweck bzw. das Anwendungsgebiet ist zu beachten, dass die Regeln der KI-VO in folgenden Konstellationen nicht anwendbar sind:

- rein private Nutzung
- wissenschaftliche Forschungs- und Entwicklungstätigkeiten
- Bereiche Militär, Verteidigung und nationale Sicherheit
- KI-Systeme mit minimalem Risiko, die unter einer freien oder quelloffenen Lizenz bereitgestellt werden

Außerdem sieht die KI-VO diverse Erleichterungen vor, u. a. für den Einsatz von KI-Systemen, die zur Dokumentenprüfung bei der Grenzkontrolle oder zur Aufdeckung von Finanzbetrug zum Einsatz kommen.

Im Rahmen der KI-VO müssen bestimmte Dokumente erstellt und im Zweifel auch als Nachweis vorgelegt werden. Es hängt von der Risikoklasse und der Rolle des Akteurs ab, wer welche Dokumente haben muss.

Tabelle 5.3 Übersicht Dokumentation

Dokument/Nachweis	KI-System mit hohem Risiko	KI-System ohne hohes Risiko
KI-Vereinbarung in der Lieferkette	x	x
KI-Erklärung	x	x
Schulungsnachweis	x	
Registrierungsnachweis	x	
Protokolle	x	
Grundrechte-Folgenabschätzung	x	
Datenschutz-Folgenabschätzung	x	

Die meisten Dokumentations- bzw. Nachweispflichten bestehen nachvollziehbarerweise aufseiten der Betreiber von Hochrisiko-KI-Systemen.

5.2 KI-Haftungsrichtlinie

Während die KI-VO insbesondere die KI-Anbieter und -Betreiber sowie deren Produkte regulieren will, setzt die KI-Haftungs-RL zeitlich später an, nämlich dann, wenn es durch den bzw. beim Betrieb einer KI zu einem Schaden gekommen ist. So soll die zivilrechtliche Haftung ergänzt und modernisiert werden, indem spezifische Vorschriften für durch KI-Systeme verursachte Schäden eingeführt werden. Dies erfolgt primär durch die Anpassung nationaler Haftungsvorschriften an die Besonderheiten des Einsatzes von künstlicher Intelligenz.

Die KI-Haftungs-RL soll die Haftung für „KI-Schäden“ in jeglicher Form regulieren. Dazu werden die Anforderungen an ein Verschulden durch den Anbieter einer Hochrisiko-KI oder durch die Person, die den Pflichten des Anbieters nach der KI-Verordnung unterliegt, näher ausgestaltet. Es wird festgelegt, welche spezifischen Sorgfaltspflichtverletzungen die geschädigte Person belegen muss, um das erforderliche Verschulden nachzuweisen. Dazu sieht die KI-Haftungs-RL eine Kausalitätsvermutung in Bezug auf den direkten Zusammenhang zwischen der Verletzung einer Sorgfaltspflicht aus der KI-VO und dem entstandenen Schaden vor. Diese gesetzlich verankerte Vermutung führt zu einer Beweislastumkehr, sodass nicht – wie sonst in „normalen“ Schadenersatzfällen üblich – die geschädigte Person den Zusammenhang zwischen der Sorgfaltspflichtverletzung und dem eingetretenen Schaden nachweisen muss. Es ist vielmehr Sache des KI-Betreibers, Beweise dafür zu erbringen, dass dieser Kausalzusammenhang gerade nicht besteht. Dies stellt im Rahmen eines Schadensersatzprozesses eine deutliche Erleichterung für die Geschädigten dar, die in aller Regel nicht über das notwendige Wissen über die internen Vorgänge aufseiten des KI-Betreibers verfügen. Eine Ausnahme dieser Kausalitätsvermutung soll jedoch dann greifen, wenn der beklagte KI-Betreiber nachweisen kann, dass der Geschädigte auch anderweitig auf ausreichende Beweismittel und Fachkenntnisse zugreifen kann, um den ursächlichen Zusammenhang zu belegen. Außerdem soll die Kausalitätsvermutung bei Schadensfällen, die nicht im Zusammenhang mit Hochrisiko-KI-Systemen stehen, nur dann bestehen, wenn es für die geschädigte Person übermäßig schwierig erscheint, einen ursächlichen Zusammenhang nachzuweisen. Primär kommt die gesetzliche Kausalitätsvermutung also bei Schäden durch Hochrisiko-KIs zum Tragen. In welchen Konstellationen und unter welchen Voraussetzungen die Ausnahmen Anwendung finden sollen, das muss zukünftig die Rechtsprechung entwickeln.

Zusätzlich sieht die KI-Haftungs-RL vor, dass es einen verbesserten Zugang für Opfer von Hochrisiko-KI-Systemen zu Beweismitteln geben soll. Dies soll durch einen eigenen Anspruch auf Offenlegung entsprechender Informationen realisiert werden, der im Zweifel auch justitiabel ist. Dies führt ebenfalls zu einer Besserstellung geschädigter Personen für den Fall, dass sie ihre Ansprüche auf Schadensersatz oder Schmerzensgeld gerichtlich durchsetzen müssen. Das interne Wissen über die betreffende KI, über die internen Abläufe beim KI-Betreiber, über etwaige Fehler usw. ist im Normalfall nicht für Außenstehende und schon gar nicht für geschädigte Personen verfügbar.

6 KI-Guidelines

6.1 Einführung

Welches Unternehmen, welche Behörde oder welcher Verein kann heutzutage noch auf eine Präsenz in den sozialen Medien verzichten?! Wer Reichweite benötigt, der kommt an Facebook, LinkedIn, Instagram, YouTube, TikTok & Co kaum vorbei. Damit man im Social-Media-Bereich Erfolg hat und dort vor allem keine rechtlichen Probleme bekommt, sollte es zumindest eine Person geben, die das erforderliche Knowhow besitzt und in erster Linie für die Betreuung der Social-Media-Auftritte verantwortlich ist. In größeren Einheiten kann es auch ein ganzes Social-Media-Team geben, das sich um regelmäßige Veröffentlichungen, um Interaktion mit den Nutzern, um deren Kommentare etc. kümmert. Insbesondere dann, wenn es mehrere zuständige Personen gibt und/oder in diesem Bereich eine hohe Fluktuation besteht, weil ständig Beschäftigte ausscheiden und neue hinzukommen, empfiehlt sich die Einführung von Social-Media-Guidelines. Darin sollte festgelegt werden, welche rechtlichen Aspekte zu berücksichtigen sind (Urheberrecht, Datenschutzrecht, Recht am eigenen Bild, Meinungsfreiheit etc.), wie der „Umgangston" sein soll, welche Informationen als sensibel eingestuft sind und daher nicht veröffentlicht werden dürfen usw.

Und was hat das mit künstlicher Intelligenz zu tun? Zum einen werden ChatGPT und andere KI-Tools schon längst zur Entwicklung von Social-Media-Strategien oder zur Gestaltung von Inhalten für Postings eingesetzt. Zum anderen ist die Situation des Betriebs von Social-Media-Profilen vergleichbar mit dem Betrieb von KI-Anwendungen. Denn beides erfordert gleichermaßen entsprechende Rahmenbedingungen, damit alle Beteiligten einen klaren, verbindlichen Rahmen haben und ein gewisses Maß an Rechtssicherheit besteht. In den KI-Leitlinien der Deutschen Telekom findet sich u. a. folgender wichtiger Passus:

4. Wir stehen für Transparenz.
Wir machen es für unsere Kunden klar ersichtlich, wenn sie mit einem KI-System kommunizieren. Zudem legen wir offen, wie wir Kundendaten nutzen. Das Vertrauen unserer Kunden bestimmt unser Handeln – denn wir als Deutsche Telekom stehen für Vertrauenswürdigkeit. Wir handeln transparent für unsere Kunden. Interagieren unsere Kunden mit einem KI-System, dann ist es für sie erkennbar. Darüber hinaus machen wir unseren Kunden deutlich, wie und in welchem Maße sie über die Art und Weise der Weiterverarbeitung ihrer Daten entscheiden können.

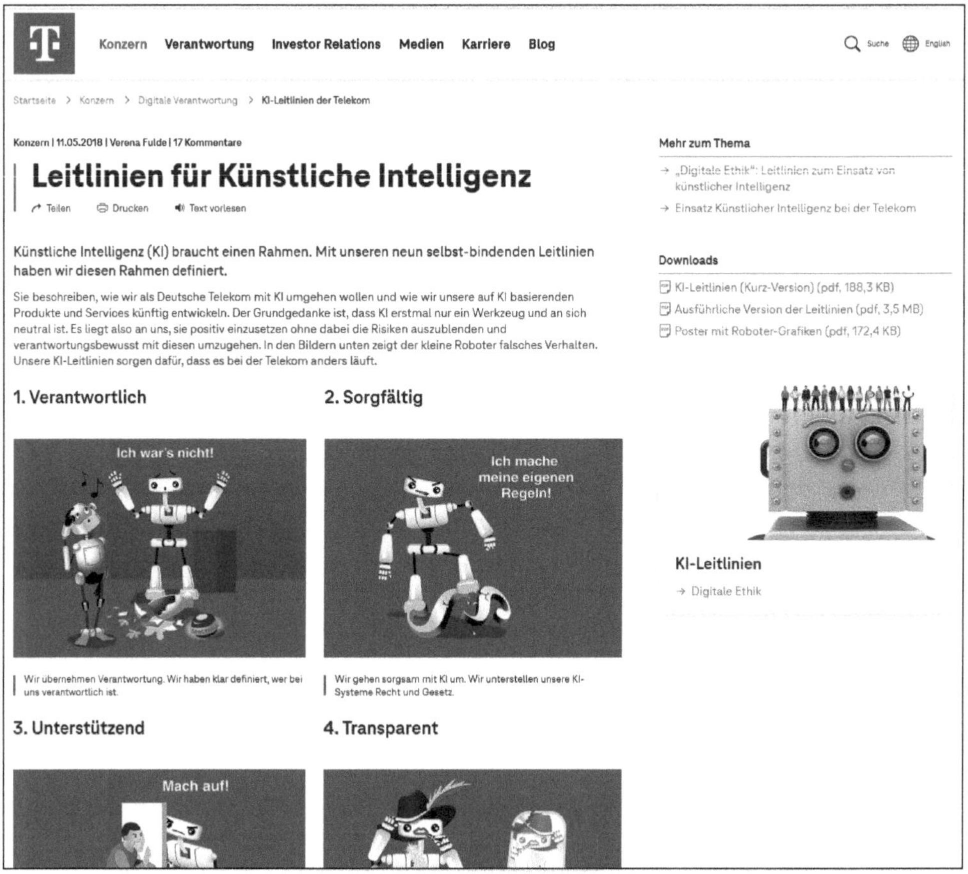

Bild 6.1 Große Unternehmen, wie z. B. die Telekom, haben KI-Guidelines und stellen sie sogar öffentlich über ihre Website zur Verfügung (Quelle: *https://www.telekom.com/de/konzern/digitale-verantwortung/details/ki-leitlinien-der-telekom-523904*, 22. 06. 2024, 13:45 Uhr).

6.2 Konkrete Regelungen

Im Zusammenhang mit dem Einsatz von KI-Systemen ergeben sich in aller Regel einige Themen, die im Rahmen von KI-Guidelines geregelt werden sollten. Dabei handelt es sich typischerweise um folgende klärungsbedürftige Fragen:

Tabelle 6.1 Zentrale Aspekte von KI-Guidelines

Fragestellung	Optionen
Soll der Begriff „KI" erläutert bzw. definiert werden?	▪ ja ▪ nein ▪ nur bezogen auf den Unternehmenskontext ▪ ...
Welche KI-Anwendungsfälle gibt es?	▪ Recherchezwecke ▪ Kundenkommunikation ▪ Erstellen von Bildern für Blog-Artikel oder Social-Media-Postings ▪ Übersetzen/Korrigieren von Texten ▪ Entwickeln von Produktideen ▪ Prozessoptimierung ▪ Datenanalyse ▪ ...
Welche KI-Tools sollen zum Einsatz kommen?	▪ Tools von Drittanbietern ▪ Eigenentwicklungen ▪ Anpassungen von Drittanbieter-Tools ▪ ...
Wird den Beschäftigten die Nutzung von KI-Anwendungen generell erlaubt?	▪ ja ▪ nein ▪ nur nach Schulung ▪ nur privat angeschaffte KI-Tools ▪ ...
Welche E-Mail-Adresse soll zur Registrierung bei KI-Systemen zum beruflichen Einsatz genutzt werden?	▪ die berufliche E-Mail-Adresse ▪ die private E-Mail-Adresse ▪ eine berufliche Funktions-E-Mail-Adresse ▪ eine beliebige generische E-Mail-Adresse ▪ ...
Soll das Ergebnis von KI-Anwendungen vor der weiteren Verwendung von qualifizierten Beschäftigten geprüft werden?	▪ ja, durch den „KI-Beauftragten" o. Ä. ▪ nein ▪ ja, aber nur bei „kritischen" Inhalten ▪ ...

Tabelle 6.1 Zentrale Aspekte von KI-Guidelines *(Fortsetzung)*

Fragestellung	Optionen
Muss von Kunden eine Einwilligung für die Verarbeitung ihrer Kundendaten durch KI-Systeme eingeholt werden, oder gibt es eine andere Rechtsgrundlage?	▪ ja, Einwilligung ist erforderlich ▪ nein, denn es dient der Vertragserfüllung ▪ nein, es liegen berechtigte Interessen vor ▪ ...
Dürfen sensible Informationen, wie z. B. Geschäftsgeheimnisse, im Rahmen von KI-Tools verwendet werden?	▪ ja ▪ nein ▪ ja, aber im „Vier-Augen-Prinzip" ▪ ...
Dürfen KI-Tools in sensiblen Geschäftsbereichen (z. B. Personalabteilung aufgrund der Verarbeitung u. a. von Gesundheitsdaten) eingesetzt werden?	▪ ja ▪ nein ▪ nur nach umfassender Schulung der Beschäftigten ▪ ...
Sollen Beschäftigte auf die Beachtung von Urheber-, Persönlichkeits-, Marken-, Wettbewerbs- oder auch Datenschutzrecht hingewiesen werden?	▪ ja ▪ nein ▪ ...
Sollen die Grundlagen von Urheber-, Persönlichkeits-, Marken-, Wettbewerbs- oder auch Datenschutzrecht vermittelt werden?	▪ ja ▪ nein ▪ ...
Sollen Ergebnisse von KI-Systemen durch Fachkräfte auf inhaltliche Korrektheit, auf ethische Aspekte oder auch auf rechtliche Problemstellungen hin überprüft werden?	▪ ja, durch den „KI-Beauftragten" o. Ä. ▪ ja, durch die Rechtsabteilung ▪ nein ▪ ...
Sollen KI-generierte Inhalte gekennzeichnet werden?	▪ ja ▪ nein ▪ nur bei Verwendung gegenüber außenstehenden Dritten, auch bei interner Verwendung ▪ ...
Soll es eine Pflicht zu Fortbildung im Themenbereich KI geben?	▪ ja ▪ nein ▪ nur für Personal in Führungspositionen ▪ nur für „KI-Beauftragte" o. Ä. ▪ ...

Eine Richtlinie, die den Rahmen für den generellen Umgang mit KI festlegt, kann beispielsweise folgende Struktur haben bzw. die folgenden Aspekte berücksichtigen:

- Anwendungsbereich
- Begriffsdefinitionen

- KI-Prinzipien oder Leitbild des Unternehmens bzgl. der Entwicklung und Nutzung von KI
- Grundsätze der Nutzung
- Dokumentations- und Transparenzanforderungen
- Zuständigkeiten, Genehmigungserfordernisse, Aufklärungs- und Sanktionsmechanismen bei Missachtung der Richtlinien
- Bezüge zu anderen internen Richtlinien und zu externen regulatorischen Vorgaben
- Verweis auf weitere Regelungen

Natürlich hängt es stark von der entsprechenden Institution ab, welche Punkte im Rahmen der KI-Guidelines konkret geregelt und kommuniziert werden sollen. Solche Guidelines sind jedoch eine gute Möglichkeit, nicht nur den Handlungsrahmen in puncto KI vorzugeben, sondern auch seiner Pflicht zur Vermittlung von ausreichenden Kenntnissen in diesem Bereich nachzukommen (vgl. Art. 4 KI-VO). Dabei muss nicht jeder „das Rad neu erfinden". Große Konzerne, wie etwa die Deutsche Telekom oder Bosch, oder auch die Bundeswehr stellen ihre KI-Guidelines öffentlich zur Verfügung, sodass man sich daran gut orientieren kann.

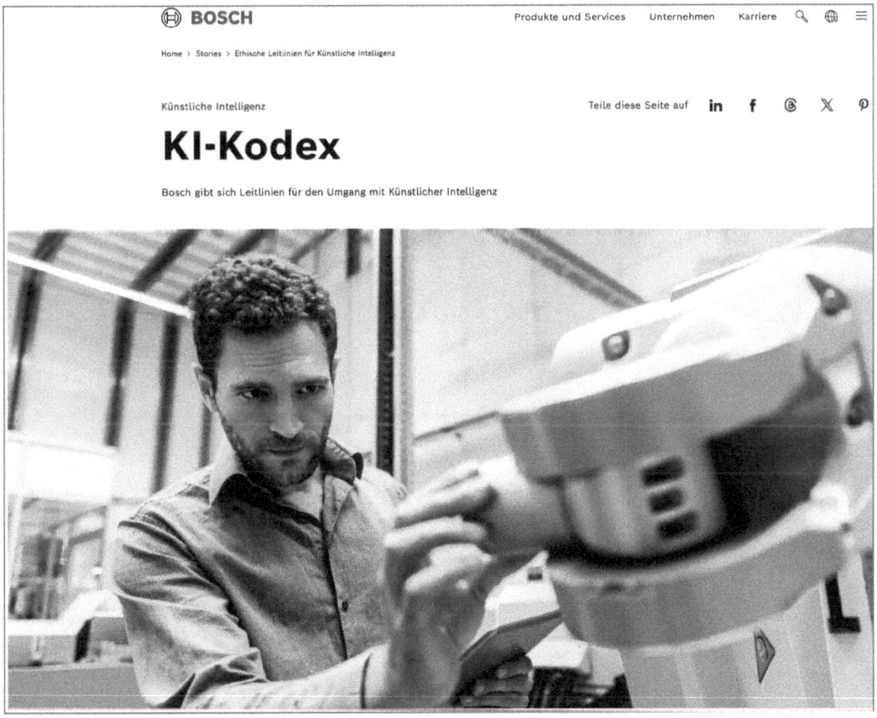

Bild 6.2 Bosch nutzt einen KI-Kodex und stellt diesen über seine Website zur Verfügung (Quelle: *https://www.bosch.com/de/stories/ethische-leitlinien-fuer-kuenstliche-intelligenz/*, 22.06.2024, 13.55 Uhr).

Im KI-Kodex von Bosch findet sich u. a. folgende Aussage:

> *Beim Einsatz von KI-Produkten gelten für uns folgende Kriterien:*
> - *Ein KI-Produkt oder dessen Verwendung soll nicht im Widerspruch zu den Artikeln der „Allgemeinen Erklärung der Menschenrechte“ stehen.*
> - *Seine Verwendung muss in Übereinstimmung mit den jeweiligen Gesetzen der Länder stehen, für die das KI-Produkt erstellt wurde.*
> - *Einsatz und unsere Verwendung des KI-Produkts sollen den in „We are Bosch“ formulierten Bosch-Werten entsprechen.*
> - *KI-Produkte sollen unserem Leitmotiv Technik fürs Leben folgen: Menschen begeistern, Lebensqualität verbessern und natürliche Ressourcen schonen.*

Besonders wichtig ist die Klärung der Frage, wie unsere Medien mit dem Thema KI umgehen bzw. ob und wie sie KI-Tools einsetzen. Daher haben auch immer mehr Medienhäuser oder auch Presseagenturen, wie z. B. die Deutsche Presseagentur (DPA), KI-Guidelines im Einsatz. Aber nicht nur für hauptberuflich tätige Journalisten, sondern auch für diejenigen, die regelmäßig Content im eigenen Blog oder in den sozialen Medien veröffentlichen, sind eigene KI-Guidelines wichtig und sinnvoll.

Bild 6.3 Transparent und verantwortungsvoll – so präsentiert die DPA ihre KI-Guidelines (Quelle: *https://innovation.dpa.com/2023/04/03/kuenstliche-intelligenz-fuenf-guidelines-der-dpa/*, 22. 06. 2024, 14:00 Uhr).

Gemäß den KI-Guidelines der DPA finden insbesondere folgende Aspekte Berücksichtigung:

> *Die dpa setzt KI zu verschiedenen Zwecken ein und steht dem verstärkten Einsatz von KI aufgeschlossen gegenüber. KI wird helfen, unsere Arbeit besser und schneller zu machen – immer im Sinne unserer Kunden und unserer Produkte.*
> *Die dpa setzt KI nur unter menschlicher Aufsicht ein. Die letzte Entscheidung über den Einsatz von KI-basierten Produkten trifft ein Mensch. Wir achten die menschliche Autonomie und den Vorrang menschlicher Entscheidungen.*
> *Die dpa setzt nur rechtmäßige KI ein, die sich an geltendes Recht und gesetzliche Bestimmungen hält und die unseren ethischen Grundsätzen gerecht wird, also etwa der menschlichen Autonomie, Fairness und demokratischen Werten.*
> *Die dpa setzt KI ein, die technisch robust und sicher ist, um die Risiken für Fehler und Missbrauch zu minimieren. Dort, wo Inhalte ausschließlich durch KI erzeugt werden, machen wir dies transparent und erklärbar. Die Verantwortung für alle mit KI erzeugten Inhalte trägt stets ein Mensch.*
> *Die dpa ermuntert alle Mitarbeiterinnen und Mitarbeiter, sich offen und neugierig mit den Möglichkeiten von KI zu befassen, Tools zu testen und Vorschläge für die Nutzung in unseren Workflows zu machen. Entscheidend sind Transparenz, Offenheit und die Dokumentation.*

Einzelne Branchenverbände, beispielsweise die Wirtschaftskammer Österreich, stellen sogar Muster-Guidelines zur Verfügung.

In den eigenen KI-Guidelines sollten auf jeden Fall die Prinzipien berücksichtigt und angesprochen werden, die auch der KI-VO zugrunde liegen, nämlich insbesondere folgende Aspekte:

- menschliche Aufsicht
- technische Robustheit und Sicherheit
- Privatsphäre
- Transparenz/Informationspflichten
- Vielfalt
- Nichtdiskriminierung/Fairness
- soziales und ökologisches Wohlergehen

Unabhängig davon, welche Schwerpunkte man in den eigenen KI-Guidelines setzt, es sollte aber schon ein solches Regelwerk vorhanden sein. Dies gilt vielleicht nicht unbedingt für Einzelunternehmer oder Soloselbstständige, aber auf jeden Fall für Unternehmen mit Beschäftigten, in denen KI zum Einsatz kommen soll.

Bild 6.4 Auf der Website der Wirtschaftskammer Österreich kann man Muster-KI-Guidelines als PDF herunterladen ober über einen Schritt-für-Schritt-Assistenten generieren (Quelle: *https://www.wko.at/digitalisierung/ki-guidelines-fuer-kmu*, 22. 06. 2024, 13:45 Uhr).

7 KI und Markenrecht

Marken dienen der Wiedererkennung und damit der Werbung für das jeweilige Unternehmen bzw. dessen jeweilige Produkte oder Dienstleistungen. Im Idealfall erkennt ein potenzieller Kunde ein bestimmtes Logo oder einen Werbeslogan schon nach kurzen Augenblicken und verbindet damit auch das werbende Unternehmen und dessen Angebote. Um die sich im Zusammenhang mit der KI-Anwendung stellenden Fragen im Bereich des Markenrechts verstehen zu können, bedarf es einiger Kenntnisse zu den Grundlagen dieses Rechtsgebiets.

Im geschäftlichen Verkehr steht dem Markeninhaber das ausschließliche Nutzungsrecht an der für ihn eingetragenen Marke zu. Allerdings bestehen seine markenrechtlichen Abwehransprüche nicht gegenüber Privatpersonen, denn das Markenrecht ist in Fällen der rein privaten Verwendung nicht anwendbar. Allerdings wird die Schwelle des rein Privaten recht schnell überschritten. Das ist beispielsweise dann der Fall, wenn auf der Internetseite, auf der eine fremde Marke unberechtigterweise verwendet wird, Werbung eingebunden ist oder wenn es sich um eine Unternehmenspräsenz handelt.

Hinweis

Auch die Teilnahme an einem Partnerprogramm von Amazon, eBay & Co befördert einen Internetauftritt – unabhängig von den Inhalten oder der Intention des Website-Betreibers – aus der rein privaten Zone heraus. Auf eine Gewinnerzielung kommt es dabei nicht an. Es ist also unerheblich, ob ein Euro, 100 Euro, 100 000 Euro oder gar keine Einnahmen erzielt werden. Es wird hier auf die reine Möglichkeit der Umsatzerzielung abgestellt.

7.1 Markenarten

Im Markenrecht können nicht nur einzelne Wörter bzw. Sätze geschützt werden. Es gibt viele verschiedene Arten von Marken.

Bild 7.1 Symbolische Darstellung der verschiedenen Markenarten (Quelle: eigene Darstellung).

Dazu gehören insbesondere die folgenden:

- **Wortmarke** (z. B. „Coca-Cola")
- **Bildmarke** (z. B. die vier „Audi"-Ringe)
- **Wort-Bild-Marke** (Logos wie z. B. der „eBay"-Schriftzug)
- einzelne **Buchstaben** (z. B. „cnn")
- einzelne **Ziffern** (z. B. „4711")
- **Hörzeichen** (z. B. Telekom- oder Nokia-Jingle)
- **3-D-Marken** (z. B. Mercedes-Stern)
- **Duftmarken** (z. B. einzelne Parfums)
- **Farbmarken** (z. B. Telekom-Magenta oder Post-Gelb)
- **Gewährleistungszeichen** (d. h. spezielle Marken, die als Gütesiegel für bestimmte Dienstleistungen oder Produkte gedacht sind)

7.2 Markenschutz

Eine Marke bzw. der ihr zugerechnete Schutz durch das Markengesetz (MarkenG) entsteht grundsätzlich erst nach ihrer wirksamen Eintragung in das Markenregister. Ausnahmsweise kann markenrechtlicher Schutz auch in folgenden Fällen erzielt werden:

- **Verkehrsgeltung:** z. B. bei einem Bekanntheitsgrad von mindestens 50 % im Rahmen einer repräsentativen Umfrage
- **notorische Bekanntheit:** ausländische Marken, die auch in Deutschland überragende Bekanntheit genießen, wie z. B. „Coca-Cola"
- Schutz **geschäftlicher Bezeichnungen:** wenn z. B. Unternehmensbezeichnungen oder Werktitel von Büchern, Filmen etc. im geschäftlichen Verkehr genutzt werden

Hinweis

Es ist keine Kennzeichnung der Marke durch ®, TM etc. notwendig, durch diese wird nach deutschem Recht kein Markenschutz erlangt. Im Gegenteil: Gegebenenfalls drohen bei derartigen Kennzeichnungen eines nicht als Marke eingetragenen Begriffes wettbewerbsrechtliche Abmahnungen wegen der Gefahr einer Irreführung! Diese Kennzeichnungen stammen ursprünglich aus dem angloamerikanischen Rechtsbereich und entfalten in Deutschland keinerlei markenrechtliche Wirkung.

In aller Regel müssen jedoch folgende Schritte durchlaufen werden, um eine Marke erfolgreich anmelden zu können:

1. **Markenart** bestimmen (Wortmarke, Bildmarke, Farbmarke ...?)
2. **Schutzbereich** bestimmen (Deutschland, Europa, weltweit?)
3. **Antrag** stellen
4. **Gebühren** bezahlen
5. Erfolgreiches Durchlaufen der **Prüfung** durch das zuständige Markenamt
6. Kein **Widerspruch** durch andere Markeninhaber
7. **Eintragung** ins Markenregister

Die Anmeldung der Marke, deren Vorbereitung sowie der Prüfprozess beim Markenamt können seine Zeit dauern, daher sollte eine angestrebte Markeneintragung frühzeitig angegangen werden.

Tipp

Wer es eilig hat, der kann im Rahmen seines Antrags auf Markeneintragung das sogenannte beschleunigte Verfahren wählen. Dies kostet zwar zusätzliche Gebühren, garantiert aber eine zeitnahe Entscheidung des Markenamtes.

7.3 Markeneintragung

Eine Marke ist immer dann einzutragen, wenn ihr keine sogenannten absoluten Schutzhindernisse entgegenstehen. Die Prüfung dieser Hindernisse erfolgt von Amts wegen, bei deutschen Marken also durch das Deutsche Patent- und Markenamt (DPMA). Zu den absoluten Schutzhindernissen zählen die folgenden:

- Zeichen, die nicht so im Markenregister dargestellt werden können, dass ihr Schutzgegenstand klar und eindeutig bestimmt werden kann (z. B. Begriffe eines ausländischen Dialekts, die nicht mit den hiesigen Schriftzeichen darstellbar sind)
- fehlende Unterscheidungskraft (z. B. ein simpler Kreis)
- Zeichen, denen ursprünglich Unterscheidungskraft zukam, die nun aber in den allgemeinen Sprachgebrauch als Gattungszeichen aufgenommen sind (z. B. „Tempo“, „Fön“ oder „Walkman“)
- Bezeichnungen des allgemeinen Sprachgebrauchs (z. B. die Wörter im Duden)
- Beschaffenheits- oder Herkunftsangaben (z. B. „Berliner Bier“)
- Angaben, die gegen die öffentliche Ordnung oder die guten Sitten verstoßen

Beispiel

Exemplarisch für einen Verstoß gegen die guten Sitten sei eine Entscheidung des Bundespatentgerichts (Beschluss vom 09. 02. 2011, Aktenzeichen: 26 W (pat) 31/10) angeführt. Hier hatten die Richter entschieden, dass die als Wortmarke angemeldete Bezeichnung „ARSCHLECKEN24“ wegen Verstoßes gegen die guten Sitten nicht eintragungsfähig ist.

Als sogenannte Unterscheidungskraft wird die konkrete Eignung einer Marke verstanden, die Waren bzw. die Dienstleistungen eines Unternehmens oder das Unternehmen selbst von der Konkurrenz abzugrenzen. Dadurch wird eine betriebliche Zuordnung der Waren bzw. Dienstleistungen ermöglicht. Marken haben also eine Herkunfts- und Qualitätsfunktion. Am Beispiel von bekannten Marken, wie etwa den „Audi-Ringen“, dem „Apple-Apfel“ oder dem „Nike-Haken“, wird schnell deutlich, was der Begriff Unterscheidungskraft meint. Denn dem Betrachter wird sofort klar, welches Unternehmen bzw. welches Produkt er vor sich hat.

Neben den absoluten gibt es auch relative Schutzhindernisse. Diese werden jedoch nicht von Amts wegen, sondern lediglich auf Antrag insbesondere von anderen Markeninhabern geprüft. Die relativen Schutzhindernisse sind:

- identische Marke für identische Waren oder Dienstleistungen (**Identitätsprüfung**)
- Gefahr der Verwechslung mit einer identischen oder ähnlichen Marke für identische Waren oder Dienstleistungen (**Ähnlichkeitsprüfung**)
- Gefahr der **Verwässerung oder Rufausbeutung** einer identischen oder ähnlichen Marke bei nicht identischen Waren bzw. Dienstleistungen, wenn die Marke bekannt ist

Hinweis

Es kommt also auch immer darauf an, ob eine beanspruchte Marke einer bereits existierenden gleicht oder zum Verwechseln ähnelt. Besteht eine sogenannte Verwechslungsgefahr, kann eine Eintragung der beanspruchten Marke nicht erfolgen.

Rufausbeutung beschreibt den Umstand, dass die Wertschätzung einer bekannten bzw. berühmten Marke durch Dritte ohne gerechtfertigten Grund und in unlauterer Weise ausgenutzt wird. Dies wäre beispielsweise der Fall, wenn man Getränke mit der Bezeichnung „Cocca Cola“ vertreiben würde. Die bewusst an die berühmte Marke „Coca-Cola“ angelehnte, jedoch nur leicht abweichende Schreibweise würde zumindest teilweise zur Irreführung der Verbraucher führen. Der Anbieter eines solchen Getränkes wäre offensichtlich nur darauf aus, Kunden der berühmten Marke „abzufangen“, indem er deren bestehenden guten Ruf zu seinem Vorteil nutzt und ihn so im markenrechtlichen Sinne ausbeutet.

Nachfolgend einige Beispiele zur Verdeutlichung der Verwechslungsgefahr. In folgenden Fällen wurde durch ein Gericht eine Verwechslungsgefahr zwischen den entsprechenden Marken bejaht:

- **klanglich:** „Arnaud – Arno“, „Allink – Adlink“, „Coco Rico – Kokoriko“
- **schriftbildlich:** „Birsk – Brisc“, „Biosan – Biosana“
- **begrifflich:** „Du und ich – er und sie“, „Aspirin – Leptospirin“

Im Unterschied dazu wurde in den folgenden Fällen eine Verwechslungsgefahr verneint:

- „Comfort Hotel – Europa Comfort Hotel“
- „Golden Pizza – Golden Toast“

Wenn weder absolute noch relative Schutzhindernisse gegeben sind, muss die Eintragung der Marke ins Markenregister erfolgen. Natürlich immer vorausgesetzt, die anfallenden Gebühren werden rechtzeitig gezahlt.

Tipp

Als juristischer Laie ist eine Markenrecherche an sich nicht schwer – die korrekte Einordnung der Suchergebnisse dagegen schon. Ohne vertieftes Wissen im Markenrecht dürfte es kaum gelingen, korrekt zu entscheiden, ob eine bestimmte Marke unterscheidungskräftig genug ist oder ob sie einer existierenden Marke verwechselbar ähnelt. Zwar kann z. B. mittels Onlinesuche oder auch in den Datenbanken der jeweiligen Markenämter kostenfrei und für jedermann zugänglich recherchiert werden. Aber die juristische Einordnung der Suchergebnisse sollte lieber in fachkundige Hände gegeben werden – denn auch KI-Anwendungen können hier (noch) nicht weiterhelfen.

Jede Marke muss für bestimmte Bereiche eingetragen werden, die sogenannten „Klassen". Jede Marke hat also, unabhängig von der konkreten Markenart, nur für bestimmte Bereiche Bestand. Es existieren insgesamt 45 Klassen, in denen einzelne Produkt- bzw. Dienstleistungsgruppen aufgelistet sind.

Beispiel

Es gibt etwa die Bereiche „Chemische Erzeugnisse" (Klasse 1), „Fahrzeuge" (Klasse 12) oder auch „Transportdienstleistungen" (Klasse 39). Marken im Zusammenhang mit KI-Anwendungen bzw. -Inhalten könnten beispielsweise in Klasse 9 (Computersoftware) oder in Klasse 42 (IT-Dienstleistungen, Software-as-a-Service-Lösungen) eingetragen werden.

Bei jeder Markenanmeldung können bis zu drei Klassen angegeben werden, ohne dass zusätzliche Kosten entstehen. Ab der vierten Klasse wird es teurer. Die Dauer für die Bearbeitung des Antrages einer Markenanmeldung hängt u. a. entscheidend davon ab, wie stark das zuständige Markenamt ausgelastet ist und ob noch Rückfragen zu beantworten sind.

Tipp

Bei der Anmeldung einer Marke sind Zeiträume zwischen etwa sechs Monaten und zwei Jahren nicht selten. Wer auf jeden Fall schneller zur Eintragung seiner Marke gelangen möchte, kann das sogenannte „beschleunigte Verfahren" wählen. Durch die Zahlung einer zusätzlichen Gebühr wird die betreffende Anmeldung bevorzugt behandelt und eine Entscheidung der Behörde wird innerhalb von maximal sechs Monaten erfolgen.

7.4 Schutzwirkung

Grundsätzlich dauert die Schutzwirkung einer Marke zehn Jahre. Sie kann jedoch beliebig oft um den gleichen Zeitraum verlängert werden, indem rechtzeitig die Verlängerungsgebühr gezahlt wird. Über die Höhe dieser Gebühr und der Zahlungsfrist wird man rechtzeitig durch das Markenamt informiert.

Eine einmal eingetragene Marke kann aber auch vor Ablauf der zehn Jahre aus unterschiedlichen Gründen wieder aus dem Markenregister gelöscht werden. Gründe dafür können sein:

- Löschung auf Antrag des Markeninhabers („Verzicht")
- Löschung bei Nichtbenutzung im geschäftlichen Verkehr innerhalb von fünf Jahren nach Eintragung („Verfall")
- Löschung, wenn die Marke sich in der Öffentlichkeit zum Gattungsbegriff entwickelt hat (z. B. „Tempo", „Fön" oder „Walkman")
- Löschung wegen absoluter oder relativer Schutzhindernisse bzw. Bösgläubigkeit („Nichtigkeit")
- Antrag auf Löschung wegen Verletzung absoluter Schutzhindernisse oder wegen Verfalls

Der Begriff „Bösgläubigkeit" beschreibt den Umstand, dass die Anmeldung einer Marke in erster Linie nur dem Ziel dient, Unterlassungs- oder Ersatzansprüche gegen Dritte durchzusetzen. Dies wäre etwa dann der Fall, wenn dem Markenanmelder bekannt ist, dass ein Dritter dasselbe oder ein verwechselbar ähnliches Zeichen für dieselben oder für ähnliche Waren bzw. Dienstleistungen nutzt, ohne hierfür jedoch einen formalen Markenschutz zu haben.

7.5 Unterschiede deutsche, EU- und IR-Marken

Es gibt nicht nur deutsche Marken, sondern auch europäische bzw. EU-Marken sowie internationale bzw. IR-Marken. Diese unterscheiden sich in Reichweite, zu beachtenden Formalien und im Kostenaufwand.

Bild 7.2
Aus deutscher Sicht sind drei Markenämter relevant: DPMA, EUIPO und WIPO (Quelle: eigene Darstellung).

Für deutsche Marken ist das Deutsche Patent- und Markenamt (DPMA) mit Hauptsitz in München zuständig. Das DPMA ist die Zentralbehörde zur Erteilung und Verwaltung von gewerblichen Schutzrechten. Hier können nicht nur Marken, sondern auch Patente (technische Erfindungen, z. B. ein Smartphone mit Klappmechanismus), Designs (ästhetische Gestaltungsformen, z. B. die äußere Erscheinungsform einer Verpackung) und Gebrauchsmuster (u. a. chemische Stoffe, Nahrungs- oder Arzneimittel) mit Schutzwirkung für die Bundesrepublik Deutschland beantragt werden.

Das Amt der Europäischen Union für geistiges Eigentum (EUIPO) im spanischen Alicante ist für die Marken mit Schutzwirkung für das Gebiet der Europäischen Union zuständig. EU-Marken entfalten also u. a. auch für Deutschland Schutzwirkung. Diese lässt sich nicht auf einzelne Mitgliedsstaaten beschränken. Anders als beim DPMA können hier nur Marken und Geschmacksmuster angemeldet werden. Für EU-Patente ist das Europäische Patentamt (EPO) zuständig.

Die World Intellectual Property Organization (WIPO) mit Sitz in Genf (Schweiz) ist als Agentur der Vereinten Nationen für internationale geistige Schutzrechte zuständig. Es sind über 180 Staaten Mitglied der WIPO, u. a. auch Deutschland. Hier können neben den internationalen Marken (sogenannte „IR-Marken“) auch Patente und weitere Schutzrechte beantragt werden. Für eine IR-Marke ist eine Schutzwirkung für alle Mitgliedsstaaten, aber auch nur für einzelne Länder möglich.

7.6 Kosten

Der Zeitpunkt der Markenanmeldung ist sehr wichtig. Denn im Markenrecht gilt der Prioritätsgrundsatz, man kann also sagen: „der frühe Vogel fängt den Wurm“. Gehen zwei Anträge auf Eintragung derselben Marke beim gleichen Markenamt ein, so hat derjenige Antragsteller das Nachsehen, dessen Antrag zeitlich später eingeht.

Beispiel

Die Kosten für die Anmeldung einer deutschen Marke in drei Klassen sowie im beschleunigten Verfahren setzen sich wie folgt zusammen: 300 Euro Anmeldegebühr (bzw. 290 Euro bei einer Online-Anmeldung) + 200 Euro (Gebühr im beschleunigten Verfahren) = 500 Euro (bzw. 490 Euro). Hinzu kommen gegebenenfalls noch Gebühren von 100 Euro für jede weitere Klasse sowie etwaige Kosten für einen mit der Markenanmeldung beauftragten Rechtsanwalt.

Die Gebühr für die Verlängerung der Schutzwirkung der Marke für weitere zehn Jahre beträgt 750 Euro pro Verlängerung.

7.7 Checkliste Marken

Bei der Anmeldung einer Marke sollten generell nachfolgende Aspekte Beachtung finden:

- **Notwendigkeit:** Zunächst sollte die Frage geklärt werden, was genau mit dem Unternehmen bzw. dessen Produkt oder Dienstleistung geplant ist, für das die Marke eingetragen werden soll. Fragen des Kundenkreises, der Reichweite, aber auch des zeitlichen und finanziellen Aufwandes der Markeneintragung sollten sorgsam abgewogen werden. Eine Marke dient primär dazu, das eigene Unternehmen und/oder Angebot von der Konkurrenz abzugrenzen. Außerdem bietet sie Schutz vor der Ausnutzung des eigenen Erfolges durch Dritte.
- **Verwechslungsgefahr:** Mit der gewünschten Marken dürfen keine bereits existierenden Marken Dritter verletzt werden. Es darf also keine Verwechslungsgefahr mit einer anderen Marke bestehen.
- **Markenart:** Man muss sich für eine Art der Marke entscheiden. Im Falle von Markenwörtern kann gegebenenfalls sowohl eine Wort- als auch eine Wort-Bild-Marke infrage kommen.
- **Schutzwirkung:** Zudem ist abzuwägen, ob die Marke für das Gebiet der Bundesrepublik Deutschland, für die Europäische Union oder weltweit Geltung erlangen soll.
- **Recherche:** Vor der Markenanmeldung sollte stets eine fachmännische Einschätzung getroffen werden, ob die gewünschte Bezeichnung überhaupt eintragungsfähig ist. Es ist daher eine umfassende Markenrecherche nötig, um die Verletzung einer bestehenden Marke zu vermeiden.
- **Anmeldung:** Der Antrag zur Markenanmeldung muss die jeweiligen Formalien beachten und insbesondere ein Klassenverzeichnis enthalten. Zugleich sind die anfallenden Gebühren zu entrichten.
- **Nutzung:** Innerhalb von fünf Jahren nach erfolgter Anmeldung muss die Marke tatsächlich im geschäftlichen Verkehr genutzt werden. Anderenfalls kann sich ein Dritter, der eine gleiche oder ähnliche Marke anzumelden beabsichtigt, auf die Nichtbenutzung der Marke berufen. Dies kann wiederum zur Folge haben, dass die Marke des Dritten trotz etwaiger Verwechslungsgefahr eingetragen werden kann.
- **Überwachung:** Die auch als „Markenmonitoring" bezeichnete regelmäßige Überwachung der Marke im Hinblick auf Neuanmeldungen gewährleistet die Erkennung von potenziellen Gefahren für die eigene Marke, etwa durch Verwechslungsgefahr durch neue Marken.

Rund um die Eintragung von Marken besteht zwar keine Anwaltspflicht. Dennoch empfiehlt sich die Hinzuziehung eines in diesem Bereich spezialisierten Anwalts.

7.8 Spezielle Fragen rund um KI

KI-Systeme sind nicht nur, aber ganz besonders gut darin, Content zu erzeugen, also Texte, Bilder, PowerPoint-Folien, Musik, Videos und andere Inhalte zu erstellen, zu bearbeiten, zu optimieren, zu übersetzen, zu strukturieren oder zu konzipieren. Daher stellen sich auch im Zusammenhang mit dem Markenrecht zahlreiche Fragen rund um den Einsatz von KI. Dazu zählen u. a. die folgenden:

1. Kann eine KI Markeninhaber werden?
2. Können per KI erzeugte Inhalte als Marke eingetragen werden?
3. Können per KI erzeugte Inhalte gegen fremde Markenrechte verstoßen?
4. Kann ein KI-Modell bzw. KI-System als Marke eingetragen werden?
5. Verstößt die Nutzung fremder Marken zu KI-Trainingszwecken gegen das Markenrecht?
6. Wer ist für die unberechtigte Nutzung fremder Marken in KI-Erzeugnissen verantwortlich?
7. Kann bei einer KI eine „Verwechslungsgefahr" im markenrechtlichen Sinne gegeben sein?
8. Sind KI-Technologien als Patent eintragbar?

Die Nummerierung der Fragen stellt keine inhaltliche Wertung, sondern lediglich eine Gliederungsreihenfolge dar, in der die Antworten auf diese Fragen geliefert werden.

Als Markeninhaber kommen nur natürliche und juristische Personen sowie rechtsfähige Personengesellschaften infrage, u. a. also Soloselbstständige, eine Gesellschaft mit beschränkter Haftung (GmbH) oder eine Aktiengesellschaft (AG). Da eine KI aus Algorithmen besteht und sie keine eigene Rechtspersönlichkeit hat, kann sie auch nicht Inhaber einer Marke werden.

Die Frage, ob KI-Erzeugnisse als Marke eingetragen werden können, lässt sich ebenfalls relativ schnell beantworten. Werden Texte, Bilder, Kombinationen aus beiden, Tonfolgen oder andere Werke mithilfe von KI erzeugt, dann kommt dafür ein Markenschutz generell in Betracht. Der KI-Content kann beispielsweise als Wort-, als Bild- oder auch als Wort-Bild-Marke eingetragen werden, sofern er die jeweiligen Voraussetzungen für die Markeneintragung erfüllt (siehe Abschnitt 7.4).

Bild 7.3
Per KI lassen sich leicht Logos o. a. Inhalte für Marken entwickeln, hier am Beispiel eines Katzenkratzbaums (Quelle: KI-generiert, eigene Darstellung).

Ob KI-Erzeugnisse gegen fremde Markenrechte verstoßen können, zielt in die gleiche Richtung, jedoch aus einer anderen Perspektive. Wenn beispielsweise ein per KI-System erzeugtes Bild eine existierende Marke oder jedenfalls erhebliche Teile davon enthält und es dadurch dieser Marke gleicht oder ihr zumindest verwechselbar ähnlich ist, kann darin ein Verstoß gegen das Markenrecht liegen. Dies setzt allerdings voraus, dass das KI-Ergebnis im geschäftlichen Verkehr und nicht nur rein privat verwendet wird. Viele der heute am Markt verfügbaren KI-Anwendungen wurden mit frei verfügbaren Online-Inhalten trainiert und enthalten daher unvermeidlich u. a. auch existierende Marken, wie Logos oder Markennamen. Es ist daher jedenfalls nicht ausgeschlossen, wenn auch recht unwahrscheinlich, dass in einem KI-Erzeugnis gewisse Bestandteile bestehender Marken wiedergegeben werden.

Bild 7.4
Der simple Prompt „car in the desert sand" (dt.: Auto im Wüstensand) erzeugt im KI-Tool Midjourney dieses Bild. Ist hier schon eine bestimmte Automarke erkennbar? (Quelle: KI-generiert, eigene Darstellung)

Je detaillierter ein Prompt, desto eher kann man aus einer KI auch Anteile geschützter Markenelemente „herauskitzeln". Und wer einer KI spezifische Anweisungen in Bezug auf fremde Marken erteilt, der muss sich über entsprechende Ergebnisse nicht wundern. Der Verwender derartiger KI-Erzeugnisse kann vom Markeninhaber z. B. auf Unterlassung oder sogar auf Schadenersatz in Anspruch genommen werden. Dies gilt jedenfalls dann, wenn die Verwendung dieses Erzeugnisses im geschäftlichen Umfeld erfolgt.

Die Eintragung eines KI-Modells oder KI-Systems als Marke ist hingegen nicht möglich. Denn eine Marke dient der Kennzeichnung von Waren und/oder Dienstleistungen eines Unternehmens. Schutzfähig sind Zeichen, die geeignet sind, die Waren bzw. Dienstleistungen von denjenigen anderer Unternehmen zu unterscheiden. Als Marke kommen daher beispielsweise Buchstaben, Wörter, Ziffern, Abbildungen, Farben oder Klänge in Betracht. Folglich kann nicht die KI-Technologie als solche, sondern höchstens z. B. der Name oder das Logo der KI als Marke eingetragen werden.

Hinsichtlich der Nutzung von urheberrechtlich geschützten Inhalten zum KI-Training existieren spezielle Normen im Gesetz (siehe Kapitel 2). So sieht § 44b UrhG vor, dass die Nutzung fremder Inhalte zum sogenannten Text- und Data-Mining grundsätzlich gestattet ist. Ausnahme: Der Rechteinhaber erklärt einen Nutzungsvorbehalt. Die Vorgaben des UrhG gelten jedoch lediglich in Bezug auf den urheberrechtlichen Schutz fremder Werke. Das Markenrecht ist parallel dazu zu bewerten, wobei das MarkenG keine mit den §§ 44b, 60d UrhG vergleichbaren Regelungen enthält. Unabhängig von der konkreten Markenart setzt ein Verstoß gegen fremde Markenrechte jedoch voraus, dass eine unbefugte, markenmäßige Nutzung der betreffenden Werke erfolgt. Ob eine solche markenmäßige Nutzung im Falle der Verwendung von Marken als KI-Trainingsdaten vorliegt, erscheint fraglich und muss zukünftig durch die Gerichte geklärt werden. Allerdings ist das Ziel der Verwendung von Marken nicht, mit den jeweiligen Produkten bzw. Dienstleistungen in Konkurrenz zu treten, sondern die KI mit Trainingsdaten zu versorgen. Durch reine Speicher- oder Analyseprozesse werden jedoch keine Markenrechte verletzt. Denn derartige Vorgänge greifen nicht in den markenrechtlichen Schutzbereich ein. Sie richten sich nicht an den Markt und dienen auch nicht der Nutzung der Marken als solche im Wettbewerb. Insofern ist davon auszugehen, dass die Verwendung fremder Marken zu KI-Trainingszwecken keinen Verstoß gegen das Markenrecht darstellt. Allerdings wird sich in Zukunft zeigen müssen, ob diese Rechtsansicht durch Gerichte bestätigt wird.

Die Antwort auf die Frage, wer für etwaige Markenverstöße durch entsprechende Elemente in KI-Erzeugnissen verantwortlich ist, richtet sich nach den allgemeinen Haftungsregeln. Derjenige, der das betreffende KI-Erzeugnis im Geschäftsverkehr nutzt, trägt dafür die Verantwortung. Wenn dadurch also gegen fremde Markenrechte verstoßen wird, haftet der Verwender gemäß den Regelungen des MarkenG. Insofern gilt hier nichts anderes als bei „manuell" erstellten Erzeugnissen auch.

Gleichen oder ähneln Inhalte bestehenden Marken, so stellt dies aufgrund einer potenziellen Verwechslungsgefahr einen Markenrechtsverstoß dar. Die Frage, ob etwa ein Text- oder ein Bildelement gegen fremde Markenrechte verstößt, bemisst sich grundsätzlich anhand menschlicher Wahrnehmung. Es kommt also darauf an, ob Menschen dieses Text- oder Bildelement als gleich oder verwechselbar ähnlich in Bezug auf eine bestehende Marke einordnen. Dabei wird, wie bei allen nicht per KI erzeugten Inhalten auch, auf den Durchschnittsverbraucher als Mitglied der relevanten Zielgruppe des Produkts bzw. der Dienstleistung abgestellt, für das die betreffende Marke eingetragen ist. Je mehr Menschen sich jedoch KI-Anwendungen als Hilfsmittel bedienen (z. B. „Kunden, die dieses Produkt kauften, kauften auch ..." oder „Wird oft zusammen gekauft mit ...") oder sogar der KI selbst die Kaufentscheidung überlassen (selbstständige Nachbestellung von Joghurt durch den „smarten" Kühlschrank), desto weniger kann im Geschäftsverkehr auf den Durchschnittsverbraucher abgestellt werden. Im Unterschied zum Menschen kann eine KI auch feinste Unterschiede schnell und zuverlässig erkennen. Eine Verwechslungsgefahr bei „KI-Einkäufen" wird also nicht länger allein nach menschlichen Maßstäben zu bewerten sein. Dies wiederum kann Auswirkungen auf den Schutz von Marken haben. Aber auch hier fehlen noch die entsprechenden Gerichtsentscheidungen, die sich mit dieser Thematik befassen.

Ob eine KI patentierbar ist, hängt von der konkreten KI-Technologie ab. Grundsätzlich können Gegenstände und Verfahren aus allen Gebieten der Technik als Patent angemeldet werden. Der Begriff „Technik" ist nicht fest definiert, sondern ändert sich mit dem Fortschritt der Wissenschaft stetig. Eine Erfindung muss jedoch auf jeden Fall ausführbar sein und nachvollziehbar dargestellt werden. Es gibt drei Kriterien für die Patentfähigkeit von Erfindungen, die alle zusammen vorliegen müssen:

1. Neuheit
2. Beruhen auf einer erfinderischen Tätigkeit
3. gewerbliche Anwendbarkeit

Es ist generell möglich, KI-Technologien als Patent zu schützen, etwa bei einer technisch innovativen Form der KI-Implementierung oder des KI-Trainings. Sofern die Kriterien für die Patentanmeldung erfüllt werden, kann die Patenteintragung erfolgen.

8 KI und E-Mail-Marketing

Der Einsatz von KI im Bereich Marketing drängt sich geradezu auf. So können beispielsweise Dinge, wie die Analyse von Verkaufsgesprächen zur Optimierung der Verkaufstechniken, die Prognose von Produkttrends, die Personalisierung von Website-Inhalten für einzelne Besucher, die Optimierung von Keywords in Suchmaschinenwerbung, die Unterstützung bei der Ideenfindung für die nächste Social-Media-Kampagne, automatisierte Erstellung bzw. Verteilung von Newslettern oder die Erstellung von personalisierten Content-Empfehlungen für Newsletter wunderbar mit KI-Unterstützung erledigt werden. Insbesondere rund um den elektronischen Versand von Werbung lassen sich hier gute Effizienzsteigerungen erzielen. Von der Ideensammlung über die Content-Erstellung und die Optimierung auf die individuellen Zielgruppen- bzw. Kundenanforderungen bis hin zur automatisierten Auswertung von Kundenreaktionen – beim Thema E-Mail-Marketing lassen sich sehr viele Stellschrauben drehen, um eine Optimierung des gesamten Prozesses zu erzielen.

Am Beispiel von Angeboten für moderne TV-Geräte zeigt sich, wie einfach und schnell ChatGPT & Co in Marketingfragen unterstützen können. Auf die Anfrage „Ich will moderne Smart-TV-Geräte mit 4K-Auflösung verkaufen. Entwickle eine Verkaufsstrategie, indem du insbesondere die Zielgruppe definierst, die beste Jahreszeit für den Verkaufsstart benennst und einen Marketingtext für meinen Social-Media-Auftritt entwirfst." liefert ChatGPT folgendes Ergebnis:

> *### Verkaufsstrategie für moderne Smart-TV-Geräte mit 4K-Auflösung*
> *#### Zielgruppe*
> *1. **Technikbegeisterte und Frühadopter***
> *– Altersgruppe: 25–45 Jahre*
> *– Merkmale: Hohe Affinität zu neuen Technologien, stets auf der Suche nach den neuesten Gadgets.*
> *– Kanäle: Technikblogs, Foren, Social Media, YouTube-Kanäle zu Technikthemen*

Silicon
TECHNOLOGY POWERING BUSINESS

Whitepaper | Podcasts | Events

Folgen Sie uns

CLOUD DATA CYBERSICHERHEIT DIGITALISIERUNG UNTERNEHMEN DEALS BEST PRACTICE

Home » Nachrichten Marketing » Nachrichten Werbung

KI im E-Mail Marketing

Steffen Schmerbach, 16.4.2024, 16:19 Uhr | Aktualisiert am 1 Mai 2024, 8:49

In der heutigen digitalen Ära sind E-Mails nach wie vor ein wesentliches Instrument im Marketingmix. Mit der fortschreitenden Entwicklung künstlicher Intelligenz (KI) eröffnen sich jedoch neue Dimensionen für das E-Mail-Marketing. Von der Personalisierung bis hin zur Automatisierung bietet KI eine Vielzahl von Möglichkeiten, um die Effektivität von E-Mail-Kampagnen zu steigern und die Kundenbindung zu verbessern. In diesem Artikel wird untersucht, wie KI das E-Mail-Marketing revolutioniert und welche Vorteile sich daraus für Unternehmen ergeben.

pixabay.de © Gerd Altmann CCO Public Domain
Künstliche Intelligenz revolutioniert aktuell das E-Mail Marketing.

Personalisierung auf individueller Ebene

Marketer lassen mit KI E-Mails generieren, um Inhalte und Angebote in Echtzeit an die individuellen Präferenzen und Verhaltensweisen der Empfänger anzupassen. Von der Betreffzeile bis zum Inhalt der E-Mail werden verschiedene Elemente dynamisch generiert, um eine maßgeschneiderte Erfahrung für jeden Empfänger zu schaffen.

NEWSLETTER
Abonnieren Sie unsere besten Artikel
Deine E-Mail

Bild 8.1 Bei nahezu jedem einzelnen Schritt im E-Mail-Marketing-Prozess kann KI hilfreich zur Seite stehen (Quelle: *https://www.silicon.de/41713293/ki-im-e-mail-marketing*, 22.07.2024, 14:30 Uhr).

*2. **Film- und Serienliebhaber***
– Altersgruppe: 20–50 Jahre
– Merkmale: Hoher Konsum von Streamingdiensten, Interesse an hoher Bild- und Tonqualität.
– Kanäle: Streaming-Plattformen, Social Media, Film- und Serienforen
*3. **Familien und Haushalte***
– Altersgruppe: 30–50 Jahre
– Merkmale: Interesse an einem hochwertigen Familienunterhaltungssystem, Wert auf Benutzerfreundlichkeit und Kinderfreundlichkeit.
– Kanäle: Familienblogs, Elternforen, Facebook-Gruppen
*4. **Gamer***
– Altersgruppe: 15–35 Jahre

– Merkmale: Wert auf niedrige Latenzzeiten und hohe Bildqualität für ein optimales Spielerlebnis.
– Kanäle: Gaming-Foren, YouTube und Twitch-Kanäle, Reddit-Gaming-Communities
Beste Jahreszeit für den Verkaufsstart
Die ideale Zeit für den Verkaufsstart ist **der Herbst**, insbesondere ab Oktober.
Dies liegt an mehreren Faktoren:
– Viele Menschen bereiten sich auf die Wintersaison vor, in der sie mehr Zeit zu Hause verbringen.
– Das Weihnachtsgeschäft beginnt, und viele suchen nach hochwertigen Geschenken.
– Der Black Friday und Cyber Monday im November bieten hervorragende Gelegenheiten für Promotions und Rabatte.
Marketingtext für Social Media
Titel: Erlebe Unterhaltung in ihrer besten Form!
Beitrag:
🌟 **Entdecke die Zukunft des Fernsehens mit unseren neuen 4K-Smart-TVs!** 🌟
Bist du bereit, dein Heimkinoerlebnis auf das nächste Level zu heben? Unsere neuesten 4K-Smart-TVs bieten dir:
– **Kristallklare 4K-Auflösung:** Tauche ein in eine Welt voller lebendiger Farben und scharfer Details.
– **Smart-Technologie:** Zugriff auf all deine Lieblings-Streamingdienste und Apps, direkt vom Fernseher aus.
– **Einfache Bedienung:** Intuitive Benutzeroberfläche und Sprachsteuerung, damit du dich auf das Wesentliche konzentrieren kannst.
– **Perfekt für Gamer:** Niedrige Latenzzeiten und beeindruckende Bildqualität für ein unvergessliches Spielerlebnis.
🚀 **Jetzt neu im Herbst 2024!** Sei einer der Ersten, der dieses unglaubliche Fernseherlebnis genießt.
🎁 **Sonderangebot zur Einführung:** Sichere dir bis zu 20 % Rabatt und kostenlose Lieferung, wenn du jetzt vorbestellst!
🔗 [Link zur Website]
Folge uns für weitere Updates und exklusive Angebote:
📷 Instagram: [Dein_Instagram]
📘 Facebook: [Dein_Facebook]
🐦 Twitter: [Dein_Twitter]
#4KTV #SmartTV #Heimkino #Gamer #Streaming #Technik

Diese Verkaufsstrategie berücksichtigt die gezielte Ansprache verschiedener Zielgruppen, die optimale Jahreszeit für den Marktstart und einen ansprechenden Marketingtext, um Aufmerksamkeit auf Social Media zu erzeugen.

Natürlich ist das Ergebnis noch nicht perfekt und muss insbesondere noch mit den eigenen Angaben individualisiert werden, aber es ist zumindest schon mal eine ausbaufähige Basis für weitere Aktionen. Die bekannte „Angst vor dem weißen Blatt" dürfte damit kein ernst zu nehmendes Problem mehr sein.

Die Grenze zwischen einer zulässigen Werbe-E-Mail und einer rechtswidrigen Spam-Mail ist allerdings nach den Maßstäben des deutschen Rechts sehr schmal. Dieser Marketing-Form kommt eine hohe praktische Bedeutung zu, da sie sehr effektiv ist. Im Idealfall erreicht man mit wenig Aufwand und ein paar Mausklicks eine sehr große Zielgruppe. Allerdings bringt sie auch einige juristische Stolperfallen mit sich, sodass jeder Versender von Newslettern, Bewertungsanfragen usw. gut beraten ist, die gesetzlichen Vorgaben zu kennen und sich auch an diese zu halten. Denn bereits die Übersendung einer einzigen Spam-Mail begründet einen Unterlassungsanspruch des Empfängers. Dieser kann dann also den E-Mail-Versender kostenpflichtig abmahnen. Dabei wird grundsätzlich nicht unterschieden, ob die Spam-Mail an eine Privatperson oder an ein Unternehmen gerichtet ist. Die Regelungen für den Versand von Werbung auf elektronischem Wege erfasst daher sowohl den Geschäftsbereich zwischen zwei Unternehmen (B2B) als auch den zwischen Unternehmen und Verbrauchern (B2C).

Gerade bei elektronischen Werbeformen können moderne KI-Tools also sehr gut unterstützen. Egal, ob es um die Sammlung von Ideen für die nächste Marketing-Kampagne, um die Erstellung von Texten für den eigenen Blog, um die Kreation von Bildern für Social-Media-Postings, um die Analyse von Kundeninteressen oder um die automatisierte Erzeugung von Newsletter-Inhalten aus den neusten Branchennachrichten geht, für all das und noch für viele Anwendungsszenarien lassen sich KI-unterstützte Lösungen finden. Speziell beim Strukturieren oder Auswerten großer Datenmengen haben KI-Systeme ihre großen Stärken. Allerdings gilt auch in diesem Bereich der Grundsatz: Nicht alles, was möglich ist, ist auch erlaubt.

8.1 Grundlagen

Um die zentralen Rechtsfragen des E-Mail-Marketings bzw. der elektronischen Werbung überhaupt verstehen zu können, muss zunächst einmal geklärt werden, was überhaupt alles unter den Begriff „Werbung" fallen kann. Diese Frage an ChatGPT gerichtet bringt folgende Auskunft hervor:

> *Im deutschen Wettbewerbsrecht wird der Begriff „Werbung" weit gefasst und umfasst alle Maßnahmen, die darauf abzielen, den Absatz oder den Bezug von Waren oder Dienstleistungen zu fördern. Dies beinhaltet sowohl direkte als auch indirekte Handlungen und Kommunikation, die das wirtschaftliche Verhalten der Marktteilnehmer beeinflussen sollen. Im Detail bedeutet das:*

1. **Information und Beeinflussung**: Werbung umfasst jede Äußerung und Handlung, die geeignet ist, das wirtschaftliche Verhalten von Verbrauchern oder anderen Marktteilnehmern zu beeinflussen. Dazu gehören beispielsweise Werbespots, Anzeigen, Plakate, aber auch weniger offensichtliche Formen wie gesponserte Inhalte oder Influencer-Marketing.
2. **Direkte und indirekte Werbung**: Werbung muss nicht immer direkt produktbezogen sein. Auch Maßnahmen, die das Image eines Unternehmens fördern, gelten als Werbung. Beispielsweise können Sponsoring, PR-Aktionen oder Corporate Social Responsibility-(CSR-)Aktivitäten unter diesen Begriff fallen, wenn sie letztlich den Absatz fördern sollen.
3. **Abgrenzung zur neutralen Information**: Es ist wichtig zu betonen, dass Werbung sich von neutraler Information dadurch unterscheidet, dass sie auf eine Förderung des Absatzes abzielt. Eine reine Produktbeschreibung ohne werbenden Charakter würde daher nicht als Werbung im wettbewerbsrechtlichen Sinne gelten.
4. **Rechtliche Grundlagen**: Die Definition und Regulierung von Werbung im Wettbewerbsrecht finden sich in verschiedenen Gesetzen, insbesondere im Gesetz gegen den unlauteren Wettbewerb (UWG). Das UWG enthält Regelungen, die bestimmte Arten von Werbung verbieten oder einschränken, etwa irreführende Werbung (§ 5 UWG) oder vergleichende Werbung (§ 6 UWG).

Zusammengefasst umfasst Werbung im deutschen Wettbewerbsrecht alle kommunikativen Maßnahmen, die darauf abzielen, das wirtschaftliche Verhalten von Konsumenten oder anderen Marktteilnehmern im Sinne des Unternehmensinteresses zu beeinflussen, sei es durch Informationen, Emotionen oder andere Mittel der Beeinflussung.

Da ist schon viel Richtiges dabei, vieles wird allerdings mehrfach und in umformulierter Form wiederholt genannt. Kurz gesagt wird unter „Werbung" im juristischen Sinne jede Äußerung bei der Ausübung eines Handels, Gewerbes, Handwerks oder freien Berufs verstanden, die das Ziel hat, den Absatz von Waren oder die Erbringung von Dienstleistungen zu fördern. Nach Ansicht der Rechtsprechung und insbesondere des Bundesgerichtshofs (BGH) werden hiervon alle Maßnahmen eines Unternehmens umfasst, die auf die Förderung des Absatzes seiner Produkte oder Dienstleistungen gerichtet sind. Damit ist außer der unmittelbar produktbezogenen Werbung auch die mittelbare Absatzförderung gemeint, beispielsweise Imagewerbung oder Sponsoring (BGH, Urteil vom 12. September 2013, Aktenzeichen: I ZR 208/12). Insgesamt interpretieren die deutschen Gerichte den Begriff „Werbung" sehr weitgehend.

Es spielt generell keine Rolle, ob die beworbenen Produkte bzw. Dienstleistungen gegen Entgelt oder unentgeltlich angeboten werden, beides kann eine werbliche Ansprache bedeuten und damit auch juristisch als Werbung eingestuft werden. Ausnahmen bilden lediglich reine System- bzw. Statusmeldungen, wie etwa Informationen über den Eingang der Bestellung in einem Webshop, über den Erhalt einer Zahlung oder über den erfolgten Warenversand.

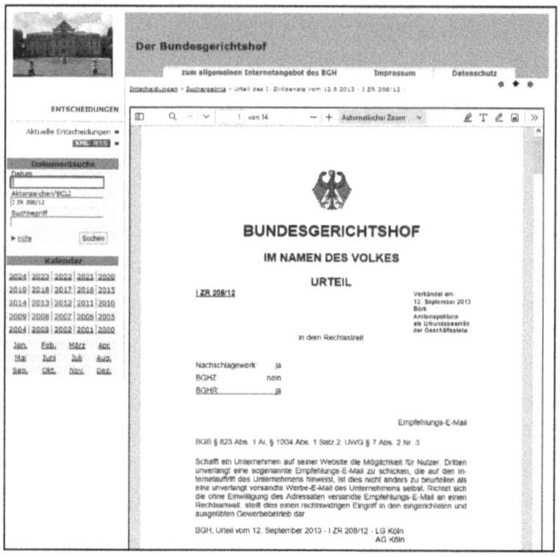

Bild 8.2
Auf der Website des BGH finden sich alle Entscheidungen im Volltext, u. a. auch die Entscheidung vom 12. September 2013 (Quelle: *https://juris.bundesgerichtshof.de/cgi-bin/rechtsprechung/document.py?Gericht=bgh&Art=en&sid=664db8ec84adeb1dda285ac52676cf4d&nr=65732&anz=1&pos=0*, 20. 07. 2024, 11:45 Uhr).

Hinweis

Die Tatsache, dass eine E-Mail eine Grafik mit dem Firmenlogo enthält, macht den Inhalt noch nicht automatisch zur Werbung. Die Verwendung eines Werbe- bzw. Unternehmensslogans (z. B. „Ich liebe es", „Wir machen den Weg frei" oder Ähnliches) kann hingegen bereits dazu führen, dass die gesamte Nachricht als werbliche Anspruch zu werden ist. Es kommt jedoch stets auf den individuellen Einzelfall und auch auf den jeweiligen Kontext an.

Die Voraussetzungen für die Durchführung von verschiedenen Werbemaßnahmen finden sich primär in § 7 des Gesetzes gegen den unlauteren Wettbewerb (UWG). Ergänzend ist die Datenschutzgrundverordnung (DSGVO) heranzuziehen, denn im Rahmen von Werbung werden regelmäßig auch Daten mit Personenbezug verarbeitet. In den § 7 Abs. 2 S. 2, Abs. 3 UWG finden sich die Vorgaben für die Übermittlung elektronischer Werbung, auf Neudeutsch: für das E-Mail-Marketing. Das Gesetz ist hier sehr streng und gibt den Grundsatz vor: keine elektronische Werbung ohne Einwilligung. Aber wo ein Grundsatz ist, da gibt es auch eine Ausnahme, nämlich in Form der sogenannten Bestandskundenregelung (siehe Abschnitt 8.6).

8.2 Formen elektronischer Werbung

Da der Werbebegriff sehr weitgehend interpretiert wird, können u. a. folgende Dinge als elektronische Werbung zählen:

- Newsletter
- Bewertungsanfragen

- Meinungsumfragen
- Pressemitteilungen
- Autoresponder-E-Mails
- Textnachrichten in sozialen Netzwerken

Fragt man ChatGPT & Co, treten darüber hinaus noch viele andere Werbeformen zutage:

> Elektronische Werbung umfasst eine Vielzahl von Formen, die über digitale Kanäle verbreitet werden. Hier sind einige Beispiele:
> 1. **Display-Werbung**:
> – **Banner-Anzeigen**: Statische oder animierte Grafiken, die auf Webseiten angezeigt werden.
> – **Pop-ups und Pop-unders**: Anzeigen, die sich in einem neuen Fenster öffnen, entweder über oder unter dem aktuellen Browserfenster.
> 2. **Suchmaschinenmarketing (SEM)**:
> – **Pay-Per-Click (PPC)**: Anzeigen, die in Suchmaschinen-Ergebnissen erscheinen, wobei der Werbetreibende für jeden Klick auf die Anzeige bezahlt.
> – **Suchmaschinenoptimierung (SEO)**: Optimierung von Webseiten-Inhalten, um in den organischen Suchergebnissen höher zu ranken.
> 3. **Social Media Werbung**:
> – **Facebook-Anzeigen**: Zielgerichtete Werbung auf Facebook, die auf den Interessen und dem Verhalten der Nutzer basiert.
> – **Instagram-Anzeigen**: Gesponserte Beiträge oder Storys, die im Feed der Nutzer erscheinen.
> – **Twitter-Anzeigen**: Gesponserte Tweets, Trends oder Accounts.
> – **LinkedIn-Anzeigen**: Zielgerichtete Werbung für Fachleute und Unternehmen.
> 4. **E-Mail-Marketing**:
> – **Newsletter**: Regelmäßige E-Mail-Updates, die an eine Abonnentenliste gesendet werden.
> – **Werbemailings**: Einmalige E-Mails mit spezifischen Angeboten oder Informationen.
> 5. **Affiliate-Marketing**:
> – **Partnerprogramme**: Werbenetzwerke, bei denen Partner Provisionen für den Verkauf oder Leads erhalten, die über ihre Werbemittel generiert werden.
> 6. **Content-Marketing**:
> – **Blog-Posts**: Artikel auf Unternehmenswebseiten, die informative Inhalte bieten und gleichzeitig Produkte oder Dienstleistungen bewerben.
> – **Infografiken**: Visuelle Darstellungen von Informationen, die leicht zu teilen sind und oft in sozialen Medien verbreitet werden.
> – **Videos**: Werbevideos auf Plattformen wie YouTube, die Produkte oder Dienstleistungen vorstellen.

*7. **Mobile Werbung**:*
*– **In-App-Anzeigen**: Werbeanzeigen, die in mobilen Anwendungen geschaltet werden.*
*– **SMS-Marketing**: Werbebotschaften, die per SMS an Nutzer gesendet werden.*
*8. **Video-Werbung**:*
*– **Pre-Roll-Anzeigen**: Werbespots, die vor dem eigentlichen Video-Inhalt abgespielt werden.*
*– **Mid-Roll- und Post-Roll-Anzeigen**: Werbespots, die während oder nach einem Video abgespielt werden.*
*9. **Native Advertising**:*
*– **Gesponserte Inhalte**: Anzeigen, die sich nahtlos in den redaktionellen Inhalt einfügen und nicht als Werbung wahrgenommen werden.*
*– **Empfohlene Artikel**: Inhalte, die von Werbenetzwerken als „empfohlene" Artikel auf Webseiten angezeigt werden.*
*10. **Programmatic Advertising**:*
*– **Automatisierte Anzeigenplatzierung**: Verwendung von Algorithmen und Daten, um Anzeigen in Echtzeit an die relevantesten Zielgruppen zu liefern.*

Das zeigt deutlich, dass KI sehr gut dabei helfen kann, ein Thema zu erkunden. Auch bei Details zu den wichtigsten Aspekten nach deutscher Rechtslage sind die Informationen von ChatGPT sehr hilfreich:

E-Mail-Marketing unterliegt in Deutschland strengen rechtlichen Vorschriften, um den Schutz der Verbraucher und deren Daten zu gewährleisten. Hier sind einige der wichtigsten juristischen Aspekte, die Sie beachten müssen:
*1. **Einwilligung (Opt-in)**:*
– Sie dürfen E-Mails nur dann zu Werbezwecken versenden, wenn der Empfänger ausdrücklich zugestimmt hat. Dies geschieht in der Regel durch ein Double-Opt-in-Verfahren, bei dem der Empfänger seine E-Mail-Adresse zunächst angibt und anschließend durch Klicken auf einen Bestätigungslink in einer E-Mail die Anmeldung bestätigt.
*2. **Widerrufsrecht (Opt-out)**:*
– Jeder Werbe-E-Mail muss eine einfache und klare Möglichkeit zur Abmeldung (Opt-out) enthalten. Der Empfänger muss jederzeit und ohne Angabe von Gründen seine Einwilligung widerrufen können.
*3. **Kennzeichnungspflicht**:*
– Werbe-E-Mails müssen als solche klar erkennbar sein. Es muss eindeutig sein, dass es sich um Werbung handelt.
*4. **Absenderangaben (Impressumspflicht)**:*
– Jede E-Mail muss vollständige und korrekte Absenderinformationen enthalten, die es dem Empfänger ermöglichen, den Absender zu identifizieren und zu kon-

> *taktieren. Dazu gehören der vollständige Name oder die Firma, die Anschrift und Kontaktinformationen (wie Telefonnummer und E-Mail-Adresse).*
> *5. **Datenschutz (DSGVO)**:*
> *– Die Erhebung, Speicherung und Verarbeitung personenbezogener Daten muss im Einklang mit der Datenschutz-Grundverordnung (DSGVO) erfolgen. Dies bedeutet unter anderem:*
> *– Transparente Information darüber, welche Daten zu welchem Zweck erhoben und verarbeitet werden.*
> *– Rechtsgrundlage für die Datenverarbeitung, meist die Einwilligung des Betroffenen.*
> *– Sicherstellung, dass die Daten sicher und nur für den vorgesehenen Zweck verwendet werden.*
> *– Einhaltung der Betroffenenrechte, wie das Recht auf Auskunft, Berichtigung, Löschung und Widerspruch.*
> *6. **Unzulässige E-Mail-Werbung**:*
> *– Der Versand von Werbe-E-Mails ohne vorherige Einwilligung stellt eine unzulässige Belästigung dar und kann abgemahnt werden. Dies gilt sowohl für Privatpersonen als auch für geschäftliche Kontakte, obwohl bei Letzteren unter bestimmten Voraussetzungen eine Ausnahme gelten kann (z. B. bestehende Geschäftsbeziehung und Bezugnahme auf ähnliche Produkte).*
> *7. **Dokumentation und Nachweis**:*
> *– Die Einwilligung der Empfänger muss dokumentiert und im Streitfall nachgewiesen werden können. Dies umfasst die Speicherung der Einwilligungserklärung sowie der Bestätigungsprotokolle beim Double-Opt-in-Verfahren.*
> *8. **Newsletter-Anmeldung**:*
> *– Bei der Anmeldung für einen Newsletter muss klar kommuniziert werden, welche Art von Inhalten der Empfänger erwarten kann und wie häufig die E-Mails versendet werden.*
> *Die Einhaltung dieser rechtlichen Anforderungen ist unerlässlich, um rechtliche Konsequenzen, wie Abmahnungen und Bußgelder, zu vermeiden und das Vertrauen der Empfänger zu gewinnen und zu bewahren.*

Wenn man jedoch noch zielgerichteter nachfragt und etwa Details zu den einschlägigen Rechtsvorschriften wissen möchte, ist Vorsicht geboten:

> *In Deutschland wird der Bereich des E-Mail-Marketings durch mehrere Gesetze geregelt. Die wichtigsten sind das **Gesetz gegen den unlauteren Wettbewerb (UWG)**, das **Telemediengesetz (TMG)** und die **Datenschutz-Grundverordnung (DSGVO)**. Hier ist eine Übersicht, was jeweils genau zu beachten ist:*
> *1. **Gesetz gegen den unlauteren Wettbewerb (UWG)**:*
> *– **§ 7 UWG – Unzumutbare Belästigungen**:*

– Werbende E-Mails dürfen nur mit vorheriger ausdrücklicher Einwilligung des Empfängers versendet werden (Opt-in-Prinzip). Eine Ausnahme besteht bei Bestandskunden, wenn die Werbung ähnliche Produkte betrifft und der Empfänger der Nutzung seiner E-Mail-Adresse nicht widersprochen hat.
– Jede Werbe-E-Mail muss eine klare und deutliche Möglichkeit zur Abmeldung (Opt-out) enthalten.
– Werbende E-Mails müssen als solche klar erkennbar sein.
*2. **Telemediengesetz (TMG)**:*
*– **§ 13 TMG – Pflichten des Diensteanbieters**:*
– Diensteanbieter müssen Nutzer zu Beginn der Nutzung über Art, Umfang und Zweck der Erhebung und Verwendung personenbezogener Daten unterrichten.
– Die Einwilligung zur Verarbeitung personenbezogener Daten muss protokolliert und der Inhalt der Einwilligung jederzeit für den Nutzer abrufbar sein.
*– **§ 5 TMG – Allgemeine Informationspflichten (Impressumspflicht)**:*
– Jede kommerzielle E-Mail muss vollständige und korrekte Absenderinformationen enthalten, darunter Name oder Firma, Anschrift, Kontaktinformationen wie Telefonnummer und E-Mail-Adresse.
*3. **Datenschutz-Grundverordnung (DSGVO)**:*
*– **Art. 6 DSGVO – Rechtmäßigkeit der Verarbeitung**:*
– Die Verarbeitung personenbezogener Daten ist nur rechtmäßig, wenn der Betroffene seine Einwilligung gegeben hat oder eine andere gesetzliche Grundlage vorliegt.
*– **Art. 7 DSGVO – Bedingungen für die Einwilligung**:*
– Die Einwilligung muss freiwillig, spezifisch, informiert und unmissverständlich sein. Sie muss durch eine eindeutige bestätigende Handlung gegeben werden (z. B. durch Anklicken eines Bestätigungslinks im Rahmen eines Double-Opt-in-Verfahrens).
*– **Art. 12–15 DSGVO – Informationspflichten und Betroffenenrechte**:*
– Betroffene müssen umfassend darüber informiert werden, welche Daten zu welchem Zweck verarbeitet werden.
– Betroffene haben das Recht auf Auskunft, Berichtigung, Löschung, Einschränkung der Verarbeitung und Widerspruch gegen die Verarbeitung ihrer Daten.
*– **Art. 32 DSGVO – Sicherheit der Verarbeitung**:*
– Die Verarbeitung personenbezogener Daten muss durch geeignete technische und organisatorische Maßnahmen geschützt werden, um die Datensicherheit zu gewährleisten.
*4. **E-Commerce-Richtlinie und Umsetzung ins nationale Recht**:*
*– **Richtlinie 2000/31/EG**:*
– Diese Richtlinie stellt sicher, dass Mitgliedsstaaten sicherstellen, dass unaufgeforderte kommerzielle Kommunikation per E-Mail als solche eindeutig und klar erkennbar ist, sobald sie beim Empfänger eingeht.
– Umsetzung ins deutsche Recht erfolgt über das TMG und das UWG.

Praktische Umsetzung
*– **Einwilligung und Opt-in**: Verwenden Sie ein Double-Opt-in-Verfahren, um sicherzustellen, dass die Einwilligung rechtmäßig erteilt wurde, und dokumentieren Sie diese.*
*– **Abmeldeoption**: Jede E-Mail muss einen klaren und leicht zugänglichen Abmeldelink enthalten.*
*– **Transparenz**: Informieren Sie den Empfänger klar und verständlich über die Art und den Umfang der Datenverarbeitung.*
*– **Datensicherheit**: Implementieren Sie Maßnahmen zum Schutz personenbezogener Daten gegen unbefugten Zugriff.*
Die Einhaltung dieser Gesetze ist entscheidend, um rechtliche Konsequenzen wie Abmahnungen, Bußgelder oder Schadensersatzforderungen zu vermeiden und das Vertrauen der Kunden zu gewinnen und zu erhalten.

Denn die KI „versteckt" hier veraltete bzw. falsche Informationen zwischen vielen korrekten Angaben. Denn das Telemediengesetz (TMG) ist zum 17. 02. 2024 durch das Digitale-Dienste-Gesetz (DDG) ersetzt worden. So findet sich beispielsweise die Vorschrift zur Impressumpflicht inzwischen in den §§ 5, 6 DDG. Korrekt ist allerdings insbesondere der Hinweis auf die Anwendbarkeit des Datenschutzrechts sowie auf § 7 UWG.

Je nachdem, wie eine Nachricht konkret formuliert ist, ob sie zumindest mittelbar auf Absatzförderung gerichtet ist, kann dies dazu führen, dass der gesamte Text als Werbung einzustufen ist und damit unter die strikte Regelung von § 7 UWG fallen kann.

Beispiel

Wenn man z. B. in den Urlaub fährt und jedem, der einem eine E-Mail schickt, automatisch eine Abwesenheitsmeldung zukommen lassen will, dann kann man einen sogenannten Autoresponder aktivieren. Dieser bewirkt, dass jeder E-Mail-Sender automatisch eine Antwort erhält, in der darauf hingewiesen wird, dass man gerade im Urlaub ist und sich erst danach mit dem Inhalt der E-Mail befassen kann. Sofern sich der Autoresponder-Inhalt jedoch nicht darauf beschränkt, sondern auch noch weitere Inhalte enthält (z. B. „Beachten Sie in der Zwischenzeit doch unsere Sommerangebote", „Kennen Sie schon unser neues Produkt?" oder Ähnliches), kann dies bereits elektronische Werbung darstellen. Erfolgt hier beispielweise eine KI-gestützte Erstellung von zielgruppenoptimierten Inhalten für solche E-Mail, ist das aus Marketingsicht begrüßenswert, aus juristischer Perspektive jedoch sehr gefährlich.

Enthält eine elektronische Nachricht also direkte oder indirekte Werbung für ein Produkt, eine Dienstleistung oder ein Unternehmen, dann gilt diese Nachricht regelmäßig insgesamt als Werbung. Das wiederum hat zur Folge, dass die strengen Voraussetzungen für diese Art von Werbung eingehalten werden müssen. Auch wenn die einzelne Nachricht vielleicht gut gemeint ist oder sogar deutliche Vorteile für den Empfänger mit sich bringt – Werbung bleibt Werbung. Wer also beispielsweise Weihnachtsgrüße an seine Kundschaft mit Botschaften, wie „Schauen Sie sich über die Feiertage doch mal unsere neue Winterkollektion an" oder Ähnlichem, verbindet, verschickt letztlich Werbung. Bleibt es hingegen bei der bloßen „Frohe Weihnachten"-Nachricht, ist hingegen alles in Ordnung.

Wie in vielen Fällen liefert ChatGPT auf folgenden Prompt einen brauchbaren Vorschlag:

> *Ich werde ab dem 1. August für drei Wochen im Urlaub sein, formuliere daher einen aussagekräftigen und informativen Text, den ich während meiner Abwesenheit vom Mail-System per Autoresponder auf etwaige Anfragen per E-Mail versenden lassen kann.*

Das KI-Ergebnis liefert eine gute, schlanke Textvariante, die insbesondere keine Werbeelemente enthält – ohne dass im Prompt speziell auf diese Problematik hingewiesen wurde:

> *Gerne! Hier ist ein Vorschlag für Ihren Autoresponder-Text:*
> *---*
> ***Betreff:** Abwesenheitsnotiz: [Ihr Name]*
> *Sehr geehrte Damen und Herren,*
> *vielen Dank für Ihre E-Mail. Ich bin vom 1. August bis zum 21. August im Urlaub und daher in dieser Zeit nicht erreichbar. Ihre Nachricht wird nicht weitergeleitet, und ich werde nach meiner Rückkehr schnellstmöglich darauf antworten.*
> *In dringenden Fällen wenden Sie sich bitte an [Name des Vertreters] unter der E-Mail-Adresse [E-Mail-Adresse des Vertreters] oder telefonisch unter [Telefonnummer des Vertreters].*
> *Vielen Dank für Ihr Verständnis.*
> *Mit freundlichen Grüßen,*
> *[Ihr Name]*
> *---*
> *Falls Sie zusätzliche Informationen hinzufügen möchten, können Sie den Text entsprechend anpassen.*

ChatGPT hat aus den Angaben im Prompt sogar den Abwesenheitszeitraum korrekt berechnet und sich ansonsten auf das Wesentliche konzentriert. Mit Blick auf die Werbeproblematik – vorbildlich. Sehr häufig halten sich ChatGPT & Co. an die Vorgaben im Prompt, aber eben nicht in jedem Einzelfall. Wenn sich beispielsweise in den KI-Trainingsdaten überwiegend Autoresponder-Texte mit Werbezusatz finden, dann wird die KI dies unter Umständen in ihr Ergebnis übernehmen. Ob absichtlich oder „aus Versehen", das KI-Ergebnis ist hier wettbewerbsrechtlich unbedenklich. Wenn man allerdings selbst „Optimierungen" am Textvorschlag veranlasst, kann es sein, dass die KI auf diese Weise ein Ergebnis liefert, das eine werbliche Ansprache enthält und damit in diesem Kontext gerade nicht gewünscht ist. Beispielsweis liefert die simple Nachfrage

> *Ändere den Text und füge mehr Informationen über das Unternehmen und seine Angebote ein.*

folgendes Ergebnis:

> *Natürlich! Hier ist eine erweiterte Version des Autoresponder-Texts mit zusätzlichen Informationen über Ihr Unternehmen und seine Angebote:*
> *---*
> ***Betreff:** Abwesenheitsnotiz: [Ihr Name]*
> *Sehr geehrte Damen und Herren,*
> *vielen Dank für Ihre Nachricht. Ich bin vom 1. August bis zum 21. August im Urlaub und werde in dieser Zeit nicht auf E-Mails zugreifen können.*
> *Während meiner Abwesenheit steht Ihnen unser Team gerne zur Verfügung. Bei dringenden Angelegenheiten wenden Sie sich bitte an [Name des Vertreters] unter der E-Mail-Adresse [E-Mail-Adresse des Vertreters] oder telefonisch unter [Telefonnummer des Vertreters].*
> *Für Informationen über unsere Produkte und Dienstleistungen besuchen Sie bitte unsere Website unter [Website-URL]. Dort finden Sie umfassende Informationen zu [kurze Beschreibung der Hauptangebote oder Dienstleistungen] sowie aktuelle Nachrichten und Angebote.*
> *Wir danken Ihnen für Ihr Verständnis und freuen uns darauf, nach meiner Rückkehr wieder von Ihnen zu hören.*
> *Mit freundlichen Grüßen,*
> *[Ihr Name]*
> *[Ihr Titel]*
> *[Ihr Unternehmen]*
> *[Unternehmens-Website]*
> *[Unternehmens-Telefonnummer]*
> *---*
> *Falls Sie spezifische Details zu Ihren Angeboten oder Dienstleistungen hinzufügen möchten, können Sie den Text entsprechend anpassen.*

An diesem Beispiel zeigt sich, dass menschliches Eingreifen nicht immer förderlich ist. Was allerdings nicht heißen soll, dass man KI-Ergebnisse nicht kontrollieren soll – im Gegenteil. Auch wenn bisweilen schon gute Ergebnisse erzielt werden können, ist es dennoch unerlässlich, jedes KI-Erzeugnis inhaltlich zu prüfen.

Bei Nachrichten in den sozialen Medien muss zwischen allgemeinen Informationen, die für einen unbestimmten Kreis von Personen zugänglich ist, und gezielten Kurznachrichten an einzelne Empfänger differenziert werden.

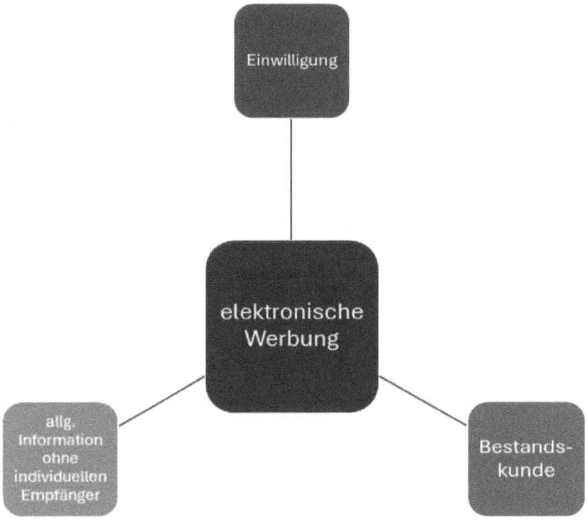

Bild 8.3
Für elektronische Werbung gilt der Einwilligungsgrundsatz, und für Bestandskunden gibt es eine Ausnahmeregelung. Allgemeine Informationen ohne individuellen Empfänger bedürfen keiner Einwilligung (Quelle: eigene Darstellung).

Im ersten Fall, wenn also beispielsweise die Ankündigung eines neuen Produkts im eigenen LinkedIn-Profil gepostet wird, handelt es sich zwar auch um Werbung. Allerdings wird diese nicht an einen konkreten, individuellen Empfänger verschickt. Ein solches Posting ist eher vergleichbar mit einer Meldung auf der eigenen Website und damit auch ohne Einwilligung zulässig. Hier eine Einwilligung zu fordern, würde Unmögliches verlangen, denn hierbei sind ja keine einzelnen Menschen als konkrete Empfänger bekannt, sondern gegebenenfalls lediglich ein Adressatenkreis. Im zweiten Fall, wenn also etwa die Produktankündigung als Kurz- bzw. Direktnachricht an eine konkrete Person verschickt wird, stellt dies jedoch eine einwilligungsbedürftige Werbung dar.

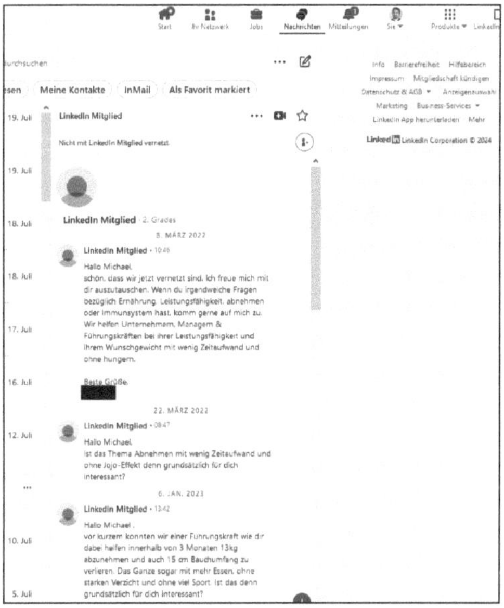

Bild 8.4
Mit derart unverschämten und zudem rechtswidrigen Werbenachrichten muss man sich bisweilen leider in den sozialen Netzwerken rumärgern (Quelle: LinkedIn, 20. 07. 2024, 13:50 Uhr).

Die Tatsache, dass eine Kontaktanfrage angenommen wird, sodass eine direkte Verbindung zwischen zwei Profilinhabern in einem sozialen Netzwerk entsteht, stellt keine Einwilligung in den Erhalt von werblichen Nachrichten dar. Eine solche müsste sich sowohl auf den Erhalt der Werbung als solche und auch auf die Form der Werbung (Social-Media-Direktnachricht) beziehen. Insofern gilt für den Bereich Social Media dem Grunde nach nichts anderes als für andere Formen elektronischer Werbung auch (z. B. Newsletter). Vorsicht also vor einem allzu großen Grad an Automatisierung, ob mit oder ohne KI.

8.3 Einwilligungsgrundsatz

Für die Übersendung einer Werbe-E-Mail an einen konkreten Empfänger wird also grundsätzlich die ausdrückliche vorherige Einwilligung des Empfängers benötigt (§ 7 Abs. 2 S. 2 UWG). Bei dieser gesetzlichen Regelung handelt es sich um eine sogenannte Opt-in-Regelung. Denn erst nach Erteilung der Einwilligung darf mit dem Versand der Werbenachrichten begonnen werden.

Hinweis
Der Versand von Werbung per Post kann hingegen nach dem Opt-out-Prinzip erfolgen. Diese darf auf Grundlage von berechtigten Interessen des Versenders an den Empfänger verschickt werden, bis dieser seinen Widerspruch erklärt.

Eine wirksame Einwilligung für elektronischen Werbeversand muss

- vorab,
- freiwillig,
- zweckgebunden,
- in informierter Weise,
- unmissverständlich und
- durch eine aktive Handlung

erteilt werden.

Alle der genannten Voraussetzungen sind gleichermaßen zu erfüllen. Fehlt es nur an einer einzigen, liegt keine rechtskonforme Einwilligung und damit keine Rechtsgrundlage für die Übersendung der elektronischen Werbung vor.

Die Einwilligungserklärung muss nicht zwingend in schriftlicher Form erteilt werden, zulässig ist ebenso eine elektronische, telefonische oder mündliche Erklärung. Da das werbende Unternehmen diese aber im Zweifel nachweisen können muss, ist eine schriftliche Einwilligung ideal.

Tipp

Bei elektronischer Werbung würde die Schriftform allerdings einen Medienbruch darstellen, sodass hier eine elektronische Einwilligungserklärung das Mittel der Wahl ist.

Es wird die vorherige Zustimmung des Empfängers benötigt, eine nachgeholte Erklärung ist insoweit nicht ausreichend. Daher ist der Versand einer elektronischen Werbenachricht mit dem bloßen Hinweis auf eine mögliche Abmeldung, falls keine weitere Werbung mehr gewünscht wird, rechtswidrig. Einwilligungen dürfen selbstverständlich auch nicht durch Ausübung von Druck oder auf Basis von Täuschung eingeholt werden.

Hinweis

Die Einwilligung muss sich auf die konkrete Form der Werbung beziehen, also beispielsweise auf die Übermittlung per E-Mail. Daher erfüllt weder ein bereits bestehender E-Mail-Kontakt noch der Austausch von Visitenkarten oder die Eintragung in die Teilnahmeliste einer Veranstaltung das Kriterium der „ausdrücklichen Einwilligung".

Einwilligungserklärungen gelten grundsätzlich zeitlich unbeschränkt. Sie enden erst mit der Erklärung des Widerrufs durch die Person, die die Einwilligung erteilt hat. Es existieren jedoch ein paar Gerichtsentscheidungen, in denen die Auffassung vertreten wird, dass eine Einwilligung etwa dann ihre Gültigkeit verliert, wenn sie nach zwei Jahren seit ihrer Erteilung nicht für den Versand von elektronischer Werbung genutzt wurde. Daher sollte in regelmäßigen Abständen von erhaltenen Werbe-Einwilligungen auch Gebrauch gemacht werden und sollten solche Kontakte jedenfalls nicht über Jahre hinweg „brachliegen".

Die Einwilligungserklärung darf vom E-Mail-Versender nicht per elektronischer Nachricht eingeholt oder angefragt werden; das wäre an sich bereits eine Werbenachricht und bedürfte einer entsprechenden Einwilligung. Es bleibt hier nur die Möglichkeit, darauf zu warten, dass der E-Mail-Empfänger von sich aus aktiv wird und sich in den Newsletter-Verteiler etc. einträgt. Alternativ kann man zwar im Rahmen z. B. von Gewinnspielen oder sonstigen Werbeaktionen die Zustimmungen der E-Mail-Empfänger einholen, dazu muss aber vorab eine detaillierte Aufklärung erfolgen.

Tipp

Der Widerruf einer Einwilligung muss jederzeit ohne Angaben von Gründen, formlos und kostenfrei möglich sein. Zudem muss er genauso leicht auszuüben sein wie die Erteilung der Einwilligung selbst. Wer also beispielsweise das Newsletter-Abo per Mausklick anbietet, muss auch eine entsprechend simple Kündigungs- bzw. Widerrufsmöglichkeit bereitstellen.

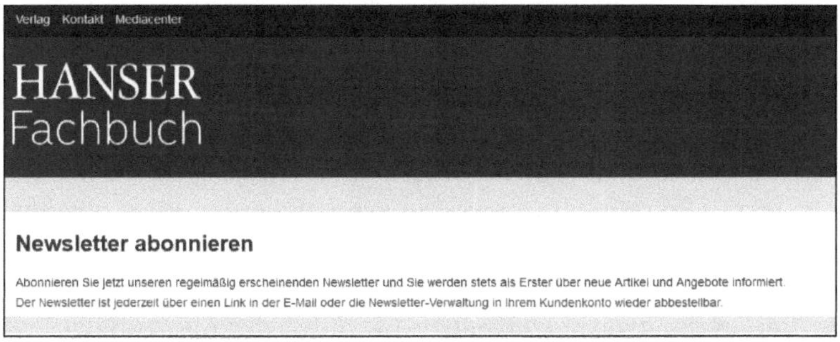

Bild 8.5 Der Hinweis darauf, dass und wie die Einwilligung zum Newsletter-Abo widerrufen werden kann, findet sich klar ersichtlich auf der Newsletter-Website (Quelle: *https://www.hanser-fachbuch.de/newsletter?subscribe=1&nl_computer=1&nl_lehrbuch=1*, 22. 07. 2024, 16:50 Uhr).

8.4 Kopplungsverbot

Das sogenannte Kopplungsverbot stellt bisweilen ein Problem für die Praxis dar. Die Erteilung einer Einwilligung muss insbesondere freiwillig erfolgen und darf nicht z. B. mit dem Abschluss eines Vertrages gekoppelt werden. Typische Beispiele für eine solche Kopplungen sind:

- Erhalt eines E-Books, Whitepapers etc. bei Abschluss eines Newsletter-Abos
- Gewinnspielteilnahme nur bei gleichzeitigem Abschluss eines Newsletter-Abos
- Apps, bei denen eine kostenfreie Nutzung nur möglich ist, wenn der Nutzung von Daten zu Werbezwecken zugestimmt wird

Dabei ist nicht jede Form der Kopplung per se rechtswidrig. Eine unzulässige Kopplung ist in der Regel bei Über-Unterordnungsverhältnissen anzunehmen, also etwa bei einem großen Unternehmen und seiner Kundschaft, bei einer Behörde und den Bürgern oder auch bei einem Unternehmen und den dort Beschäftigten.

Tipp

Um den Einzelfall praxisorientiert bewerten zu können, sollte man sich die Frage stellen, ob sich jemand in unzumutbarer Weise gezwungen fühlt, seine Daten anzugeben, um die damit verbundene Leistung zu erhalten. Wenn beispielsweise E-Books bzw. Whitepaper oder ein Gewinnspiel nur gegen Angabe der eigenen (personenbezogenen) Daten angeboten werden, dann besteht hier regelmäßige keine „unzumutbare Zwangslage". Wer hingegen der Verarbeitung seiner persönlichen Daten, wie Hobby, politische Einstellung oder Schuhgröße, zustimmen muss, um den Zugang zu einem der großen Social-Media-Netzwerke zu erhalten, der befindet sich schon eher in einer Zwangslage in diesem Sinne.

Eine unzulässige Kopplung liegt beispielsweise auch dann vor, wenn es im Rahmen eines Gewinnspiels Preise zu gewinnen gibt, die von Partnerunternehmen bereitgestellt werden, die dann als Gegenleistung die Daten der Teilnehmer bekommen sollen. Hier muss die Möglichkeit eingeräumt werden, an dem Gewinnspiel teilnehmen zu können, ohne dass die Daten an die Partnerunternehmen weitergereicht werden. Ein weiteres Beispiel wäre eine App, die kostenfrei genutzt werden kann, die aber diverse Daten der Benutzer sammelt. Sofern die eigentliche Funktion der App auch ohne die Datensammlung genutzt werden kann, ist diese Möglichkeit einzuräumen. Es können dann beispielsweise zwei verschiedene Varianten der App bereitgestellt werden, nämlich eine kostenfreie, bei der die Daten der Nutzer gesammelt werden, und eine kostenpflichtige ohne Verarbeitung dieser Daten.

Hinweis

Bisweilen werden Angebote, bei denen Informationen oder andere Leistung nicht gegen Geld, sondern gegen die Angabe von persönlichen Daten erlangt werden können, mit den Begriffen „kostenlos", „gratis" oder Ähnlichem beworben. Dies ist jedoch seit dem 1. Januar 2022 jedenfalls gegenüber Privatpersonen, also im B2C-Bereich, nicht mehr zulässig. Denn die Daten stellen für das anbietende Unternehmen eine geldwerte Gegenleistung dar. So regelt es § 327 Abs. 3 des Bürgerlichen Gesetzbuches (BGB). Wenn also beispielsweise ein „Gratis-Whitepaper" gegen den Abschluss eines Newsletter-Abos angeboten wird, so stellt dies eine wettbewerbsrechtlich unzulässige Irreführung dar (§ 5 Abs. 2 Nr. 2 UWG). Derartige Modelle sollten daher eher umgekehrt gestaltet werden: Jede Person, die ein Newsletter-Abo abschließt, erhält dafür zusätzlich auch noch das Whitepaper als Zugabe. Ein solches Angebot kann zeitlich begrenzt oder dauerhaft bereitgestellt werden.

8.5 Double-Opt-in-Verfahren

Beim elektronischen Versand von Werbung muss also regelmäßig eine korrekte Einwilligung des Empfängers vorliegen. Um dies umzusetzen und im Zweifelsfall auch nachweisen zu können, hat sich in der Praxis das sogenannte Double-Opt-in-Verfahren etabliert. Skizziert am Beispiel eines Newsletters sind hierbei folgende Schritte zu berücksichtigen:

- **Einwilligung:** Der Interessent für den Newsletter muss selbst aktiv werden und selbstständig seine E-Mail-Adresse in den Newsletter-Verteiler eintragen. Dabei darf das Kästchen (die sogenannte Checkbox) zur Bestätigung der Anmeldung nicht schon vorausgefüllt sein, der Interessent muss das Häkchen selber setzen. Alternativ können E-Mail-Adressen etwa im Rahmen von Gewinnspielen oder an einem Messestand eingeholt werden, in dem die Interessenten ihre E-Mail-Adressen in entsprechende Liste eintragen.

- **Datenminimierung:** Als Pflichtangabe darf nur die E-Mail-Adresse abgefragt werden. Andere personenbezogene Angaben werden für den E-Mail-Versand schlicht nicht benötigt. Bisweilen werden auch noch der Vor- und der Nachname abgefragt, um den Newsletter personalisieren zu können. Aufgrund des Grundsatzes der Datenminimierung sollten jedoch nur die für den E-Mail-Versand erforderlichen Daten erhoben werden. Die Namensangaben dürfen also jedenfalls nicht als Pflichtfeld abgefragt werden, und weitergehende personenbezogene Daten sollten dann auch nicht verlangt werden.
- **Bestätigung:** Dann muss an die angegebene E-Mail-Adresse zunächst eine Bestätigungsnachricht verschickt werden. Durch diese soll verifiziert werden, ob der rechtmäßige Nutzer der betreffenden E-Mail-Adresse auch tatsächlich den Eintrag selber vorgenommen hat und nicht etwa Opfer eines „digitalen Scherzes" geworden ist. Diese Bestätigungs-E-Mail sollte einen Link enthalten, den der Nutzer zur Aktivierung seines Newsletter-Abos anklicken muss. Diese Bestätigungsnachricht kann beispielsweise wie folgt formuliert werden: „Sie haben sich für unseren Newsletter angemeldet. Bitte bestätigen Sie die Anmeldung durch Anklicken des folgenden Links: ... Wenn Sie diesen Link nicht anklicken, gehen wir davon aus, dass Sie sich nicht anmelden möchten, und Sie erhalten keine weiteren Mitteilungen von uns. Ihre E-Mail-Adresse wird dann nicht in unseren Verteiler aufgenommen." Erst nach erfolgreicher Aktivierung darf damit begonnen werden, den Newsletter zu versenden.
- **Abmeldehinweis:** Jeder einzelne Newsletter muss einen Hinweis darauf enthalten, dass und wie sich der Empfänger abmelden, also seine Einwilligung widerrufen kann. Der entsprechende Text könnte etwa wie folgt lauten: „Sie können sich jederzeit von unserem Newsletter abmelden. Dazu müssen Sie nur den folgenden Link anklicken: ... Sie erhalten dann keine weiteren E-Mails von uns, und Ihre E-Mail-Adresse wird aus unserem Verteiler entfernt."

Hinweis

Dieser Ablauf gilt nicht nur für Newsletter, sondern prinzipiell für jegliche Form des elektronischen Werbeversands. Es muss insbesondere sichergestellt werden, dass vorab eine wirksame Einwilligung erteilt wird und dass diese im Zweifel auch nachgewiesen werden kann. Je nachdem, ob die Werbung z. B. per Kurznachricht in den sozialen Netzwerken oder per Messenger verschickt werden soll, muss die Vorgehensweise der jeweiligen Technik bzw. dem jeweiligen Medium angepasst werden. Im Falle eines News-Dienstes, der per Messenger (WhatsApp, Threema, Signal & Co) verschickt wird, kann beispielsweise die entsprechende Telefonnummer des Anbieters auf der Unternehmens-Website oder im Social-Media-Profil genannt werden, zusammen mit einem Stichwort für den Start des News-Dienstes, wie z. B. „Start", „Ab geht's" oder „Will ich haben". Interessenten können sich diese Rufnummer im eigenen Smartphone speichern und die Nachricht per Messenger an das werbende Unternehmen schicken, damit der Versand der Nachrichten starten kann. Auf diese Weise ist der Interessent selbst aktiv geworden und hat durch seine erste Nachricht seine Einwilligung erteilt. Der Widerruf dieser Einwilligung muss genauso leicht sein, also z. B. ebenfalls per Messenger-Nachricht („Stopp", „Widerruf", „Ende" oder Ähnliches). Außerdem muss die Online-Präsenz des anbietenden Unternehmens, auf der die Messenger-Nummer angegeben wird, die wichtigsten Informationen zum angebotenen Dienst und zum Widerrufsrecht enthalten.

Eine der Voraussetzungen für eine wirksame Einwilligung ist eine ausführliche und korrekte Beschreibung der zukünftig zu versendenden E-Mail-Inhalte, damit der Betreffende auch abschätzen kann, wofür er sich anmeldet. Welche Themen werden behandelt? Wie oft werden die Werbe-E-Mails verschickt? Wo und wie kann der Widerspruch erklärt werden? Solche Fragen müssen vorab im Rahmen eines entsprechenden Hinweistextes erläutert werden, damit die zukünftigen Empfänger ihre Einwilligung auch „in informierter Weise" erteilen können.

Wie genau die Protokollierung der Zustimmung des E-Mail-Empfängers zu erfolgen hat, kann an dieser Stelle nicht abschließend beantwortet werden, dazu gibt es viel zu viele unterschiedliche technische Rahmenbedingungen. Es gibt grundsätzlich unterschiedliche Ansätze dazu – allerdings schreibt weder das Gesetz noch die Rechtsprechung eine bestimmte Methode vor. Die im System gespeicherte Meldung, dass und wann ein E-Mail-Empfänger den Bestätigungs-/Aktivierungslink angeklickt hat, sollte in jedem Fall so abgespeichert werden, dass sie im Streitfall vor Gericht als Beweis vorgelegt werden kann (als Ausdruck oder in digitaler Form).

8.6 Bestandskundenausnahme

Das strenge Einwilligungserfordernis für den elektronischen Versand von Werbenachrichten gilt nicht nur in Deutschland, sondern auch in den meisten anderen Ländern dieser Welt. Hierzulande sieht § 7 Abs. 3 UWG eine Ausnahmeregelung vor, nämlich für Werbung gegenüber Bestandskunden. Hat der E-Mail-Empfänger bereits in der Vergangenheit vertragliche Beziehungen zum Versender gepflegt und etwa schon einmal bestimmte Produkte erworben, dann darf Werbung für gleiche oder zumindest ähnliche Produkte auch ohne gesonderte Einwilligung an den Betreffenden versandt werden.

Hinweis

Aber auch Werbe-E-Mails an Bestandskunden müssen einen Hinweis auf die Möglichkeit zur Abmeldung enthalten.

Nach den Vorgaben von § 7 Abs. 3 UWG müssen folgende Voraussetzungen gleichsam erfüllt werden, damit der elektronische Werbeversand auch ohne konkrete Einwilligung des Empfängers erfolgen darf:

- Der Versender der Werbung muss die E-Mail-Adresse des Empfängers im Zusammenhang mit dem Erwerb einer Ware oder Dienstleistung erhalten haben.
- Der Versender der Werbung darf die E-Mail-Adresse nur zur Direktwerbung für eigene gleiche oder ähnliche Waren oder Dienstleistungen verwenden.
- Der Empfänger wurde bei der Erhebung seiner E-Mail-Adresse und bei jeder Verwendung klar und deutlich darauf hingewiesen, dass er der Verwendung jederzeit widersprechen kann, ohne dass hierfür andere als die Übermittlungskosten nach den Basistarifen entstehen.
- Der Empfänger darf der Verwendung seiner E-Mail-Adresse zu Werbezwecken nicht widersprochen haben.

Tipp

Damit der Empfänger überhaupt die Möglichkeit hat, dem Erhalt der Werbenachrichten zu widersprechen, muss er spätestens im Zeitpunkt der Erhebung seiner E-Mail-Adresse darüber informiert werden. Hier genügt jedoch die Umsetzung einer Opt-out-Lösung, wie etwa einer vorausgefüllten Checkbox mit einem entsprechenden Hinweistext („Als Kunde erhalten Sie von uns unregelmäßig Werbung per E-Mail zugeschickt. Wenn Sie dies nicht wünschen, klicken Sie bitte hier" oder Ähnliches). Diese Opt-out-Möglichkeit sollte etwa im Rahmen des Bestellprozesses, spätestens auf der letzten, zusammenfassenden Übersichtsseite im Webshop (sogenannte Checkout-Site) eingebunden werden.

Bei den genannten Voraussetzungen ergeben sich im Rahmen der Umsetzung verschiedene Praxisprobleme, dabei tauchen regelmäßig folgende Fragestellungen auf:

- Was bedeutet „im Zusammenhang mit Verkauf"? Die E-Mail-Adresse muss im Rahmen eines durchgeführten Kauf- bzw. Dienstleistungsvertrages erhalten worden sein, vorvertragliche Maßnahmen (z. B. das bloße Erstellen eines Angebots, das dann nicht angenommen wird) reichen hierfür nicht aus.
- Was bedeutet „Direktwerbung für eigene Waren bzw. Dienstleistungen"? Die erhaltene E-Mail-Adresse darf nicht z. B. für anonyme Massenmailings genutzt werden. Zudem dürfen nur eigene Waren bzw. Dienstleistungen beworben werden, keine von Partner- oder Tochterunternehmen oder sonstigen Dritten.
- Was sind „ähnliche Waren oder Dienstleistungen"? Ähnlichkeit in diesem Sinne besteht regelmäßig dann, wenn die jeweiligen Waren bzw. Dienstleistungen generell austauschbar sind bzw. gleichen oder ähnlichen Zwecken dienen (z. B. Zubehör). Waren sind dann ähnlich, wenn die beworbene Ware der typischen Einsatz- und

Verwendungsmöglichkeit der gekauften Ware entspricht, es sich um klassisches Zubehör oder Ersatzteile zu der gekauften Ware handelt oder es sich in einem engen Verwendungszusammenhang um eine verkehrsübliche Ergänzungsware (z. B. Ersatzteile oder Zubehör für Autos) zu der gekauften Ware handelt. Dienstleistungen hingegen sind dann ähnlich, wenn die beworbene Dienstleistung dem typischen Leistungsziel der erbrachten Dienstleistung entspricht, es sich um klassisches Zubehör zu der erbrachten Dienstleistung handelt oder es sich um verkehrsübliche Zusatz- oder Ergänzungsdienstleistungen zu der erbrachten Dienstleistung handelt.

Es müssen alle Voraussetzungen von § 7 Abs. 3 UWG vorliegen und vom werbeversendenden Unternehmen im Zweifel auch nachgewiesen werden können.

Überraschenderweise liefert eine nicht speziell mit juristischen Daten trainierte KI, wie ChatGPT, schon sehr gute Informationen im Hinblick auf die zentralen rechtlichen Probleme der Bestandskundenausnahme in § 7 Abs. 3 UWG:

Die Bestandskundenausnahme nach § 7 Abs. 3 des Gesetzes gegen den unlauteren Wettbewerb (UWG) regelt, unter welchen Bedingungen Unternehmen Werbung an bestehende Kunden senden dürfen, ohne deren ausdrückliche Einwilligung einholen zu müssen. Diese Ausnahme betrifft insbesondere den Bereich des Newsletter-Marketings und kann mit verschiedenen rechtlichen Problemen und Herausforderungen verbunden sein. Hier sind einige zentrale Punkte:

*1. **Definition des Bestandskunden**:*

– Um von der Bestandskundenausnahme profitieren zu können, muss eine bestehende Kundenbeziehung vorliegen. Es gibt jedoch Unklarheiten darüber, wie eng diese Beziehung sein muss. In der Regel sollte es sich um eine Geschäftsbeziehung handeln, bei der der Kunde bereits eine Leistung oder Ware von dem Unternehmen bezogen hat.

*2. **Verwendung der E-Mail-Adresse**:*

– Die Ausnahme nach § 7 Abs. 3 UWG erlaubt es, Werbung an eine E-Mail-Adresse zu senden, wenn der Kunde diese im Rahmen der Bestellung oder Kontaktaufnahme angegeben hat. Es muss jedoch darauf geachtet werden, dass die E-Mail-Adresse nicht für andere Zwecke verwendet wird, ohne dass der Kunde dem zugestimmt hat.

*3. **Widerspruchsrecht**:*

– Kunden haben jederzeit das Recht, der Werbung zu widersprechen. In jedem Newsletter muss daher ein klar sichtbarer und einfacher Weg zur Abmeldung vorhanden sein. Bei Verstößen gegen diese Regelung können rechtliche Konsequenzen drohen.

*4. **Relevanz der Werbung**:*

– Die Werbung muss in einem direkten Zusammenhang mit den Produkten oder Dienstleistungen stehen, die der Kunde zuvor gekauft hat. Werbung für völlig andere Produkte könnte als unzulässig angesehen werden, auch wenn der Kunde in der Vergangenheit bereits Käufe getätigt hat.

*5. **Kundenaufklärung**:*
– Beim Erheben der E-Mail-Adresse muss der Kunde über die Möglichkeit informiert werden, dass diese für Werbezwecke genutzt wird. Es muss transparent gemacht werden, dass eine Einwilligung zur Nutzung der E-Mail-Adresse für Werbung auch ohne ausdrückliche Einwilligung nach dem UWG erteilt wird.
*6. **Datenschutzbestimmungen**:*
– Neben den Vorgaben des UWG müssen auch die Datenschutzregelungen der Datenschutz-Grundverordnung (DSGVO) beachtet werden. Diese verlangt, dass Kunden umfassend darüber informiert werden, wie ihre Daten verwendet werden, und dass sie ihre Einwilligung zur Verarbeitung ihrer personenbezogenen Daten geben müssen.
*7. **Ergänzende rechtliche Vorgaben**:*
– Es kann zusätzliche gesetzliche Vorgaben geben, die bei der Werbung per E-Mail berücksichtigt werden müssen, wie zum Beispiel das Telemediengesetz (TMG) oder spezifische Regelungen im Bereich des E-Commerce.
Für Unternehmen ist es wichtig, sich sowohl an die Regelungen des UWG als auch an die Anforderungen der DSGVO zu halten, um rechtlichen Problemen vorzubeugen. Ein rechtlicher Rat oder eine rechtliche Überprüfung der eigenen Marketingstrategien kann dabei helfen, Compliance-Probleme zu vermeiden.

Allerdings finden sich leider auch wieder Hinweise auf veraltete Gesetze, wie das TMG, das nicht mehr in Kraft ist und durch das DDG ersetzt wurde. Inhaltlich sind die Angaben von ChatGPT jedoch korrekt.

8.7 Checkliste E-Mail-Marketing

Anhand der folgenden Checkliste können die Voraussetzungen für rechtskonformes E-Mail-Marketing geprüft werden:

- korrekte E-Mail-Signatur (Name, Anschrift, Kontaktdaten etc., vgl. Impressumsangaben)
- eindeutiger Hinweis auf Werbung schon im Betreff
- Übereinstimmung von Werbeinhalt und erteilter Einwilligung
- keine wettbewerbswidrigen Produktbeschreibungen
- korrekte Preisangaben
- Hinweis, dass und wie ein Widerruf der erteilten Einwilligung möglich ist
- Grundsatz der Datensparsamkeit (im Zweifel nur E-Mail-Adresse abfragen)
- Protokollierung Double-Opt-in-Verfahren (Nachweispflicht des Versenders!)

Empfänger von Werbenachrichten müssen schon auf den ersten Blick erkennen können, dass es sich um Werbung handelt und von wem diese stammt. Das bedeutet, dass schon der Betreff darüber Auskunft geben muss. Formulierungen wie z. B. „Newsletter Weihnachten 2024", „Sommer-Spezialangebote", „Newsletter x/24" oder dergleichen sind daher zu empfehlen.

Hinweis

Im Betreff dürfen keinesfalls irreführende Formulierungen zum Einsatz kommen. Dinge, wie beispielsweise „dringende Infos Ihrer Versicherung", „Kontodaten bestätigen" oder Ähnliches, sollten daher vermieden werden. Je nach gewählter Formulierung kann hier gegebenenfalls sogar eine Irreführung und damit unlauteres Verhalten vorliegen. Dies wiederum kann als Wettbewerbsverstoß durch kostenpflichtige Abmahnung sanktioniert werden.

Inhaltlich ist das werbende Unternehmen grundsätzlich frei, muss allerdings die essenziellen wettbewerbsrechtlichen Spielregeln beachten. Es besteht beispielsweise ein Verbot von:

- Lockangeboten
- als Information getarnter Werbung
- Schneeball- bzw. Pyramidensystemen
- aggressiven oder irreführenden geschäftlichen Handlungen
- unzulässiger vergleichender Werbung
- Werbung mit Selbstverständlichkeiten
- unzumutbaren Belästigungen

Je nach beworbenen Produkten bzw. Dienstleistungen müssen gegebenenfalls noch spezielle Informationspflichten erfüllt werden, etwa beim Angebot von Geräten mit Batterien bzw. Akkus oder auch beim Vertrieb von Motoröl. Im Rahmen der Produktbeschreibung muss darauf geachtet werden, dass z. B. Waschmaschinen, Kühlschränke oder andere Küchengeräte (sogenannte „weiße Ware") mit den entsprechenden Energieeffizienzangaben gekennzeichnet werden oder dass Kleidung gemäß den Vorgaben der Textilkennzeichnungsverordnung korrekt beschrieben wird.

Werden Preise aufgeführt, muss die Preisangabenverordnung (PAngV) berücksichtigt werden. Danach muss bei Werbung gegenüber Privatpersonen (B2C-Bereich) auf jeden Fall die Angabe von Gesamtpreisen erfolgen. Es müssen also Beträge inklusive Umsatzsteuer und sonstiger Preisbestandteile genannt werden. Erfolgt die Werbung ausschließlich im B2B-Bereich, können hingegen Nettopreise angegeben werden.

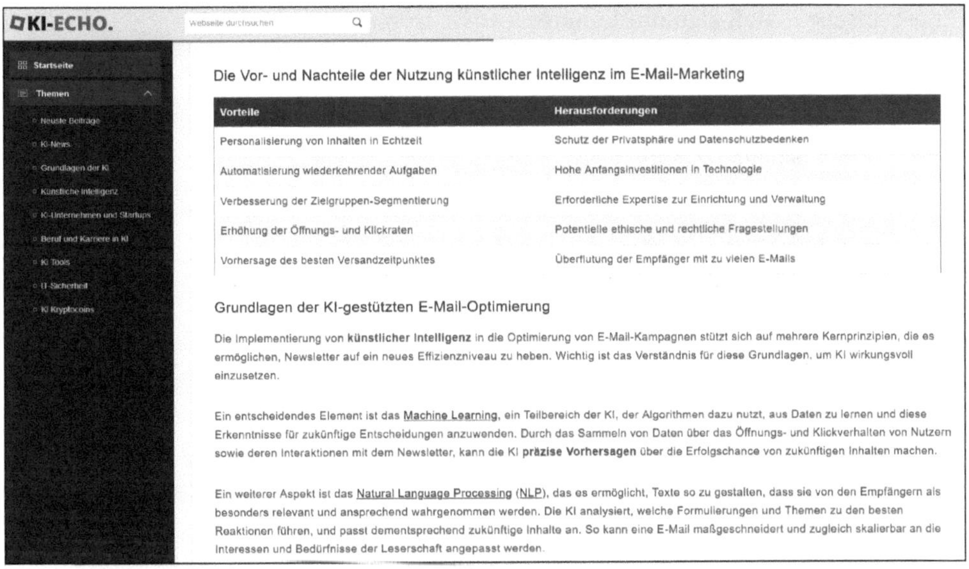

Bild 8.6 Der KI-Einsatz beim E-Mail-Marketing hat viele Vor-, aber auch Nachteile, insbesondere die Beachtung der rechtlichen Vorgaben stellt ein Problem dar (Quelle: *https://ki-echo.de/effektives-e-mail-marketing-mit-kuenstlicher-intelligenz/*, 22.07.2024, 16:20 Uhr).

8.8 E-Mail-Signatur

Das werbende Unternehmen muss korrekt benannt werden, insbesondere darf dessen Identität nicht verschleiert werden. Die E-Mail-Signatur, also der Standardtext nach der abschließenden Grußformel, muss bestimmte Pflichtangaben enthalten. Das ist vergleichbar mit dem „klassischen" Briefkopf auf Papier. Die Pflichtangaben im Rahmen der E-Mail-Signatur gelten nicht für Freiberufler, aber u. a. für Unternehmen in Rechtsform einer GmbH, einer AG, einer UG, einer oHG oder auch für eingetragene Kaufleute (e. K. bzw. e. Kfr.).

Folgende Angaben sind verpflichtend:

- Namen des Unternehmers/Bezeichnung des Unternehmens
- Rechtsformzusatz
- Sitz des Unternehmens
- Vor- und Nachnamen der vertretungsberechtigten Person(en)
- Registerangaben (Registergericht und Registernummer)
- bei Bestehen eines Aufsichtsrats zusätzlich die Vor- und Nachnamen des bzw. der Aufsichtsratsvorsitzenden

Eine typische E-Mail-Signatur könnte also wie folgt aussehen:

Beispiel

Mustermann GmbH

Geschäftsführer: Max Mustermann

Musterstr. 123

12 345 Musterhausen

Tel.: 020 123456789

Fax: 020 123456780

E-Mail: info@mustermann-gmbh.de

Datenschutzhinweise: www.mustermann-gmbh.de/datenschutz

Registerangaben: AG Musterhausen, HRB 12345

Umsatzsteuer-ID: DE 123456789

Bankverbindung: IBAN DE00 1111 2222 3333 4444 55, BIC XXXXXXXXX

Infos zur Online-Streitbeilegung: Die Internetplattform zur Online-Beilegung von Streitigkeiten der EU (OS-Plattform) ist unter folgendem Link erreichbar: *www.ec.europa.eu/consumers/odr* (E-Mail-Adresse siehe oben).

Infos zur alternativen Streitbeilegung: Wir sind zur Beilegung von Streitigkeiten mit Verbrauchern vor einer Schlichtungsstelle weder bereit noch verpflichtet.

Bei diesem Musterbeispiel sind über die gesetzlichen Pflichtangaben hinaus noch weitere Informationen angegeben, weil sie im geschäftlichen Verkehr sinnvoll sind. Im Grunde kann man sich bei der Gestaltung des E-Mail-Briefkopfs bzw. der E-Mail-Signatur an den Vorgaben orientieren, die auch für „normale" Briefköpfe gelten.

8.9 Newsletter-Anmeldeseite

Um die Einwilligungserklärungen von zukünftigen Newsletter-Empfängern korrekt einholen zu können, muss die Anmeldemöglichkeit für den Newsletter – oder auch für andere elektronische Werbeformen – adäquat gestaltet werden. Insbesondere muss diese Seite bestimmte Mindestinformationen über den Newsletter die Werbung erhalten. Es muss also angegeben werden, wie oft der Versand erfolgt, welche Inhalte behandelt werden und wo bzw. wie ein Widerspruch erhoben werden kann. Dieser Hinweis sollte über oder neben dem Anmelde-Button platziert werden.

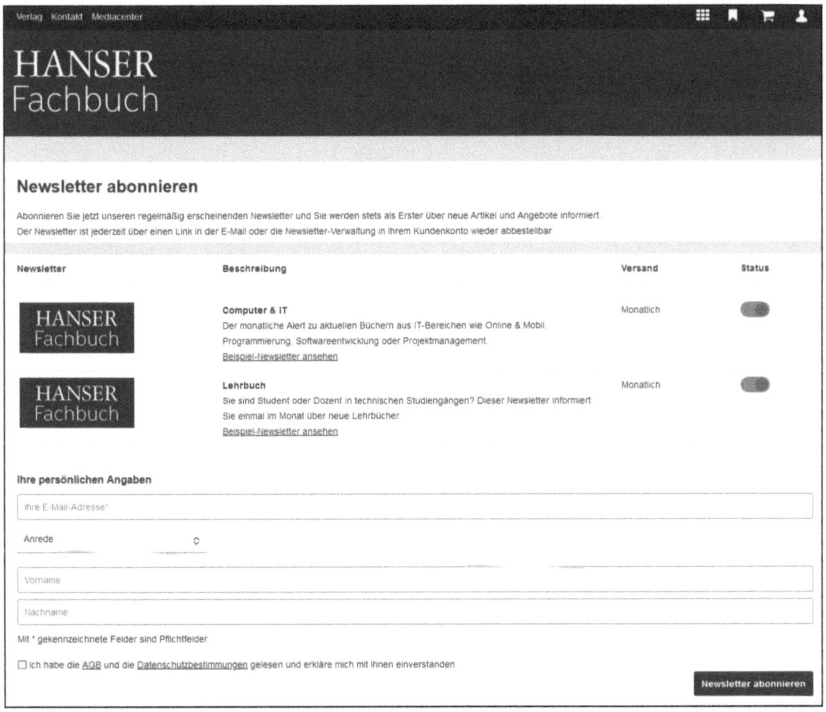

Bild 8.7 Die Website, auf der der Newsletter von Hanser Fachbuch bestellt werden kann, ist übersichtlich und mit ausreichenden Informationen gestaltet (Quelle: *https://www.hanser-fachbuch.de/newsletter?subscribe=1&nl_computer=1&nl_lehrbuch=1*, 20. 07. 2024, 13:10 Uhr).

Beispiel

Für einen Newsletter im Bereich Webdesign bzw. Webprogrammierung kann ein solcher Hinweis etwa wie folgt formuliert werden: „In unserem Newsletter bieten wir Ihnen News und spannende Informationen rund um die Themen Webdesign und Webprogrammierung. Der Newsletter ist kostenlos und erscheint monatlich. Zusätzlich versenden wir viermal jährlich Sonderausgaben mit speziellen Themenschwerpunkten. Der Newsletter kann jederzeit kostenfrei und mit Wirkung für die Zukunft abbestellt werden; hierzu genügt eine E-Mail an folgende Mail-Adresse: … Ihre Daten werden nur für die Verwaltung und den Versand des Newsletters genutzt und nicht an Dritte weitergegeben. Weitere Informationen können unserer Datenschutzerklärung entnommen werden." Diese Angaben müssen nicht zwingend in dieser Form angegeben, sondern können z. B. auch als Stichpunkte genannt werden.

Wird eine vorformulierte Einwilligungserklärung zusammen mit anderen Inhalten auf einer Website platziert, muss sie hervorgehoben dargestellt werden. Das kann z. B. durch

- Fettdruck,
- eine andere Schriftart,
- eine andere Schriftfarbe,
- einen anderen Hintergrund oder auch durch
- eine Umrandung

realisiert werden.

Zusätzlich zu dem Hinweistext und dem Anmelde-Button sollte auf der betreffenden Website auch eine Checkbox eingebunden werden, die nicht vorausgefüllt sein darf und vom Nutzer selbst aktiv angeklickt werden muss.

Tipp

Wer eine „Hybrid-Seite" anlegen will, auf der man den Newsletter sowohl anfordern als auch abbestellen kann, der muss hier jedenfalls zwei Buttons bereitstellen, nämlich einen zur An- und einen zur Abmeldung. Beide müssen eindeutig beschriftet sein.

Bei der Gestaltung der Anmeldeseite kann natürlich auch ganz gut mit KI-Unterstützung gearbeitet werden. Zwar müssen die rechtlichen Vorgaben eingehalten und insbesondere die essenziellen Informationen bereitgestellt werden. Es spricht aber nichts dagegen, z. B. mithilfe von KI eine suchmaschinenoptimierte Anmeldeseite zu gestalten. Das eine schließt das andere hier nicht aus.

Wichtig ist aber stets die Transparenz: Aus Sicht der zukünftigen Empfänger der Werbenachrichten müssen alle erforderlichen Informationen bereitgestellt werden, sofern sich diese nicht ohnehin schon aus dem Kontext ergeben. Wer sich beispielsweise auf der Website von Hanser Fachbuch befindet und sich dort gezielt für den Newsletter eintragen will, der benötigt nicht noch zusätzlich einen ausdrücklich formulierten Hinweis auf den Versender des Newsletters.

8.10 Erwerb von E-Mail-Adressen

Um an E-Mail-Adressen für den Werbeversand zu kommen, werden nicht selten entsprechende Datenbestände erworben. Ein solcher Adresshandel ist grundsätzlich ein zulässiges Geschäftsmodell, sodass der Erwerb von E-Mail-Adressen für werbliche Zwecke, auch für den Werbeversand, nicht verboten ist. Um einen solchen Datenbestand an zahlreichen E-Mail-Adressen jedoch überhaupt für den Werbeversand nutzen zu können, muss er nicht nur die E-Mail-Adressen selbst, sondern auch taugliche Nachweise über die Werbeeinwilligungen enthalten.

Tipp

Das Unternehmen, das solche Daten einkauft, sollte sich dabei nicht auf die bloße Zusicherung verlassen, dass rechtskonforme Einwilligungserklärungen vorliegen. Es sollte sich vielmehr selbst davon überzeugen. Dazu sollte die Vorlage der (im Idealfall schriftlich vorhandenen) Einwilligungserklärungen zu Prüfungszwecken gefordert werden. Zumindest eine stichprobenartige Prüfung sollte erfolgen. Liegen keine bzw. keine rechtskonformen Einwilligungen vor oder wurden diese unter Verstoß gegen gesetzliche Vorgaben gesammelt, so stellt dies einen Mangel des Adresskaufvertrages dar. Wird ein Adressdatenbestand verkauft und soll dieser vereinbarungsgemäß für den Versand von E-Mail-Werbung genutzt werden, dann ist dieser Vertrag bei fehlenden bzw. mangelhaften Einwilligungserklärungen nichtig. In der Konsequenz führt dies zu einem Anspruch auf Preisminderung, auf Schadensersatz oder auf komplette Rückabwicklung des Vertrages.

Es ist sehr wichtig, dass der Adressdatenbestand schon speziell für den Käufer generiert worden ist, indem dieser bei der Einholung der Einwilligungen auch konkret benannt wurde. Es können dabei auch gleich mehrere Unternehmen genannt werden, für die die Adressen gesammelt werden. Wichtig ist hierbei ebenfalls die Transparenz, d. h., die zukünftigen E-Mail-Empfänger müssen bei Einholung ihrer Adressen klar und deutlich darauf hingewiesen werden, dass sie Werbung erhalten werden, von wem diese stammt und um welche Themen es dabei gehen wird. Die zukünftigen Empfänger müssen die Namen der Unternehmen, die später die Adressen erwerben und an diese ihre Werbung verschicken, leicht erkennen können. Außerdem sollte zumindest stichpunktartig angegeben werden, welche Werbeinhalte die jeweiligen Unternehmen verschicken werden, ob es also z. B. um Autoreifen, um Smartphones oder um Gartenarbeiten geht.

Hinweis

E-Mail-Adressen aus öffentlichen Quellen, insbesondere von frei zugänglichen Internetseiten oder aus den sozialen Medien, dürfen generell nicht ohne Weiteres zu Werbezwecken genutzt werden. Nur weil eine E-Mail-Adresse öffentlich ist, bedeutet das nicht, dass die betreffende Person auch mit der Zusendung von Werbung einverstanden ist. Daher sollte insbesondere von einem KI-gestützten „Einsammeln" öffentlich verfügbarer E-Mail-Adressen abgesehen werden. Hier gilt nichts anderes als in allen anderen Fällen auch: grundsätzlich kein elektronischer Werbeversand ohne vorherige Zustimmung!

8.11 Erstellen und Auswertung von Nutzungsprofilen

Beim Versand von Werbung auf elektronischem Weg können insbesondere anhand der Interessen, der Lesegewohnheiten, der Öffnungs- bzw. Klickraten usw. noch weitergehende Auswertungen stattfinden, als sie beispielsweise bei per Post verschickter Werbung möglich sind. Grundsätzlich sind derartige Maßnahmen zulässig, insbesondere mithilfe von KI lassen sich speziell große Datenmengen verarbeiten und effizient auf etwaige Muster etc. überprüfen. Derartige Maßnahmen unterliegen jedoch einigen Voraussetzungen.

Hinweis

Die sogenannten Öffnungsraten geben an, ob und von wem eine E-Mail geöffnet wird. An den sogenannten Klickraten lässt sich hingegen erkennen, auf welche Links der E-Mail-Empfänger klickt. Werden beide Informationen ausgewertet, lässt sich dadurch ein Nutzerprofil erstellen. Dadurch wird es möglich, zukünftig die Inhalte der Werbenachrichten für bestimmte Interessen bzw. Personen oder Personengruppen anzupassen, um so die Öffnungs- bzw. Klickraten optimieren zu können.

In der Praxis bedeutet das jedoch Folgendes:

- Die Erstellung personenbezogener Profile ist nur mit einer ausdrücklichen Einwilligung der betroffenen Personen zulässig (Opt-in-Lösung).
- Die Erstellung von anonymisierten Profilen ist auch ohne Einwilligung möglich, weil hier keinerlei Personenbezug besteht und das Datenschutzrecht damit nicht anwendbar ist.

In den meisten Fällen kommt man also an der Einholung einer Einwilligung nicht vorbei. Diese kann entweder separat oder auch zusammen mit der Einwilligung in den Erhalt der Werbung eingeholt werden.

Hinweis

Da im Zuge der Messung von Öffnungs- und Klickraten auch auf das Endgerät der Nutzer (Computer, Tablet, Smartphone ...) zugegriffen wird, ist das Telekommunikation-Digitale-Dienste-Datenschutz-Gesetz (TDDDG) zu beachten. Denn für die Erfassung des Öffnungs- bzw. Klickverhaltens müssen zumindest temporär bestimmte Informationen (z. B. User-ID oder IP-Adresse) auf dem Endgerät des Nutzers gespeichert bzw. von dort wieder ausgelesen werden. Unabhängig davon, ob die gespeicherten bzw. ausgelesenen Informationen einen Personenbezug aufweisen, verlangt § 25 Abs. 1 TDDDG eine vorherige Einwilligung der Nutzer. Nur in bestimmten, eng umgrenzten Ausnahmefällen kann die Einwilligungserklärung entbehrlich sein. Die im Gesetz (§ 25 Abs. 2 TDDDG) beschriebenen Ausnahmen gelten jedoch in aller Regel nicht für den konkreten Fall der Messung von Öffnungs- und Klickraten.

Um die Einwilligung für den Versand der Werbenachrichten, für die Erstellung und Auswertung von Nutzerprofilen sowie für den Zugriff auf das Endgerät der Nutzer in einer einzigen Erklärung einzuholen, kann diese beispielsweise wie folgt formuliert werden:

Beispiel

Ich möchte den Newsletter der Mustermann GmbH, Musterhausen, beziehen und bin damit einverstanden, dass ein Profil insbesondere anhand der Werte, ob ich einen Newsletter öffne bzw. welche Links ich anklicke, erstellt und ausgewertet wird. Ich weiß, dass ich mich jederzeit mit Wirkung für die Zukunft kostenfrei wieder abmelden kann, dass meine Daten nur zwecks Verwaltung des Newsletter-Abos und der Auswertung des Profils verwendet und nicht an Dritte weitergegeben werden. Die Datenschutzhinweise habe ich gelesen.

In den hier zu verlinkenden Datenschutzhinweisen muss die Vorgehensweise bei der Erstellung und Auswertung der Profile dann detailliert und transparent beschrieben werden.

Index

I

J

K

V

W

Z